"Christine Watkins nos ofrece el conoc *Aviso* que jamás haya leído. Aunque esto: las profecías sobre El Aviso, la lectu comprensión más profunda gracias a los re persona, de quienes han experimentado una .... Ella sitúa de tal modo a estas personas en el contexto de su propio itinerario personal y combate espiritual que, mientras leía estos testimonios, sentí como si estuviera vivenciando sus experiencias. Conozco personalmente a varias de las personas de quienes se habla en el libro. Todas estas historias pueden cambiar la vida de quienes las lean.

Son muchos los que creen que experimentaremos *El Aviso* o Iluminación de Conciencias en nuestra época. Para prepararse será de gran ayuda este libro informativo e inspirador. Es difícil dejar de leerlo. Lo recomiendo encarecidamente".

~P. John Struzzo, Ph.D., C.S.C., Congregación de la Santa Cruz

"Se acerca el momento del 'hijo pródigo' para nuestro mundo. Es un momento de despertar, de iluminación, de aviso en el que todos los que estén vivos verán su alma a la luz de la verdad divina— y cómo estamos hundidos hasta el fondo en la inmundicia del pecado. Es la culminación de la Divina Misericordia: el «Día de la Misericordia» antes de que Dios purifique el mundo en ese «Día de la Justicia». Christine Watkins ha hecho un excelente trabajo al reunir las voces de la Iglesia que han tejido este hilo de luz y de advertencia que puede sobrevenir al mundo antes de lo que pensamos. *El Aviso* es un manual inapreciable y oportuno para entender lo que viene y cómo prepararse".

~Mark Mallett
Evangelizador católico y autor de *The Final Confrontation*
(La Confrontación Final)

"Qué bendición es este libro para la Iglesia y el mundo. Incluso para alguien como yo, que ha estado estudiando y proclamando *El Aviso* durante años, he recibido una gran cantidad de material nuevo que ha sido al mismo tiempo edificante e inspirador. Es una tragedia que sean tan pocas las personas —e incluso los católicos— que son conscientes de este enorme e inminente evento, pero es algo que el nuevo libro de Christine Watkins debería solucionar rápidamente. Porque si no fuera voluntad de Dios que conociéramos y nos preparáramos para este milagro mundial sin precedentes que es la Iluminación de Conciencias, el Cielo no nos habría dado tantas revelaciones al respecto. De hecho, ahora es más que urgente que todos nos preparemos para que seamos los que recojamos la gran cosecha de almas que este gran evento hará posible. Pero si enterramos nuestras cabezas y fingimos que esto "es lo de siempre", entonces nos quedaremos —como los mundanos que se verán abocados a una realidad totalmente nueva a través de este acontecimiento— atrapados, pasando el tiempo posterior al Aviso lamiéndonos las heridas en lugar de ser los jornaleros que Dios pide que seamos para esta cosecha.

Este libro te ayudará a desenterrar la cabeza. En sus páginas aprenderás cómo será *El Aviso*, según lo describen las revelaciones que hablan de él. También conocerás testimonios personales de muchas almas santas que ya han recibido su propio aviso personal antes de la hora señalada para El Aviso universal, la cual no ha sido revelada aún pero que sin duda es inminente. Lo más importante que verás en este libro es cómo estamos llamados a prepararnos para este acontecimiento único en la creación".

~Daniel O'Connor
Profesor de filosofía, Universidad estatal de Nueva York.
Autor de *The Crown of Sanctity (La Corona de la Santidad: Sobre las revelaciones de Jesús a Luisa Piccarreta, y La Corona de la Historia: La inminente y gloriosa era de la paz universal.*

"¡Desearía que todos leyeran esto! Hay muchos católicos que se han alejado, muchos que viven como si Dios no existiera. Nuestra época es mil veces peor que la de Sodoma y Gomorra. Sin embargo, nuestro Dios compasivo no se da por vencido y Su misericordia es eterna. Él está a punto de dar a la humanidad El Aviso más fuerte, es decir, la Iluminación de la Conciencia. Este Aviso podrá ser doloroso, pero salvará a mucha gente del poder de Satanás, que está trabajando más duro que nunca. Todo esto ha sido revelado por Jesús y su querida Madre María. Lee este libro, dáselo a todos los que conozcas. Volvamos todos al camino de Dios antes de que sea demasiado tarde".

~P. Bernardin Mugabo
Párroco de la Iglesia de San Juan Evangelista, Sacramento, CA

"*El Aviso* es un libro fascinante que trata un tema escasamente discutido e inmensamente importante en la historia del misticismo cristiano: la iluminación de la conciencia. Me sorprendió descubrir cuántos cristianos, desde místicos y videntes, hombres y mujeres sencillos, hasta algunos nombres famosos en el mundo del catolicismo, han experimentado esta gracia mística. Me recordó el famoso caso de Alfonso de Ratisbona, el cual vivió la iluminación de su conciencia mientras experimentaba una aparición de la Virgen María en Roma que lo llevó de ser un ateo anticatólico a convertirse en un devoto sacerdote católico. El caso de Ratisbona inspiró a muchísimas personas a profundizar en su fe, entre ellas al joven Maximiliano Kolbe.

Este libro tiene el mismo potencial. Las poderosas historias de esta hermosa obra pueden iluminar las mentes y las almas de muchos en su búsqueda de respuestas, ofreciéndoles el regalo de la verdad".

~P. Daniel-Maria Klimek, T.O.R.
Profesor asistente de Teología, Universidad Franciscana de Steubenville, autor de *Medjugorje and the Supernatural: Science, Mysticism, and Extraordinary Religious Experience (Medjugorje y lo sobrenatural: ciencia, misticismo, y una extraordinaria experiencia religiosa)*

"Si quieres vivir con fe, esperanza y amor, y no con miedo y desesperación, entonces lee este libro profético y cree en las palabras divinamente inspiradas de estos santos y místicos contemporáneos. Ellos nos retan a purificar nuestras conciencias y comprometer nuestras vidas con Jesús, que es la Verdad y el Camino a la Vida eterna. En oración, escucha al Poderoso Espíritu de Dios (su GPS: God's Powerful Spirit) que nos da la gracia y nos guía para ser santos, sirviendo a otros como discípulos de esperanza y sanación".

~Mons. Ralph J. Chieffo
Director Espiritual Nacional de la Llama del Amor; Párroco, Iglesia Sta. María Magdalena, Media, Pennsylvania

Queen of Peace Media:

libros, videos, blogs, peticiones de oración, y más, que te ayudan a alimentar tu fe y

Encontrar el camino a casa.

En **www.QueenofPeaceMedia.com**
inscríbete a nuestro boletín para conocer nuestro nuevo contenido.

Para ver o recibir notificaciones de nuestros nuevos videos en el canal de YouTube de Queen of Peace Media., consulta www.youtube.com/c/queenofpeacemedia, da clic en "Suscribirse" y el icono de la campana. On www.Rumble.com, go to www.rumble.com/user/QueenofPeaceMedia.

Visítanos en las redes sociales
¡Haz clic en Me gusta y síguenos!
Facebook:
www.facebook.com/QueenofPeaceMedia
www.mewe.com/i/queenofpeacemedia

SOBRE LA AUTORA

Christine Watkins es una inspiradora conferencista y escritora Católica (www.ChristineWatkins.com). Sus libros incluyen el best-seller: *Transfigurada: El Escape de las Drogas, de la Calle y de la Industria del Aborto, de Patricia Sandoval (Transfigured: Patricia Sandoval's Escape from Drugs, Homelessness, and the Back Doors of Planned Parenthood)*, *Hombres Junto a María: así vencieron seis hombres la más ardua batalla de sus vidas (Of Men and Mary: How Six Men Won the Greatest Battle of Their Lives)*, y *Full of Grace: Miraculous Stories of Healing and Conversion through Mary's Intercession*. También escribió los libros excelentes, *She Who Shows the Way: Heaven's Messages for Our Turbulent Times; Winning the Battle for Your Soul: Jesus' Teachings through Marino Restrepo, a St. Paul for Our Century; In Love with True Love: The Unforgettable Story of Sister Nicolina*, y *Marie Julie Jahenny: Prophecies and Protection for the End Times*.

La ahora Teóloga Watkins ha reintroducido en el mundo una antigua y poderosa Consagración Mariana de México, que está dando una gracia extraordinaria a las personas y parroquias que la ponen en práctica: *"El Manto de María: una consagración mariana para obtener ayuda celestial"*, junto con *"El Manto de María: Diario de oración para la consagración"* que lo acompaña. Para saber más, ver al final de este libro.

Atea, anticristiana y viviendo una vida de pecado, Chistine Watkins comenzó una vida de servicio a la Iglesia católica después de una milagrosa sanación que la salvó de la muerte, por intercesión de María. Su historia se puede encontrar en el libro *Full of Grace*. Antes de su conversión, fue bailarina profesional con la Compañía de Ballet de San Francisco. Hoy cuenta con veinte años de experiencia como conferencista principal, coordinadora de retiros, directora espiritual y consejera, además de haber trabajado diez años en un hospicio en apoyo a las personas en fase de duelo y otros diez, encargada de la sanación de trauma postaborto. La Sra. Watkins vive en Novato, California, con su marido y sus tres hijos.

Queen of Peace Media les anuncia con gozo que
El Aviso
se hará película por

Belladream
Films

Si desea saber más acerca de este proyecto, visite:

www.elgranaviso.com

EL AVISO

TESTIMONIOS Y PROFECÍAS
SOBRE LA ILUMINACIÓN DE CONCIENCIA

CHRISTINE WATKINS

Queen of Peace
MEDIA

Imprimatur:
✠ Ramón C. Argüelles,
Arzobispo Emérito de Lipa
Datero: 5.22.2020

El Aviso está publicado en los siguientes países: Filipinas, Polonia, Croacia, Eslovaquia, México y España. En inglés: *The Warning: Testimonies and Prophecies of the Illumination of Conscience.*

A menos que se indique lo contrario, los textos de las Escrituras utilizados en la edición en español de esta obra están tomados de la *Sagrada Biblia: versión oficial de la Conferencia Episcopal Española* ©2011 editada por la Biblioteca de Autores Cristianos (BAC), Madrid.

Traducido por P. Santiago Carbonell Matarredona. En México los libros pueden adquirirse en cantidad contactando directamente al editor de Queen of Peace Media en México en:
www.editorial-escaleraalcielo.com

ISBN-13: 978-1-947701-15-1

CONTENIDO

UN APUNTE PARA LOS NO CRISTIANOS
ANTES DE QUE ABANDONES ESTE LIBRO 14

PRÓLOGO POR EL OBISPO GAVIN ASHENDEN 20
CAPELLÁN DE LA REINA DE INGLATERRA ENTRE **2008** Y **2017**

INTRODUCCIÓN 22
RESPUESTAS A PREGUNTAS FRECUENTES:
  ¿QUÉ ES EL AVISO? 30
  ¿CÓMO HEMOS SABIDO DE UNA PRÓXIMA ILUMINACIÓN DE LA
  CONCIENCIA? 34
  ¿POR QUÉ ENVÍA DIOS EL AVISO? 35
  ¿QUÉ PASARÁ DURANTE EL AVISO A LOS QUE ESTÉN EN PECADO
  GRAVE? 37
  ¿QUÉ OCURRIRÁ DURANTE EL AVISO A LOS QUE CREEN EN DIOS Y LO
  AMAN? 39
  ¿VENDRÁ PRONTO LA ILUMINACIÓN DE LA CONCIENCIA? 40
  ¿CÓMO DEBEMOS PREPARARNOS 44
  ¿QUÉ PASARÁ DESPUÉS DEL AVISO? 47

PROFETAS Y PROFECÍAS SOBRE EL AVISO 51

TESTIMONIOS SOBRE LA ILUMINACIÓN DE CONCIENCIA . 642

C. ALAN AMES
VISITA A UN ALCOHÓLICO VIOLENTO 64

PADRE STEVEN SCHEIER
UN SACERDOTE CONDENADO AL INFIERNO 76

VINCE SIGALA
DIOS ELIGE A QUIEN QUIERE 86

HERMANA NICOLINA KOHLER
ATRAPADA EN SUS OJOS 114

PADRE RICK WENDELL
EL HOMBRE QUE MURIÓ ANTES DE VIVIR 128

DALE RECINELLA
UN PODEROSO ABOGADO SIN DEFENSA 141

CHRISTOPHER WINTERS
LA PELÍCULA DE DIOS DE UN REPORTERO 151

RHONDA L'HEUREUX
NUNCA LA MISMA 158

CHRISTINA GEORGOTAS
A TRAVÉS DE LOS OJOS DEL ALMA 173

CARTER SMITH
UNA REPRESENTACIÓN DE LA PASIÓN 183

MARINO RESTREPO
UN SAN PABLO PARA NUESTRO SIGLO 197
MI ILUMINACIÓN DE LA CONCIENCIA 204
MI JUICIO PERSONAL 210
EN SU PRESENCIA 212
DE REGRESO EN MI CUERPO 216
EL MUNDO HOY 223

APÉNDICE 229

BIOGRAFÍAS Y PALABRAS DE LOS PROFETAS DEL AVISO . 229

SAN EDMUNDO CAMPION, SJ
SACERDOTE Y MÁRTIR 230

BEATA ANA MARÍA TAIGI
ESPOSA, MADRE Y MÍSTICA 233

BEATO PÍO IX 237

SANTA FAUSTINA KOWALSKA
MONJA, MÍSTICA Y APÓSTOL DE LA DIVINA MISERICORDIA 240

APARICIONES DE NUESTRO SEÑOR Y NUESTRA SEÑORA
EN HEEDE, ALEMANIA—VIDENTE: GRETE GANSEFORTH
MÍSTICA Y ESTIGMATIZADA 245

ELIZABETH KINDELMANN
ESPOSA, MADRE, MÍSTICA Y FUNDADORA DEL MOVIMIENTO
DE LA LLAMA DE AMOR 249

APARICIONES DE NUESTRA SEÑORA EN GARABANDAL,
ESPAÑA
VIDENTES: CONCHITA GONZÁLEZ, MARI LOLI MAZÓN, MARI
CRUZ GONZÁLEZ Y JACINTA GONZÁLEZ 254

PADRE STEFANO GOBBI
SACERDOTE, MÍSTICO Y FUNDADOR DEL MOVIMIENTO
SACERDOTAL MARIANO 264

MATTHEW KELLY
ESPOSO, PADRE, ORADOR, ESCRITOR Y FUNDADOR DEL
DYNAMIC CATHOLIC INSTITUTE 268

JANIE GARZA
ESPOSA, MADRE, MÍSTICA Y ESTIGMATIZADA 272

SIERVA DE DIOS, MARÍA ESPERANZA
ESPOSA, MADRE, MÍSTICA, ESTIGMATIZADA Y VIDENTE DE LAS
APARICIONES MARIANAS EN BETANIA, VENEZUELA............... 277

LUZ DE MARÍA DE BONILLA
ESPOSA, MADRE, MÍSTICA Y ESTIGMATIZADA 282
    EXPERIENCIA DE ILUMINACIÓN DE LA CONCIENCIA

DE LUZ DE MARÍA DE BONILLA 289

PADRE MICHEL RODRIGUE
SACERDOTE, MÍSTICO, EXORCISTA, FUNDADOR Y SUPERIOR GENERAL
DE LA FRATERNIDAD APOSTÓLICA DE SAN BENITO JOSÉ LABRE .. 292

NOTAS PARA EL LECTOR 299
OTROS LIBROS DE LA AUTORA 301
SOBRE LA AUTORA 313
NOTAS FINALES 315

UN APUNTE PARA LOS NO CRISTIANOS

Antes de que abandones este libro…

Me gustaría dirigirme, primero que nada, a aquellos lectores que han aceptado a regañadientes leer este libro para librarse de ser acosados por ese amigo o pariente "religioso", que tendrá muy buena intención, pero que hace que tus ojos se pongan en blanco cuando comienza su habitual "charla de Dios". Con poca simpatía por semejante beatería, quizá tu corazón ya naufragó si echaste un vistazo al índice. Tal vez te hayan llegado algunas sentencias de sacerdotes y expresiones irrefutablemente "católicas" que te resulten tan comprensibles como el más remoto dialecto marciano. Así que estás a punto de rendirte antes de empezar.

En una época cada vez más secularizada en la que muchos en el occidente industrializado se han apartado de la religión institucional, entiendo perfectamente esta reacción, pero te pido encarecidamente que no te desanimes y que al menos leas la historia de la vida de Marino Restrepo, que por sí sola sería suficiente para justificar la publicación de este volumen. Si lo vemos desde la pura lógica, la principal pretensión de este libro no es en última instancia religiosa (aunque ciertamente tiene implicaciones en cuestiones de religión). Se trata más bien de una afirmación humana universal: que *todos* tendremos una experiencia durante la cual se nos mostrará la verdad de nuestras vidas de la A a la Z sin posibilidad de autojustificación, ese deporte en el que, si somos honestos, todos somos especialistas. Aquello que solemos hacer cuando nos enfrentamos a nuestra conciencia culpable (justificarnos, inventar excusas y desviar la atención hacia las faltas de los demás) simplemente no lo podremos hacer. Nuestra conciencia será "iluminada" para ver estas estrategias, como las cortinas de humo morales que son en verdad.

Podría suceder como una "revisión de vida" en el momento de la muerte, como han testimoniado muchos de los que han "vuelto del umbral" y han relatado sus experiencias cercanas a la muerte, lo cual es hoy en día objeto de intensas investigaciones científicas (el diálogo entre ciencia y religión es mi propia área de investigación profesional).[1] O, como se argumenta en el libro, esto puede suceder mientras estamos aún vivos, durante un dramático acontecimiento mundial, una "Iluminación de la conciencia", cuyo propósito es que cambiemos nuestras vidas para bien, como resultado de lo que descubramos sobre nosotros mismos.

Esto puede parecer una afirmación extremadamente improbable, y ciertamente no una que pueda sostenerse sin alguna evidencia sólida y tras haberla sometido al más riguroso examen. Si es cierta, entonces resistirá al microscopio. Si no, debería ser relegada a la categoría de ficción (piadosa) en el mejor de los casos, o de ponzoña religiosa en el peor.

Entonces, ¿cuál es la evidencia? Esencialmente esta: que a lo largo de los siglos y de forma bastante independiente unos de otros, muchas mujeres, hombres y niños —incluso un grupo de niños— han dicho que les han *hablado* de forma sobrenatural sobre la realidad de la Iluminación de la Conciencia, a veces con gran detalle. La sola idea de que algunos individuos puedan ser receptores de comunicaciones sobrenaturales puede parecer totalmente descabellada para la mentalidad de la ciencia *reduccionista* (no es que la ciencia *tenga* que ser necesariamente reduccionista), pero hay que decir que gran parte de la literatura religiosa mundial se basa en el presupuesto de que los "profetas" existen. En el caso del judaísmo y del cristianismo, se trata de un principio central de la

---

[1] Entre los principales investigadores científicos que se ocupan de la experiencia cercana a la muerte desde una perspectiva médico/neurocientífica se encuentran Sam Parnia, líder del estudio AWARE de la Universidad de Southampton, Steven Laureys del Grupo de Investigación sobre el Coma de la Universidad de Lieja y Bruce Greyson, profesor de psiquiatría de la Universidad de Virginia. Una de las encuestas recientes más completas con relatos de experiencias cercanas a la muerte para un público general, muy interesante ya que no está escrita desde una perspectiva explícitamente cristiana, es *God and the Afterlife: the Groundbreaking New Evidence of Near-Death Experience* (Dios y la vida después de la muerte: la nueva e innovadora evidencia de la experiencia cercana a la muerte) de Jeffrey Long, M.D. y Paul Perry (Nueva York: Harper One, 2016), un análisis de más de 1000 relatos de experiencias cercanas a la muerte presentados a la Near-Death Experience Research Foundation (nderf.org).

fe, ya que la comunicación profética se considera una de las formas en que Dios habla en la historia humana.[2]

Sea cual sea la forma en que los mires, estos testimonios se pueden describir como *doblemente convergentes*. En primer lugar, concuerdan entre sí de forma insólita, que no puede explicarse por una simple copia o derivación de un "antepasado común" (por utilizar el lenguaje de la biología evolutiva). Permítanme desmenuzar un poco esta última idea en términos menos científicos. Tenemos un conjunto de fuentes que predicen que un evento trascendental va a ocurrir a todos en el mundo —y tal vez más pronto que tarde. Sin embargo, esta predicción no tiene un origen literario evidente. No se encuentra explicitado en la Escritura, y todo sugiere que las diversas fuentes no podrían haber obtenido este conocimiento unas de otras. Entonces, ¿de dónde vino exactamente su información? La afirmación de que les fue comunicada sobrenaturalmente puede sonar absurda, pero como "hipótesis explicativa", no puede ser descartada en ausencia de una mejor explicación.[3]

Sin embargo, existe también una segunda forma en la que estos relatos pueden denominarse convergentes. Coinciden de manera sorprendente con los testimonios de individuos que dicen que sus propias vidas cambiaron radicalmente tras esa experiencia —una iluminación de la conciencia— *que ellos ya han tenido*. Y tales relatos, como los recogidos y compilados por Christine Watkins en este libro no son de ningún modo exhaustivos.[4]

---

[2] Esto se afirma tanto en las Escrituras hebreas como en las cristianas: Amós 3, 7: "Ciertamente, nada hace el Señor Dios sin haber revelado su designio a sus servidores los profetas". Hechos 2, 17: "Y sucederá en los últimos días, dice Dios, que derramaré mi Espíritu sobre toda carne y vuestros hijos y vuestras hijas profetizarán y vuestros jóvenes verán visiones y vuestros ancianos soñarán sueños".

[3] En la rama de la filosofía conocida como epistemología, es decir, el estudio de cómo conocemos las cosas, el tipo de razonamiento al que estoy apelando aquí se llama "inferencia a una mejor explicación" o "abducción" (que en este contexto - ¡me apresuro a añadir! - no tiene nada que ver con los extraterrestres). Los científicos admiten que a veces consideran este tipo de operación mental como menos segura en términos de entrega de *pruebas*, en oposición a la estricta "deducción" matemática, o a la "inducción" (hacer observaciones científicas, formular hipótesis y llevar a cabo pruebas), es de hecho el tipo de pensamiento que rige la mayor parte de nuestra toma de decisiones diaria, ¡a menos que vivamos en un laboratorio! Lo que significa que, en términos prácticos, no se puede considerar irracional creer en algo (provisionalmente) porque parece ser la mejor explicación disponible. La teoría que sustenta la abducción fue desarrollada en la filosofía escocesa del "Sentido Común" de Thomas Reid en el siglo XVIII y luego introducida en la lógica moderna por el filósofo americano Charles Sanders Peirce.

[4] Entre las figuras que han atraído la atención internacional y que afirman haber experimentado personalmente algo parecido a la Iluminación se encuentran los sacerdotes y autores polacos P. Adam Skwarczyski y P. Augustyn Pelanowski, así como la greco-ortodoxo Vassula Rydén (muy disputada pero respaldada por varios cardenales y arzobispos católicos destacados). Un conjunto especialmente extenso de supuestas profecías sobre el tema que se toman en serio en los círculos

Tal vez puedas objetar que un testimonio no es más que la historia de una persona. Pero si empiezas a acumular y comparar estas historias, rápidamente te darás cuenta de que hay *fenómenos* aquí que requieren alguna explicación. ¿Por qué personas de tan diversos orígenes, algunas de las cuales han tenido vidas diametralmente opuestas a cualquier tipo de ideal religioso, tienen esencialmente la misma extraordinaria iluminación que cambió su vida, independientemente las unas de las otras? ¿Y por qué tienen experiencias *no buscadas* sin haber hecho nada que las provocara?

La mejor razón por la que el escéptico debería molestarse en leer este libro puede quizás expresarse a modo de versión actualizada de la Apuesta de Pascal, el argumento a favor de la creencia religiosa promovido por el célebre matemático y filósofo francés en el siglo XVII.[5] *Si* yo creo que el contenido de este volumen es verdadero y como consecuencia decido cambiar mi ética/visión del mundo, ¿qué puedo perder en la práctica si al final resulta que la idea de una Iluminación de Conciencia es falsa? No pierdo nada. Como mucho, habría renunciado a un estilo de vida hedonista y egocéntrico, como algunos de los protagonistas de las historias que aquí se recogen, lo cual no es malo, independientemente de la perspectiva religiosa o filosófica.

Por otra parte, si decido descartar estos testimonios y resulta que la Iluminación de Conciencia es una *realidad* que encontramos ya sea en esta vida o en el umbral de la siguiente, ¿qué puedo perder? Muy posiblemente todo, eternamente. Si esta llamada a "calcular las posibilidades" suena a chantaje teológico, entonces me disculpo de antemano, pero Pascal fue sin duda una de las mentes más brillantes de la historia, y aunque su lógica ha sido discutida por muchos, todavía no ha sido definitivamente refutada.

Puedo imaginarme a algunos lectores diciendo que, a pesar de todos los argumentos anteriores, este no es todavía un libro para ellos porque no pertenecen a esta particular subcultura religiosa. A esto yo diría que lo mismo le pasaba a la mayoría de los individuos cuyos testimonios se despliegan en este libro. A todos les ocurrió el mismo evento de profunda

---

católicos se ha atribuido a "Sulema", una mujer nacida en El Salvador, pero residente en Quebec, que ha escrito casi 800 páginas de material supuestamente inspirado en 3 volúmenes, publicados por la editorial suiza Parvis. Actualmente, este material sólo está disponible en francés; se puede descargar una importante selección oficial de extractos de los tres volúmenes en https://illuminationdelaconscietemoins.files.wordpress.com/2015/06/pdf-begint-se-preparer-a-lillumination-des-consciences-1.pdf

5 Ver https://plato.stanford.edu/entries/pascal-wager/ (consultado septiembre 5, 2019).

importancia, y se transformaron en personas más felices con un nuevo propósito en sus vidas. Y eso, en sí mismo, requiere alguna explicación.

~Peter Bannister
M.Th. en Teología Sistemática y Filosófica, Universidad de Gales
M.Phil. en Musicología, Universidad de Cambridge

Peter Banister es un teólogo inglés que ha trabajado en el departamento de Ciencia y Religión de la Universidad Católica de Lyon en Francia, y cuyos escritos sobre espiritualidad, música y filosofía han sido publicados por la revista de la Universidad de Cambridge, Ashgate, Routledge, la Asociación Americana de Músicos de la Iglesia, la revista Christian Century y Thinking Faith, la revista online de los Jesuitas Británicos. Es también un galardonado músico profesional que vive en Francia con su mujer y toca el órgano para la comunidad ecuménica internacional de Taizé.

PRÓLOGO

por

El Obispo Gavin Ashenden
Capellán de la Reina de Inglaterra
entre 2008 y 2017

De vez en cuando suele caer en nuestras manos un libro particularmente poderoso para revelar el misterio y el poder del proyecto de Dios para su Iglesia de hoy, y este es uno de ellos.

Si te preguntas si debes o no tomarte el tiempo para leerlo, permíteme recomendarte vivamente que lo hagas.

Entramos en un período de profundos cambios, desafíos y combate espiritual en el que, los que aman a Jesús, necesitarán toda la ayuda posible para estar a la altura de las circunstancias, en primer lugar, para ahondar en el propio arrepentimiento; y luego, utilizando los dones del Espíritu y el carisma de la Iglesia, resistir al mal allí donde esté. Ese mal lo encontraremos en nosotros mismos, en la Iglesia y en el mundo.

Hemos sido llamados a una lucha que es de vida o muerte, no sólo en el cuerpo, sino aún más importante, en el alma. Aprender el lenguaje del alma y la realidad del combate espiritual es una prioridad para toda la Iglesia hoy en día. No fácil de manejar.

A medida que leas este maravilloso libro, verás cómo tu corazón se abre y enardece, cómo tu mente se instruye y tu voluntad se robustece considerablemente. Yo, personalmente, lo devoré incapaz de dejarlo. Concuerda maravillosamente con mi propia experiencia cuando yo mismo, con 19 años, me lancé a la muerte con un litro de vodka, siendo llevado a los tribunales del Cielo, juzgado y enviado de vuelta a la Tierra para empezar de nuevo.

Te verás interpelado e involucrado en historias similares, y en el corazón y la mente de Dios. Christine Watkins ha escrito un libro que refleja el trabajo de la Santísima Trinidad en nosotros, uno que ayudará a dar nueva vida, tanto a la gente como a la Iglesia, justo en un momento tan tristemente necesario para ambos.

~Obispo y Dr. Gavin Ashenden, SSC, LLB, BA, MTh, Ph.D.[6]
Iglesia Episcopal Cristiana, Reino Unido. Church Stretton, Shropshire, Inglaterra. 23 de Septiembre de 2019

---

[6] El Dr. Gavin Ashenden se ha convertido al catolicismo y fue recibido en la Iglesia Católica el 22 de diciembre de 2019, en la Catedral de Shrewsbury, Inglaterra.
Ver: Courtney Mares, "Former Continuing Anglican bishop to be received into the Catholic Church", Catholic News Agency, consultado Julio 10, 2020, https://www.catholicnews agency.com/news/former-continuing-anglican-bishop-to-be-received-into-the-catholic-church-60055
Ver también: Alyssa Murphy, "Former Anglican Bishop Gavin Ashenden: Fighting the 'Anti-Christian Program,'" with video interview on EWTN, National Catholic Register; Diciembre 20, 2019, consultado July 10, 2020, https://www.ncregister.com/daily-news/former-chaplain-to-the-queen-gavin-ashenden-fighting-the-anti-christian-pro

INTRODUCCIÓN

En la historia bíblica ha habido acontecimientos cruciales que han marcado un "antes" y un "después" y han cambiado el curso de la vida humana en la Tierra. El primero vino con la caída, cuando el paradisíaco jardín del Edén se desvaneció en un mundo de discordias y vergüenza. Después de muchas generaciones, el diluvio limpió el pecado de la Tierra dejando sólo a una familia justa y parejas de animales para repoblar la tierra. Entonces sucedió el más grande y esperado de todos los acontecimientos, la Encarnación, que cambió para siempre el curso de la humanidad. Dios se hizo humano para salvar a Su pueblo, y a través de Su muerte y Resurrección abrió de par en par las puertas del Cielo dando a todos los que lo escogen un futuro aún más glorioso que el Edén que perdieron.

Hoy, otro cambio trascendental puede estar a la espera en un futuro cercano, y la inmensa mayoría de la gente no sabe nada al respecto. Este acontecimiento ha recibido muchos títulos por parte de santos y gente devota, incluyendo la Madre de Dios. Lo han llamado El Aviso, la Iluminación de la Conciencia, la Iluminación de todas las almas, la Iluminación de Conciencias, el Segundo Pentecostés, el Nuevo Pentecostés, el Juicio Menor, el Juicio Previo de Misericordia y el Gran Día de la Luz.

¿Qué es este acontecimiento? Es un momento decisivo en el tiempo en el que toda la luz del Sol se extinguirá y una densa oscuridad cubrirá el mundo entero. Entonces una luz brillante, como dos estrellas que chocan, aparecerá en el cielo dejando tras ella un signo de Jesucristo, triunfante en la Cruz, visible para todos en Su gloria. Desde los agujeros de las heridas de Su cuerpo emanarán rayos brillantes que iluminarán la Tierra, y al mismo tiempo atravesarán a todas las almas iluminando a cada uno en su conciencia. Todos verán sus pecados pasados y las consecuencias de esos pecados, tanto si creen en Dios como si no.

El Aviso será el mayor acto de misericordia para la humanidad desde que Jesús vino a la Tierra. Será al mismo tiempo global e íntimamente personal. Será una corrección de conciencia para un mundo descarriado. En las apariciones de Betania, Venezuela (1928- 2004), aprobadas por la Iglesia, María Reconciliadora de los Pueblos y Naciones habló del Aviso próximo a la mística y estigmatizada, María Esperanza.

A los católicos nunca se les exige creer en ninguna aparición, sin embargo, la Iglesia nos asegura que este mensaje de la Madre de Dios es verdadero:

Hijos míos, yo soy vuestra Madre y vengo a buscaros para que os preparéis a llevar mi mensaje de reconciliación: Se acerca un gran momento, un Gran Día de Luz. Las conciencias de este querido pueblo deben ser sacudidas violentamente para que puedan "poner en orden su casa" y ofrecer a Jesús la justa reparación por las infidelidades diarias que los pecadores cometen [...] es una hora de decisión para la humanidad.[7]

En este punto te imagino a ti, lector, respondiendo en uno de estos cuatro modos. Primer modo: incredulidad total, o quizás desprecio. Has determinado enseguida que esto son monsergas espirituales. "¿No tiene que ver ese tal 'Aviso' con los disparates del fin de los tiempos?" Puede que hayas tropezado con oscuros y engañosos escritos de autoproclamados videntes que hablan de ello. Tal vez has hecho clic en videos de YouTube sobre planetas errantes y cosas católicas de los años 50, con el subtítulo, "¡Es el fin del mundo!" O puede que hayas tropezado con páginas web sobre El AVISO PRÓXIMO o la ILUMINACIÓN DE CONCIENCIA con mensajes de desconocidos, "místicos" no aprobados o falsos profetas que usan un lenguaje inquietante y, peor aún, diseños web pasados de moda. Es comprensible que hayas relegado todo esto a un elemento marginal en la Iglesia, lleno de fanáticos que se aferran a las últimas noticias sobre el "tiempo final", como a su próximo cigarrillo.

---

[7] Signs and Wonders for Our Times (Signos y Maravillas para Nuestros Tiempos), Volumen 15-n.2, Artículo destacado, p. 37.
Signs and Wonders for Our Times (Signos y Maravillas para Nuestros Tiempos), número doble especial, volumen 25-n.3 / 4, otoño, 2015.

Segundo modo: al principio juzgas que este Aviso es demasiado gigantesco, sin precedentes, no verificado, o desconocido como para ser verdad, pero estás dispuesto a seguir leyendo para ver qué pruebas o argumentos se presentan.

Tercer modo: crees que la Iluminación de la Conciencia puede suceder, pero al igual que con todas las profecías sobre eventos futuros, te parece que la información no afecta ni a ti ni a tu generación. Se ha profetizado el fin de los tiempos desde el inicio del cristianismo. Incluso el gran evangelista y apóstol, San Pablo, creía que el regreso de Jesús se iba a dar en su época.

Cuarto modo: crees; entiendes. Incluso has investigado sobre El Aviso. Te preguntas si ocurrirá durante tu vida, y si ocurre, esperas soportarlo con gracia. En lo secreto de tu corazón piensas si tus seres queridos cambiarán, se salvarán, o entrarán en la Iglesia Católica debido a su insólito efecto.

No importa el punto de vista, este libro será sin duda una experiencia reveladora de una conversión más profunda para todos aquellos que deseen crecer en el conocimiento de sí mismos y de Dios.

La primera sección de este libro describe El Aviso, basado en profecías de una impresionante lista de "pesos pesados" espirituales —incluyendo el Evangelio de San Mateo, un papa beatificado, el beato Pío IX; un sacerdote y mártir, San Edmundo Campion; una monja, mística y apóstol de la Divina Misericordia, Santa Faustina Kowalska; una mística laica y alma víctima, la beata Ana Maria Taigi; un abad y místico, el Padre Michel Rodrigue[8]; un alma víctima y fundadora del movimiento de la Llama de Amor en la Iglesia universal, Elizabeth Kindelmann; un sacerdote y fundador del Movimiento Mariano de Sacerdotes, el Padre Stefano Gobbi; un evangelizador laico moderno con un apostolado católico de gran alcance, Matthew Kelly; una mística y estigmatizada que ha recibido mensajes con el Imprimatur de la Iglesia, Luz de María de Bonilla; una estigmatizada y vidente de hoy en día, apoyada por su obispo, Janie Garza; y Jesucristo y la Madre de Dios a través de sus niñas videntes en los lugares de apariciones ocurridos en el siglo XX en Heede, Alemania y Garabandal, España.

---

[8] Para leer más sobre el P. Rodrigue, vea el apéndice y vaya a www.countdowntothekingdom.com/es/why-fr-michel-rodrigue. Sólo en este sitio web encontrará información precisa sobre él. (Haga clic en la bandera para para traducir el sitio web al español.)

La segunda sección del libro recoge extractos de cada una de sus asombrosas profecías sobre El Aviso. El apéndice contiene el relato completo de estas profecías, incluyendo una historia biográfica de las voces proféticas que las respaldan, todas ellas cuidadosamente seleccionadas por su gran credibilidad, y su total aprobación dentro de la Iglesia Católica. Esta investigación "entre bastidores" se proporciona por dos razones. Primero, las vidas de estas almas extraordinarias y el contexto de los dos sitios de apariciones ofrecen una lectura cautivadora e inspiradora. Segundo, la moderna mente occidental, al acercarse a lo desconocido o profético, a menudo piensa, "Déjenme decidir esto por mí mismo", dando incluso más legitimidad al discernimiento personal que, en ocasiones, a la propia autoridad de discernimiento de la Iglesia. Así que usted, el lector, tiene más material sobre el que reflexionar, si quisiera continuar explorando.

Si tales declaraciones proféticas le parecen extrañas o sospechosas, recuerde que la profecía no es nada nuevo en la Iglesia, e incluso es muchos siglos anteriores a ella en el judaísmo. La Biblia contiene aproximadamente 2.500 profecías, de las cuales unas 2.000 ya se han materializado en la historia con una precisión asombrosa. Las 500 profecías restantes, más o menos, todavía están pendientes de cumplirse en el futuro. De las profecías cumplidas, las más conocidas son las que predijeron la venida del Mesías. Aproximadamente 700 años antes de Cristo, el profeta Miqueas nombró a la pequeña aldea de Belén como el lugar de nacimiento del Mesías (Miqueas 5, 2). En el siglo V a.C., el profeta Zacarías declaró que el Mesías sería traicionado por el precio de un esclavo —treinta piezas de plata según la ley judía, y que este dinero se usaría para comprar un lugar de enterramientos para extranjeros pobres de Jerusalén (Zacarías 11, 12-13).[i] Unos 400 años antes de que se inventara la crucifixión, tanto David el rey de Israel como el profeta Zacarías describieron cómo moriría el Mesías, incluyendo la perforación de su cuerpo y la preservación de sus huesos, en contra del procedimiento habitual en los casos de crucifixión (Salmo 22 y 34, 20; Zacarías 12, 10).[ii]

Si no fuera gracias a Dios, ¿cómo podrían haber conocido estos hechos oscuros y detallados de algo que sobrepasa con mucho el razonamiento y la esperanza humana? —Dios haciéndose hombre. ¿Dios siendo traicionado, humillado? ¿Asesinado?

La profecía no terminó cuando los concilios católicos de Hipona en el 393 D.C., y Cartago en el 397 D.C. y 419 D.C., determinaron qué libros entrarían en el canon de las Sagradas Escrituras que dio nacimiento a la Biblia. La profecía es un carisma continuo del Espíritu Santo guiando a la Iglesia y al mundo. La profecía revela la voluntad del Señor y, a veces, Sus planes. *"En cada época, la Iglesia ha recibido el carisma de profecía, que debe ser escudriñado, pero no despreciado"*. - Cardenal Ratzinger (Papa Benedicto XVI)[iii]

Aun cuando el depósito de la fe está ya completado, y no falta nada por conocer para la salvación, Dios sigue siendo tan proféticamente activo, y misericordiosamente entrometido, como lo era en los tiempos bíblicos. Dios sigue hablando. La gente sigue recibiendo visiones y locuciones que no son sólo para ellos. Dios sigue llegando a través del tiempo y el espacio para prepararnos, para darnos avisos, para tranquilizarnos, para ayudarnos a entender lo que está por venir, para llevarnos a tantos como sea posible de regreso a Su seno. Como está escrito en el libro del profeta Amós: *"En efecto, el Señor DIOS no hace nada sin revelar su plan a sus siervos los profetas"* (Am 3, 7).

Sin embargo, en lo que llevamos de historia de salvación, el Señor se ha encontrado la mayoría de veces con el duro rechazo o indiferencia de Su pueblo. Dios envía sus profetas. Pocos escuchan o creen. Si hojeas las historias del Antiguo Testamento, leerás una continua saga de Dios llamando a Su amado Israel a través de Sus profetas escogidos, y cómo Israel trata a Sus mensajeros como parias. Cuando Noé advirtió del diluvio que se avecinaba y comenzó a construir el arca, ¿cuántos se unieron a sus esfuerzos? Ninguno más que su familia y los animales. Cuando Elías, Jeremías, Zacarías, Isaías y otros gritaron las desalentadoras palabras de Dios de que Israel le estaba traicionando, fueron perseguidos por los reyes y condenados al ostracismo por los líderes religiosos. Cuando Dios mismo vino a la Tierra, ¿cuántos lo recibieron?

Las Escrituras comparten con nosotros el hecho irónico y de algún modo aterrador de que muchas de las personas más religiosas en la época de Cristo —que practicaban activamente su religión y esperaban con ansia al Mesías prometido— no fueron capaces de reconocerlo cuando vino. Este esquema de soberbia y rebeldía se repetirá invariablemente hasta que lo cambiemos. De hecho, Cristo mismo habló de cómo le rechazaríamos cuando profetizó, *"Pero cuando vuelva el Hijo del Hombre, ¿encontrará fe en la tierra?"* (Lucas 18, 8).

¿Por qué no se predica un mensaje tan universal y estremecedor como El Aviso en todas las iglesias y sinagogas, y se grita desde los tejados, de país a país? La respuesta claramente se encuentra en la desafortunada reincidencia de la historia humana.

Cuando le pregunté por primera vez a Dios si quería que escribiera un libro sobre El Aviso, le dije que sólo podía hacerlo con ayuda celestial. El Señor tendría que guiarme hacia personas que no sólo hubieran experimentado su propio aviso (con "a" minúscula), sino que también tendrían que darme permiso para escribir sus historias con íntimo detalle, y compartirlas con el mundo.

En ese momento, conocía sólo a una persona así en todo el planeta y no esperaba encontrar copias de él. A las ocho semanas de mi oración, había conocido a cinco personas y supe de otras cinco que habían experimentado una iluminación de su conciencia. No sólo eso, todos ellos me dieron permiso para compartir sus historias con detalle y delicadeza. Tomé esto como un sí de Dios.

Por tanto, en la tercera sección del libro encontrarás una colección de relatos de estas personas, fascinantes, provocativas y extremadamente convincentes. De repente y en contra de su voluntad, fueron inmersos en una revisión de sus vidas, mostrándoles todos y cada uno de sus pecados. Dos eran sacerdotes, una era monja, nueve eran laicos, y ninguno siguió siendo el mismo.

La última historia es la de Marino Restrepo, que conduce al lector al punto culminante del libro. Vale la pena esperar para esta historia. Secuestrado por terroristas colombianos, este actor de Hollywood atado al infierno, experimentó la iluminación de su conciencia en circunstancias brutales, y de la noche a la mañana se convirtió en un hombre impregnado con el conocimiento del Reino de Dios. Al día de hoy, es una versión actual de San Pablo. En el improbable caso de que nada en estas páginas te deje boquiabierto, su historia lo hará.

La Iglesia es muy precavida en estos asuntos, ya que las llamadas visiones, apariciones, locuciones, revelaciones privadas, vuelos místicos o experiencias cercanas a la muerte pueden ser producto de una perturbación mental, una imaginación hiperactiva, deseos de llamar la atención o una trampa diabólica destinada a engañar.

Como Trabajadora Social Clínica certificada, y en aras de mi propia responsabilidad ante Dios y un sincero deseo de ayudar a las almas, he investigado y escudriñado a las personas y sus relatos sobre una iluminación personal de la conciencia, tal y como se describe en este libro. He encontrado que son personas de mente sana y carácter sólido, hombres y mujeres que llevan vidas ejemplares de fe en Dios y servicio a la Iglesia y al prójimo. Además, la iluminación que Dios hizo en su alma produjo en cada uno de ellos un cambio radical, duradero y fructífero hacia la santidad personal. El falso misticismo nunca produce este efecto positivo.

Siguiendo la santa obediencia, se han sometido a la recomendación de la Iglesia: *"¿Están aquellos a quienes se les da una revelación, y que están seguros de que proviene de Dios, obligados a dar su firme consentimiento? La respuesta es afirmativa"* - Papa Benedicto XIV.[iv]

¿En consecuencia qué deben hacer los fieles católicos? La respuesta adecuada a las gracias proféticas es prestar atención a las palabras de San Pablo: *"No apaguéis el espíritu, no despreciéis las profecías"*, y *"Examinadlo todo; quedaos con lo bueno"*. (1 Tesalonicenses 5, 19-21). El Papa Benedicto XIV nos exhorta también: *"Aquel a quien se le proponga y anuncie esa revelación privada, debe creer y obedecer el mandato o mensaje de Dios, si le es presentado con pruebas suficientes [...] Porque Dios le habla, al menos por medio de otro, y por lo tanto le exige que crea; de ahí que esté obligado a creer a Dios, Quien le exige que lo haga"*.[v]

A medida que examines estos apabullantes testimonios, cada uno de estos relatos personales sobre la iluminación de conciencia te revelará, como a pinceladas, una intuición o aspecto de lo que significa ser hijo de Dios. Al leer experiencias reales de gente, y ver sus pecados a través de los ojos del Señor, saldrás con el cuadro delineado completamente y enmarcado de El Aviso, así como con un conocimiento más profundo de tu propia alma.

Al terminar el libro puede que creas que Dios ha planeado un Gran Día de Luz, en el que Su amor misericordioso iluminará los sótanos de nuestras conciencias embotadas. Incluso si no te convence, te habrás beneficiado enormemente al tener una mejor comprensión de lo que experimentarás cuando te encuentres con Dios, ya que El Aviso no difiere mucho de lo que nos espera al final de esta vida.

Como seres humanos, nos preparamos para la cosecha, nos preparamos para los exámenes, preparamos nuestra ropa, preparamos nuestra cena, y preparamos nuestra voluntad. ¿Pero quién de nosotros hace el trabajo más importante de todos, la preparación para nuestra muerte? Nadie escapa al juicio particular al final de nuestro viaje, cuando se determina nuestro destino eterno: el Cielo, el purgatorio que conduce al Cielo, o el infierno. Nuestra alma nunca muere, simplemente despierta a la verdad. Ante el tribunal de Dios, todo lo que estaba oculto será revelado, y todo lo que fue engañadoramente percibido o injustamente racionalizado será dolorosamente manifiesto. Cada uno nos enfrentaremos a ese momento (cf. Romanos 14, 10-12), y sabremos cuál será nuestro destino.

La cuestión sobre si El Aviso sucederá o no en tu generación, o si no sucederá nunca, no es la más importante. La pregunta más importante que tú, querido lector, puedes hacerte es: "¿Estoy listo para encontrarme con Dios ahora mismo?" Porque hay algo absolutamente cierto: vive como si El Aviso fuera real, y desde ahora tendrás poco de que arrepentirte en la vida.

RESPUESTAS A PREGUNTAS FRECUENTES

¿Qué es El Aviso?

Combinando fuentes completamente separadas temporal y geográficamente, podemos ensamblar un bosquejo de este evento cósmico y espiritual:

Sabemos por el Beato Papa Pío IX, San Edmundo Campion, y nada menos que por Jesús y María, que la Iluminación de la Conciencia será una intervención directa de Dios, un "gran prodigio, que llenará al mundo de estupor",[9] ... "será terrible, un juicio en pequeño"[10] ... Dios "revelará las conciencias de todos los hombres y probará a cada hombre de cualquier religión"[11] ... "Lenguas de fuego milagrosas y espirituales purificarán los corazones y las almas de todos, que se verán a sí mismos en la Luz de Dios, y serán traspasados por la afilada espada de su Verdad divina".[12] Como consecuencia, muchos se arrepentirán y se salvarán.

A partir de otras figuras sobresalientes en el catolicismo, hasta el día de hoy, aflora un relato detallado del Aviso:

---

[9] En cuanto a las palabras proféticas del beato Papa Pío IX: Rev. R. Gerald Culleton, *The Prophets and Our Times* (Tan Books and Publishers, 1941), p. 206, https://archive.org/details/TheProphetsAndOurTimes/mode/2up, consultado el 31 de agosto de 2019.

[10] D. Alfonso Cenni, *I SS. Cuori di Gesù e di Maria. La Salvezza del Mondo. Le loro apparizioni, promesse e richieste*, Imprimátur Sublaci. Simon Laurentius O.S.B.

[11] Evelyn Waugh, *Two Lifes*: *Edmund Campion y Ronald Knox* (Continuum; 2005), p. 113.

[12] Movimiento Sacerdotal Mariano, Padre. Stefano Gobbi, *A los Sacerdotes: Hijos Predilectos de la Santísima Virgen*. 21ª ed. española (St. Francis, Maine: Movimiento Sacerdotal Mariano, 2000), pp. 1153.

Al principio, las sombras dejarán de ser sombras, y en su lugar se convertirán en una terrible tiniebla que oscurecerá la luz del sol. Incluso las estrellas y la luna dejarán de brillar. Entonces el firmamento se iluminará por algo parecido a la colisión de dos objetos estelares, produciendo un ruido atronador e iluminando toda la Tierra.

Seguirá el pánico. El día será más brillante de lo normal, y la noche brillará como el día. Entonces Jesús aparecerá en el cielo en Su Cruz — no en Su sufrimiento, sino en su gloria. Este signo del Señor será visible en todas partes del mundo, no importa dónde estés. Desde los agujeros de sus manos, pies y costado de Jesús traspasados, brotarán rayos fulgurantes de amor y misericordia que descenderán sobre toda la Tierra.

Estos rayos de luz contendrán la "Llama de Amor" de la Santísima Madre y llegarán a las almas gracias a su intercesión: *"Debido a la falta de fe, la Tierra está entrando en la oscuridad, pero la Tierra experimentará una gran sacudida de fe"*,[13] dijo Nuestra Señora a través de Elizabeth Kindelmann (1913-1985) del Movimiento de la Llama de Amor del Corazón Inmaculado de María, aprobado por los obispos de todo el mundo. *"En esa noche oscura, el cielo y la tierra serán iluminados por la Llama de Amor que ofrezco a las almas"*.[14] ... *"Es tan grande que no puedo guardarla más tiempo dentro de mí. Salta hacia ti con un poder explosivo. Cuando se derrame, mi amor destruirá el odio satánico que contamina el mundo. Serán liberadas el mayor número de almas. No ha habido nada igual antes. Este es mi mayor milagro que haré por todos"*.[15]

Cuando esta Llama toque la Tierra, todo se detendrá repentinamente. El avión que vuele entre las nubes quedará suspendido en el aire. El futbolista que corra por el campo se detendrá. Todos y todo en la Tierra se congelará, como si el tiempo se hubiera detenido. Sin embargo, en los cinco o quince minutos siguientes, todo el mundo, tanto musulmanes como ateos, discapacitados mentales o cuerdos, jóvenes o viejos, verán los pecados de sus vidas. Verán el bien que no han hecho y el mal que han cometido. Todos se verán absolutamente solos en el mundo, da igual dónde estén en ese momento, experimentando su propia vivencia personal, ajenos a lo que les rodea. La Cruz permanecerá en el cielo durante siete días y siete noches.

---

[13] Elizabeth Kindelmann, The Flame of Love (Fundación Hijos del Padre; 2015-2016) Nihil Obstat: Monseñor Joseph G. Prior, Censor Librorum. Imprimátur: Arzobispo Charles Chaput, Arquidiócesis de Filadelfia, p. 61.

[14] Ibid., p. 62.

[15] Ibid., pp. 44-45.

Desde el comienzo del siglo XX hasta hoy, el cielo ha ido proporcionando más detalles sobre este evento sin precedentes. El 2 de agosto de 1934, Jesús habló a Santa Faustina Kowalska sobre la naturaleza cósmica de la Iluminación, que vendría antes del día de la justicia: *"...se apagará toda luz en el cielo y habrá una gran oscuridad en toda la tierra. Entonces, en el cielo aparecerá el signo de la Cruz y de los orificios donde fueron clavadas las manos y los pies del Salvador, saldrán grandes luces que durante algún tiempo iluminarán la tierra"*.[16] El Evangelio de Mateo habla también de este momento, que muchos no entienden:

"Inmediatamente después de la angustia de aquellos días, el sol se oscurecerá, la luna perderá su resplandor, las estrellas caerán del cielo y los astros se tambalearán. Entonces aparecerá en el cielo el signo del Hijo del hombre. Todas las razas del mundo harán duelo y verán venir al Hijo del hombre sobre las nubes del cielo con gran poder y gloria. Enviará a sus ángeles con un gran toque de trompeta y reunirán a sus elegidos de los cuatro vientos, de un extremo al otro del cielo". *(Mateo 24, 29-31)*

Este pasaje del Evangelio nos dice que *"todas las razas del mundo harán duelo"*. El Aviso también aparece registrado en el simbolismo del Sexto Sello del Apocalipsis, escrito por el apóstol San Juan, el discípulo amado:

"Vi cuando abrió el sexto sello: se produjo un gran terremoto, el sol se puso negro como un sayal de pelo, la luna entera se tiñó de sangre, y las estrellas del cielo cayeron a la tierra como caen los higos de una higuera cuando la sacude un huracán. Desapareció el cielo como un libro que se enrolla, y montes e islas se desplazaron de su lugar. Los reyes de la tierra, los magnates, los generales, los ricos, los poderosos y todos, esclavos y libres, se escondieron en las cuevas y entre las rocas. Y decían a los montes y a las rocas: «Caed sobre nosotros y ocultadnos de la vista del que está sentado en el trono y de la ira del Cordero, porque ha llegado el gran Día de su ira, y ¿quién podrá mantenerse en pie?»". *(Ap 6, 12-17)*

---

[16] Santa Maria Faustina Kowalska, *Divine Mercy in My Soul: Diary* (Marian Press, 3a Edición; 2003) #83.

Nos dice San Juan que habrá una completa oscuridad. El sol se ennegrecerá, las estrellas desaparecerán, y la tierra será sacudida. *"Todos, esclavos y libres"*, refiriéndose a todo el mundo, desearán ocultarse del rostro de Dios y de la ira del Cordero. ¿Quién es el Cordero? En el capítulo anterior del Apocalipsis, dice San Juan, *"vi a un Cordero de pie, como degollado"* (Ap 5, 6). El Cordero es Cristo en su estado Crucificado. Los habitantes de la tierra clamarán, buscando protegerse del rostro de Dios, es decir, de los ojos del Señor, Quien puede ver sus pecados, pues todos y cada uno de ellos se sentirán como si estuviesen en su juicio particular. Esto sucederá en el "gran Día", y muchos experimentarán que no podrán "mantenerse en pie".

En una de las apariciones en Heede, Alemania (1945), Jesús dijo que cuando llegue el Juicio Menor, *"La Tierra temblará y gemirá"*.[17] ¿Pero por qué? ¿Por qué harán duelo? La respuesta llega a través de muchas voces, como la vidente y estigmatizada Luz de María de Bonilla, que actualmente vive en Argentina, cuyos mensajes han recibido el Imprimatur de la Iglesia. En un mensaje del 22 de noviembre de 2014, Jesús dijo:

> *"Amado pueblo mío, está próximo el examen de sus conciencias […] Lo que se mueva dejará de moverse, porque en la Tierra reinará el silencio, únicamente se escuchará el lamento de aquellos que se arrepienten por el mal cometido y vendré Yo con Mi Amor, a acogerles nuevamente como a Mis ovejas perdidas"*.[18]

Dios Padre reveló el Juicio Menor con gran detalle a Matthew Kelly, el conocido conferencista y escritor católico nacido en Australia, que ahora vive en Ohio, y al Padre Michel Rodrigue, exorcista, fundador y superior de la Fraternidad Apostólica de San Benito José Labre en Quebec, Canadá. A través de Matthew, Dios Padre dijo: *"Será doloroso, muy doloroso, pero breve. Verás tus pecados; verás cuánto me ofendes, cada día […] "Juicio" es la mejor palabra que vosotros los humanos*

---

[17] Ibid., Cenni, *I SS. Cuori*, Imprimatur Sublaci. Simon Laurentius O.S.B.

[18] Luz de María de Bonilla, *Venga a Nosotros Tu Reino* (*"Thy Kingdom Come"*) Año 2014, con el *Imprimátur* y completo apoyo de Juan Abelardo Mata Guevara, SDB, Obispo Titular de Estelí, Nicaragua, https://www.revelacionesmarianas.com/libros/en/2014.pdf, p. 290, accedido el 1 de Septiembre, 2019.

tenéis para describirlo, pero más bien será como esto: verás tu propia oscuridad personal en contraste con la luz pura de Mi amor".[19]

A través del P. Michel y Luz de María, el Señor comunicó que serán revelados incluso aquellos pecados ya confesados en el Sacramento de la Reconciliación, aunque se experimenten de forma diferente. Una cosa es confesar los pecados con palabras; otra es ver esos pecados a través de la luz de la verdad y sentir intensamente cómo ese pecado le dolió a Jesús e hirió a otros expandiendo sus efectos destructivos, como una onda a través del tiempo.

¿Cómo hemos sabido de una próxima Iluminación de la Conciencia?

El primer registro histórico que conocemos que menciona la Iluminación de la Conciencia es de San Edmundo Campion (1540-1581), el brillante sacerdote jesuita y mártir de Londres, quien dijo, *"Yo he anunciado un gran día, no en el que vaya a actuar algún potentado temporal, sino en el que el Terrible Juez revelará las conciencias de todos los hombres y probará a cada hombre de cualquier religión. Este es el día del cambio".[20]*

Las palabras de este gran santo católico, martirizado en 1581 y canonizado en 1970, hacen eco perfectamente de las de muchas profecías que seguirán. Un par de siglos más tarde, Dios volvería a revelar esta misteriosa Iluminación a una gran mística italiana, a un paso de la santidad, la Beata Anna Maria Taigi (1769-1837). Tanto pobres como sacerdotes y papas acudían a esta humilde esposa, madre y alma víctima en busca de consejo, porque tenía un don místico extraordinario y singular. Durante cuarenta y siete años, una luz brillante, como un sol, la acompañó de día y de noche. La beata Anna María solo tenía que mirarla fijamente para ver los pensamientos más secretos de las personas cercanas o lejanas; acontecimientos y personas del pasado; y detalles de días por venir. Sus profecías han resistido el paso del tiempo, y suyas son las primeras palabras registradas para llamar a este acontecimiento "Iluminación de la Conciencia": *"Una gran purificación vendrá sobre el mundo precedida por una Iluminación de la Conciencia en la que todos*

---

[19] Matthew Kelly, *Words from God* (Batemans Bay, Australia: Words from God, 1993), p. 70.
[20] Waugh, *Two Lives*, p. 113.

se verán a sí mismos como Dios los ve".[21] Ella también indicó que esto salvaría a muchas almas porque muchos, como resultado, se arrepentirían.

Aparentemente, Dios no había hecho más que comenzar a alertar al mundo de este evento. Un par de décadas más tarde, Él aludiría a ello a través de Su Papa con más largo pontificado, además de San Pedro, Pío IX (1792-1878), cuyo oficio como Vicario de Cristo tiene el poder de captar la atención y opinión del mundo: *"Puesto que el mundo entero está en contra de Dios y de su Iglesia, es evidente que Él se ha reservado para Sí la victoria sobre sus enemigos [...] todos se verán obligados a mirar hacia lo sobrenatural [...] Sobrevendrá un gran prodigio que llenará al mundo de estupor".*[22]

Como para añadir un signo de exclamación y llamar la atención de esta generación, el Papa Pío IX fue beatificado recientemente por Juan Pablo II el 3 de septiembre de 2000. Podría el Señor estar diciéndonos: ¿"Por favor, ¿queréis escuchar a mis representantes en la Tierra, ahora?"

¿Por qué envía Dios El Aviso?

Dios está enviando El Aviso para remediar la conciencia oscurecida y sombría del mundo. Según Sus profetas, gran parte de la humanidad se ha vuelto ciega al pecado, y el corazón del Padre de todos se está desgarrando. Él ya no puede soportar ver a tantos de Sus preciosos hijos, a quienes ama más allá de lo imaginable, caer en el abismo. El Padre ha tendido la mano al mundo con tierna misericordia, ha enviado a Su Madre a la Tierra para ayudarnos, una y otra vez, pero demasiados han rechazado Su gracia y han forzado Su mano. A Él le duele profundamente castigarnos, al igual que un buen padre, a su pesar, castiga a su hijo o a su hija con profundo amor y aflicción, sobre todo si ese niño estuviera a punto de ser devorado por un enemigo. ¿No haría un buen padre todo lo que estuviera a su alcance para evitarlo? Dios se enfada, con razón, no con venganza, odio, rencor o desesperación, sino por amor. Así como un buen padre se enfada con una persona que maltrata a su hijo, el Padre se enfada con aquellos que se dañan a sí mismos y a otros por pecados graves. Él quiere que acabe este abuso. Él quiere que Sus hijos sean liberados en esta vida de todo dolor innecesario, y que estén con Él para siempre en el Cielo, nuestro verdadero hogar, donde ya no hay más sufrimiento ni lágrimas.

---

[21] Iannuzzi, *Antichrist*, p. 33. Petrisko, *The Miracle,* p. 27.

[22] Culleton, *The Prophets*, p. 206.

En el mensaje sobre el Juicio Menor, en Heede, Jesús dijo:

"Mi amor ideó esta obra desde la creación del mundo. Los hombres no escuchan Mi voz, endurecen su corazón, resisten a Mi gracia, rehúsan Mi misericordia, Mi amor y Mis méritos. La humanidad es peor que antes del diluvio. Agoniza en la ciénaga del pecado. El odio y la codicia guían sus corazones. Todo esto es obra de Satanás. El mundo yace en densas tinieblas. Esta generación merece ser aniquilada, pero sólo en atención a los justos dejaré que triunfe mi misericordia. La copa de la ira de Dios está ya derramándose sobre las naciones. El ángel de la paz no tardará en descender sobre la tierra. Quiero curar y salvar. A través de las heridas que ahora sangran, la misericordia vencerá y la justicia triunfará".[23]

El 15 de agosto de 1980, el Señor le dijo a Elizabeth Kindelmann, *"La Iglesia y el mundo entero están en peligro. No puedes cambiar esta situación. Sólo la Santísima Trinidad, por la intercesión conjunta de la Santísima Virgen, los ángeles, los santos y las almas del purgatorio, pueden ayudarte".[24]*

"El Juicio Menor es una realidad. La gente ya no se da cuenta de que me ofenden" (Dios Padre a Matthew Kelly).[25] *"El hombre ya no mira con desconfianza al diablo, sino que lo sigue y le obedece con gusto, actuando en contra de la voluntad de Dios"* (Jesús a Luz de María de Bonilla). *"La razón por la que tales juicios vendrán es porque la gente se niega a convertirse y continúa viviendo en la oscuridad"* (Jesús a Janie Garza).[26] *"El Aviso no es una fantasía. La humanidad debe ser purificada para que no caiga en las llamas del infierno"* (Nuestra Señora a Luz de María).[27]

"Lenguas de fuego descenderán sobre todos vosotros, mis pobres hijos, tan atrapados y seducidos por Satanás y por todos los espíritus

---

[23] Ibid., Cenni, *I SS. Cuori*, Imprimatur Sublaci. Simon Laurentius O.S.B.

[24] Kindelmann, *The Flame*, p. 108.

[25] Matthew Kelly, *Words from God* (Batemans Bay, Australia: Words from God, 1993), p. 70.

[26] Janie Garza, *Heaven's Messages for the Family: How to Become the Family God Wants You to Be* (Saint Dominic Media, 1998), p. 329.

[27] Bonilla, *Venga,* con *Imprimátur y apoyo completo de* Juan Abelardo Mata Guevara, SDB, Obispo Titular de Estelí, Nicaragua, Mensaje de Marzo 5, 2013, p. 61, https://www.revelacionesmarianas.com/libros/es/2013.pdf, accedido el 5 de Julio de 2020.

malignos que, durante estos años, han alcanzado su mayor triunfo. Y así, seréis iluminados por esta luz divina... que abrirá la puerta de vuestro corazón para recibir el gran don de la misericordia divina". (Nuestra Señora al P. Stefano Gobbi)

El perdón de Dios está siempre llamando, pero nunca puede entrar en un corazón cerrado. La Iluminación de la Conciencia vendrá a abrir las almas a la realidad de Dios, y a llevar al arrepentimiento a los corazones dispuestos.

Recientemente, en 2018, Dios Padre dio el siguiente mensaje al P. Michel Rodrigue, en el que explica de nuevo por qué está enviando El Aviso, y nos comunica cómo le duele hacerlo.

"No quiero la muerte y la condenación para ninguno de vosotros. Tanto sufrimiento, tanta violencia, tantos pecados ocurren ahora, en la Tierra que yo he creado. Ahora escucho los gritos de todos los bebés y niños que son asesinados por el pecado de mis hijos que viven bajo el dominio de Satanás. NO MATARÁS". ("Estas palabras fueron muy fuertes", dijo el P. Michel.)

"Ora y ten confianza. No quiero que seáis como los que no tienen fe y que temblarán durante la manifestación del Hijo del Hombre. Al contrario, ora y regocíjate, y recibe la paz dada por mi Hijo, Jesús. Qué dolor cuando debo respetar vuestra voluntad libre y llegar al punto de tener que dar un aviso, que también es parte de Mi misericordia. Estad preparados y vigilantes para la hora de Mi misericordia. Yo os bendigo, hijos míos".[28]

¿Qué pasará durante El Aviso a los que estén en pecado grave?

"Para los que no estén en estado de gracia, será aterrador",[29] dijo Jesús en Heede. En Garbandal, España (1961-1965), donde Nuestra

---

[28] De las charlas grabadas en directo del P. Michel Rodrigue en Barry's Bay, Ontario, el 12 y 13 de julio de 2018. Las charlas recientes del P. Rodrigue (2 sets de CDs) pueden ser compradas a través de Peter Frank en missionangelshq@gmail.com. Todas las ganancias se destinan a apoyar la construcción de los nuevos monasterios, que Dios Padre le ha dicho al P. Rodrigue que son importantes para el futuro de la Iglesia: Fraternité Apostolique Saint Benoît-Joseph Labre (Fraternidad Apostólica de San Benito José Labre). Visite www.countdowntothekingdom.com/es/why-fr-michel-rodrigue.

[29] Ibid., Cenni, *I SS. Cuori, Imprimátur* Sublaci. Simon Laurentius O.S.B.

Señora llamó por primera vez a este acontecimiento "El Aviso", la vidente Conchita dijo que será *"mil veces peor que los terremotos. Será como fuego; no quemará nuestra carne, pero lo sentiremos corporal e interiormente [...] Y los incrédulos sentirán el temor de Dios. Si morimos durante ese tiempo, será de miedo [...] ¡Si pudiera decirles cómo me lo describió la Virgen! [...] Estoy cansada de anunciarlo y de que nadie le preste atención".[30]*

"Les hablo del Aviso", dijo Jesús a Luz de María en 2018, *"instante en el cual, cada uno estará solo con su propia conciencia ante sus pecados, siendo este instante tan fuerte que algunos no resistirán vivir sus propias maldades".[31]*

La mística y estigmatizada Janie Garza, que cuenta con la total aprobación de su obispo para compartir sus mensajes, le preguntó a Jesús el 9 de septiembre de 1995: *"Amado Salvador, ¿la Iluminación asustará a la gente?"*

Jesús respondió: *"El temor que inflamará sus corazones es el santo temor del inmenso poder de Mi Padre, especialmente para aquellas muchas almas que han continuado negando la existencia de Mi Padre. Serán estas almas las que experimentarán un profundo miedo".* San José le dijo a Janie en 1994, *"Para aquellos que creen que viven en la luz, pero continúan infringiendo todo Mandamiento dado por Dios, a estas almas, yo, San José les digo, que estas almas no podrán ver el estado de sus almas y seguir viviendo".*

Janie respondió: *"Es muy duro saber esto. ¿Estás diciendo que la gente que no vive en los mandamientos de Dios morirá cuando vea sus almas?"*

San José respondió: *"Sí, mi pequeña, así será para muchos a menos que se arrepientan y se decidan por la conversión. Todavía hay tiempo para el arrepentimiento, pero el tiempo se acorta cada día que pasa".[32]*

Durante la Iluminación de la Conciencia, todos verán adónde irían si murieran en ese momento sin el beneficio del Aviso. El Padre Michel Rodrigue explicó lo que Dios Padre le reveló sobre las almas destinadas

---

[30] Ramon Pérez, *Garabandal: The Village Speaks*, traducido del francés por Matthews, Annette I. Curot, The Workers of Our Lady of Mount Carmel, 1981, pp. 50-51.

[31] Bonilla, *Venga, Imprímátur*: Obispo Guevara, Revelaciones Marianas, p. 124, Mensaje de Nuestro Señor Jesucristo el 17 de septiembre de 2018; https://www.revelacionesmarianas.com/libros/es/2018.pdf, accedido en Julio 6, 2020

[32] Janie Garza, *Heaven's Messages for the Family, Volumen II: Messages from St. Joseph and the Archangels* (Saint Dominic Media, 1999), p. 46.

a la condenación: *"Los que vayan al infierno, arderán. Sus cuerpos no serán destruidos, sino que sentirán exactamente cómo es el infierno porque ya están allí. Lo único que les faltaba era sentirlo. Experimentarán las palizas del diablo, y muchos no sobrevivirán debido a su gran pecado, se lo aseguro. Pero será para ellos una bendición, porque pedirán perdón. Será su salvación".*[33]

¿Qué ocurrirá durante El Aviso a los que creen en Dios y lo aman?

Aquellos que aman a Dios y a su prójimo padecerán El Aviso con la ayuda de la Gracia, y acabarán siendo mucho mejores por ello. Cuando una amiga le dijo a Conchita, la vidente de Garabandal, que estaba muy asustada por El Aviso, Conchita la tranquilizó: *"Sí, pero después del Aviso, amarás mucho más a Dios".*[34] La vidente Jacinta también dijo: *"El Aviso es para que nos acerquemos a Él y aumentemos nuestra fe. Por eso, hay que prepararse para ese día, pero no esperarlo con miedo. Dios no manda las cosas para que tengamos miedo, sino con justicia y amor".*[35]

En un mensaje reciente del 12 de agosto de 2019 a la mística y estigmatizada Luz de María de Bonilla, Jesús dijo: *"Quien obre y actúe a Mi Semejanza con sus hermanos y se arrepienta con todas sus fuerzas, potencias y sentidos y confiese sus pecados, con firme propósito de enmienda, ese hijo Mío, vivirá el AVISO como todo ser humano, pero no con la intensidad con la que lo vivirán los que se mantengan en el fango del pecado por desobediencia, ignorando Mis llamados, los de Mi Madre y los de Mi fiel San Miguel Arcángel".*[36]

No habrá dos personas que experimenten la Iluminación de la Conciencia de la misma manera, ya que no hay dos personas con los

---

[33] Charlas grabadas en vivo del Padre Michel Rodrigue en Barry's Bay, Ontario el 12 y 13 de julio, 2018. Visite www.countdowntothekingdom.com/es/why-fr-michel-rodrigue. (En www.YouTube.com/c/QueenofPeaceMedia, haga clic en "Spanish" para ver los de videos de Padre Michel Rodrigue con subtítulos en español.)

[34] "Conchita y Loli Hablan sobre El Aviso", Garabandal Journal, enero-febrero 2004, p. 5.

[35] "Conchita y Loli Hablan sobre El Aviso", Garabandal Journal, enero-febrero 2004, p. 5.

[36] Bonilla, *Venga*, Obispo Guevara, Revelaciones Marianas, https://www.revelacionesmarianas.com/libros/es/2019.pdf, Accedido en Julio 6, 2020.

mismos pecados. *"Aquellos que vayan al purgatorio"*, dijo el Padre Michel Rodrigue, *"verán y sentirán los dolores de su pecado y purificación. Reconocerán sus faltas y sabrán lo que deben corregir en su interior. Los que estén muy cerca de Jesús, verán lo que deben cambiar para vivir en completa unión con Él.*

El Padre quiere que proclame que tú no tienes nada que temer. Para el que cree en Dios, este será un día de amor, un día bendito. Tu verás lo que debes corregir para cumplir más Su voluntad, para ser más sumiso a la gracia que Él desea darte para tu misión en la Tierra. Será una de las mayores señales dadas al mundo desde la Resurrección de Jesucristo. El Padre me dijo que el siglo XXI es Su siglo. Después del Aviso, nadie que quede en la Tierra podrá decir que Dios no existe".

"Haré brillar Mi luz", dijo Jesús en Heede, *"una luz que para algunos será una bendición, y para otros, oscuridad. La humanidad reconocerá Mi amor y Mi poder [...] Pero no temáis. Yo estoy con vosotros. Os alegraréis y me daréis gracias. Los que me esperan tendrán Mi ayuda, Mi gracia y Mi amor".*[37]

¿Vendrá pronto la Iluminación de la Conciencia?

Sólo Dios sabe el día y la hora del Aviso. El tiempo exacto de los acontecimientos profetizados por el Señor a lo largo de la historia ha sido inaprensible y desconocido. Las profecías sobre un Mesías venidero se proclamaron siglos antes de que Dios se hiciera hombre, como está registrado en la Biblia hebrea, escrita entre el 1450 a.C. y el 430 a.C. (Véanse los detalles de estas profecías en las notas finales).[vi] Cuando el Mesías anunciado finalmente llegó, Jesús habló a sus discípulos de las muchas generaciones de israelitas que le habían aguardado con gran esperanza y expectación: *"Pero bienaventurados vuestros ojos porque ven y vuestros oídos porque oyen. En verdad os digo que muchos profetas y justos desearon ver lo que veis y no lo vieron, y oír lo que oís y no lo oyeron".* (Mateo 13, 16-17) Y muchos de los primeros cristianos, incluyendo a San Pablo, creían que la profecía de Jesús de su Segunda Venida era inminente, pero no tuvo lugar en su tiempo.

Durante los últimos cinco siglos, Dios parece estar anunciando un Aviso próximo, cada vez con más frecuencia y urgencia, a través de

---

[37] Ibid., Cenni, *I SS. Cuori, Imprimátur* Sublaci. Simon Laurentius O.S.B.

profetas suyos elegidos en Su Iglesia Católica. Ahora, de nuevo, el Señor parece estar preparando a Su pueblo para recibirlo, y desea salvar al mundo entero. Pero, como dijo San Pedro, *"no olvidéis una cosa, queridos míos, que para el Señor un día es como mil años y mil años como un día"* (2Pedro 3, 8). Sin embargo, es interesante notar que el lenguaje de las profecías sobre El Aviso ha cambiado en las últimas décadas. A partir de mediados del siglo XX, el Señor comenzó a anunciar su cercanía en el tiempo.

En 1945, dijo Jesús en Heede, *"Mis amados hijos, la hora está cerca [...] Los ángeles de la justicia están ahora dispersos por todo el mundo. Me daré a conocer a la humanidad. Cada alma Me reconocerá como su Dios. ¡Ya llego! Estoy a la puerta..."*[38]

De nuevo, el 26 de julio de 1964, Nuestra Señora le dijo a Elizabeth Kindelmann, *"Se acerca el momento en que se encenderá mi Llama de Amor".*[39]

Jacinta, una de las videntes de Garabandal, dijo que cuando llegue El Aviso, se darán "las peores" condiciones. Habrá persecución, y mucha gente ya no practicará su religión. Cuando se le preguntó cómo será el mundo cuando llegue El Aviso, ella respondió con una palabra: "Malo". Mari Loli habló de que parecerá como si la Iglesia ya no existiera: *"...será muy difícil practicar la religión, que los sacerdotes celebren Misa, o que la gente abra las puertas de las iglesias"* ... *"Quien la practique tendrá que esconderse".*[40]

Cuando le preguntaron a Mari Loli el 27 de julio de 1975: "¿Puede decirnos alguna otra cosa sobre El Aviso?", ella respondió: *"Todo lo que puedo decir, es que está muy próximo, y que es muy importante que nos preparemos a él..."*[41]

El 9 de septiembre de 1995, Janie Garza le preguntó directamente a Nuestro Señor, *"Oh, Jesús, ¿esto sucederá muy pronto?"*

---

[38] Ibid., Cenni, *I SS. Cuori*, *Imprimatur* Sublaci. Simon Laurentius O.S.B.

[39] Elizabeth Kindelmann, *The Flame of Love of the Immaculate Heart of Mary: The Spiritual Diary*, *Imprimátur:* Cardenal Péter Erdo, Arzobispo de Budapest y Primado de Hungría (The Flame of Love Movement of the Immaculate Heart of Mary; Montreal, Canada) 2014, p. 61.

[40] Entrevista a Jacinta realizada por Barry Hanratty el 16 de abril de 1983, Centro Garabandal de San Miguel para Nuestra Señora del Carmen, Inc., accedido en 4 de julio de 2019, http://www.garabandal.org/News/Interview_with_Jacinta.shtml

[41] Ramon Pérez, *Garabandal: The Village Speaks*, traducido del francés por Matthews, Annette I. Curot, The Workers of Our Lady of Mount Carmel, 1981, pp. 52.

[40] Janie Garza, *Heaven's Messages for the Family: How to Become the Family God Wants You to Be* (Saint Dominic's Media, 1998).

Jesús respondió: *"Nuestra humilde servidora, esto sucederá dentro de poco tiempo. No te distraigas con las fechas, sino prepárate cada día con fuerte oración. Muchos de los que se preocupan por estos tiempos no vivirán para verlos. Por eso la Sagrada Escritura advierte a todos que no se preocupen por el mañana, porque a nadie se le garantiza el mañana. El día de hoy tiene suficientes pruebas y cruces. Sepan que cuando hablamos de las cosas que vendrán, es para que el pueblo se convierta y abandone sus malos caminos. Cada día es una oportunidad para que las almas se conviertan. ¡La gente no debe esperar a que estas cosas vengan para convertirse, sino que deben convertirse ahora, antes de que sea demasiado tarde!"*[42]

Los mensajes de la Virgen al Padre Stefano Gobbi a finales del siglo XX también insinúan que El Aviso, es inminente.

A un grupo de oración, o "cenáculo", de su Movimiento Sacerdotal Mariano, María les dijo a través del Padre Gobbi: *"Por esto os invito a pasar este día en el Cenáculo, Reunidos en la oración Conmigo, Madre de la Misericordia, en la esperanza y en la anhelante espera del segundo Pentecostés ya próximo"* (Fiesta de Pentecostés, junio 4 de 1995).[43]

En la fiesta de Pentecostés, un año después, pidió a los presentes que se prepararan: *"Con un extraordinario cenáculo de oración y fraternidad, celebráis hoy la solemnidad de Pentecostés. Recordáis el prodigioso acontecimiento de la venida del Espíritu Santo, bajo forma de lenguas de fuego, en el cenáculo de Jerusalén, donde los Apóstoles se habían reunido en oración Conmigo vuestra Madre celestial.*

También hoy vosotros, recogidos en oración en el cenáculo espiritual de mi Corazón Inmaculado, os preparáis para recibir el don prodigioso del segundo Pentecostés. El Segundo Pentecostés vendrá para hacer volver a esta humanidad que se ha vuelto pagana y que vive bajo el potente influjo del Maligno, a la plena comunión de vida con su Señor que la ha creado, redimido y salvado".[44]

En el siglo XXI, el Cielo parece estar anunciando que El Aviso ocurrirá en esta generación. Las palabras a Luz de María de Bonilla y al Padre Michel Rodrigue, cuyos mensajes están actualmente vigentes, parecen especialmente urgentes.

---

[42] Janie Garza, *Heaven's Messages for the Family: How to Become the Family God Wants You to Be* (Saint Dominic's Media, 1998).

[43] P. Stefano Gobbi, *A los sacerdotes, hijos predilectos de la Santísima Virgen; 21° Edición española* (Movimiento Sacerdotal Mariano, 2000), p. 1092

[44] Ibid., pp. 1152-1153

El 16 de febrero de 2010, Jesús dijo a través de Luz de María: *"Mi Madre les ha anunciado por todo el mundo a través de los tiempos, lo que ahora, SÍ está por venir"*.

El 5 de marzo de 2013, María dijo: *"¡Cuán cerca de esta generación está El Aviso! y ¡cuántos de ustedes ni siquiera conocen qué es El Aviso! En este instante Mis Instrumentos Fieles y Mi Profeta [Luz de María] son causa de burla de parte de aquellos que se sienten doctos en la espiritualidad, de parte de aquellos que llegan a través de los medios de comunicación a millones de almas y los están extraviando y ocultándoles la verdad, puesto que Yo [María] revelo la Voluntad Trinitaria..., y la Voluntad Trinitaria ya fue dicha en todas Mis Apariciones desde mucho tiempo atrás".* ... *"Los que no han creído serán avergonzados"*.

Para algunos, es difícil no preguntarse, "¿Cuán pronto es pronto? ¿Pronto quiere decir en mi época?" El 15 de julio de 2019, por primera vez, Luz de María recibió esa respuesta. San Miguel Arcángel declaró, *"Esta es la generación que probará el grandioso acto de Misericordia Divina: EL AVISO..."*[45]

Según lo que Dios Padre ha revelado al Padre Michel Rodrigue, un santo sacerdote que ha escuchado la voz del Señor desde los tres años, "pronto" significa en esta generación. Actualmente, Dios le está enviando a hablar a católicos en parroquias, hogares y casas de retiro de los Estados Unidos y Canadá. En sus charlas, que están disponibles en CD, él ayuda a la gente a entender y a prepararse para El Aviso y los tiempos venideros, en los que se producirán grandes cambios en el mundo.[46]

En el año 2018, el P. Michel pronunció las siguientes palabras en un retiro a un grupo de católicos en los Estados Unidos:

"Tú sabes que ya estás bendecido porque estás siendo consciente. ¿Por qué crees que Dios te ha elegido para estar aquí? Porque tienes una misión. Cuando salgas, cuando regreses a tu casa, sentirás algo en tu hombro. ¿Qué es? La carga de Jesús, que es la misión del Señor. Si Él te hace consciente ahora de lo que va a pasar, es porque la gente regresará tras su experiencia mística de encuentro con Dios, buscando ayuda, sin saber qué hacer. Algunos tendrán miedo; otros estarán en shock. Has sido elegido para este tiempo para ayudar a guiar a estas

---

[45] "El Gran Aviso de Dios a la humanidad: profecías y revelaciones dadas a Luz de María de Bonilla", Imprimátur del Obispo Guevara, Revelaciones Marianas, https://www.revelacionesmarianas.com/libros/es/2019.pdf, accedido en julio 9, 2020.
[46] Para saber más sobre lo que Dios Padre le ha revelado al Padre Michel Rodrigue, visite /why-fr-michel-rodrigue

personas hacia la Iglesia Católica para recibir la Buena Nueva de Jesús".[47]

A través del Padre Michel, el Señor pide a todos los fieles católicos, purificados por El Aviso, que ayuden a traer a Sus ovejas perdidas, confundidas y separadas, de vuelta a Su rebaño.

¿Cómo debemos prepararnos para El Aviso?

El consejo del cielo sobre cómo debe prepararse la humanidad para El Aviso es un reflejo de las peticiones de la Santísima Virgen en sus apariciones de los dos últimos siglos. Ella ha estado clamando al mundo, pidiéndonos que nos arrepintamos, volvamos a Dios, enmendemos nuestras vidas, hagamos penitencia para reparar nuestros propios pecados y los del mundo. Nos ha llamado, nos ha suplicado que oremos, oremos, oremos y nos tomemos las prácticas de la fe católica con extremada seriedad. Las almas de sus amados hijos están en juego.

En Heede, en 1945, Jesús habló con gran fuerza: "La humanidad no ha escuchado a mi Santa Madre, que se apareció en Fátima para instar a la humanidad a hacer penitencia. Ahora Yo mismo he venido a advertir al mundo en esta última hora: ¡los tiempos son serios! Que la gente haga por fin penitencia por sus pecados; que se aparten con todo su corazón del mal y oren, oren mucho, para calmar la indignación de Dios. Que, en particular, oren con frecuencia el Santo Rosario, esta oración es poderosa para con Dios. ¡Menos entretenimientos y diversiones! Estoy muy cerca".[48]

Elizabeth Kindelmann compartió que Jesús le dijo lo siguiente con una voz atronadora, "Antes de que lleguen los tiempos difíciles, prepárense para la vocación a la que los he llamado con una renovada tenacidad y firme decisión. No deben ser perezosos, desinteresados e indiferentes porque la gran tormenta se avecina. Sus ráfagas se llevarán a las almas

---

[47] De las charlas grabadas en directo del P. Michel Rodrigue en Barry's Bay, Ontario el 12 y 13 de julio de 2018, y en Gospa House, North Hills, California el sábado 23 de febrero, 2019. Para charlas más recientes, visite www.countdowntothekingdom.com/es/why-fr-michel-rodrigue. En www.YouTube.com/c/QueenofPeaceMedia, haga clic en "Spanish" para ver los de videos de Padre Michel Rodrigue con subtítulos en español.

[48] Cenni, I SS. Cuori, Imprimatur Sublaci. Simon Laurentius O.S.B.

indiferentes consumidas por la pereza. Sólo las almas con una vocación genuina sobrevivirán".[49]

Un consejo tierno y paternal vino de parte de San José, cuando Janie Garza le preguntó, el 19 de marzo de 1966, cómo debemos prepararnos:

"Ora, mi pequeña, ora. Permanece fiel a todo lo que el Espíritu Santo te diga. Actúa en todo lo que la Santísima María te diga. Sé una fuerte mensajera para vivir sus mensajes de paz, oración, Santa Misa, ayuno, conversión y lectura de la Sagrada Escritura. Hazlo en familia. No rechaces el Santísimo Nombre de Dios para que Él no te rechace. Decidan ser una familia santa, orar juntos, amar y perdonarse unos a otros. Este es el momento de decidirse para todos los hijos de Dios. Vivid como el pueblo de Dios, llevando vidas buenas, simples y justas. Abrid vuestros corazones al amor y a la misericordia de Dios. Cada familia debe consagrarse al Sagrado Corazón de Jesús, al Inmaculado Corazón de María[50] y a mi intercesión y protección, para que podamos acercaros a Dios. Os prepararemos para lo que tiene que venir. Vivid como hijos del Señor, y podréis superar todos estos tiempos difíciles [...] No tengas ningún miedo, pero abandónate al Espíritu Santo que te ayudará a hacer la Santa Voluntad de Dios".[51]

En 1977, cuando se preguntó a las videntes de Garabandal si tenían alguna palabra de consejo para la gente con el fin de que se prepararan para este evento, Conchita respondió: *"Debemos estar siempre preparados, manteniendo el alma en paz y no apegándonos demasiado a este mundo. Al contrario, debemos pensar muy a menudo en que estamos aquí abajo para ser santos e ir al Cielo".* Mari Loli respondió que debemos *"Hacer mucha penitencia, hacer sacrificios, visitar el*

---

[49] Kindelmann, *The Flame,* Mensaje de marzo 12, 1964, p. 205.

[50] Para una consagración mariana poderosamente efectiva, consigue el libro, Consagración del Manto de María: Un Retiro Espiritual para recibir la Ayuda del Cielo, avalado por el Arzobispo Salvatore Cordileone y el Obispo Myron J. Cotta, y el Diario de Oración de Consagración del Manto de María que lo acompaña. Visite www.queenofpeacemedia.com/el-manto-de-maria. Para la consagración en español, visite www.queenofpeacemedia.com/el-manto-de-maria

[51] Janie Garza, *Heaven's Messages for the Family, Volumen II: Messages from St. Joseph and the Archangels* (Saint Dominic Media, 1999), pp. 201-202.

Santísimo Sacramento todos los días que podamos, y orar el Santo Rosario a diario".[52]

Para preparar nuestros corazones, Dios Padre envió esta recomendación a través de Matthew Kelly el 5 de junio de 1993:

"Pobres almas, todos vosotros, despojados del conocimiento de Mi amor. Estad preparados para este Juicio Mío [...] ¿Ves ahora lo importante que son estos tiempos? No esperes a que llegue este Juicio Menor. Debéis empezar ya a observaros más detenidamente para poder ver vuestras faltas y arrepentiros. Sois afortunados por tener la fe necesaria para leer, creer y aceptar este mensaje. No debéis iros y quedar indiferentes. Debéis examinaros más cada día y orar en reparación.

Todos vosotros, haced como el ciego. Cada día debéis clamar: "Señor, abre mis ojos", y Mi Hijo abrirá vuestros ojos para que podáis ver vuestra miseria y arrepentiros.

Orad ahora más que nunca, y recordad que los criterios del mundo son un falso indicio de Mi justicia. Yo soy vuestro Dios, y aunque soy perfectamente misericordioso con los que se arrepienten, soy perfectamente justo con los que no lo hacen.

Mucha gente piensa que, a Mí, su Dios, no me importará. "Es poca cosa", dicen. Pero no es cuestión de importar. Quiero que la gente Me ame. El amor tiene en cuenta tanto las cosas pequeñas como las grandes; y la mayoría de veces, estas pequeñas cosas no son tan pequeñas.

No juzgues tus acciones o las de los demás. No eres capaz de juzgar. Eres incapaz de juzgar porque no puedes leer el corazón de un hombre.

Debes amarme con todo tu corazón, con toda tu mente, con toda tu alma y con todas tus fuerzas.

Hoy es el día. Haced todo lo posible para renunciar a ti mismo y dejar que Cristo reine en vuestras vidas. Nunca estaréis preparados para el Juicio Menor, pero algunos estarán más preparados que otros. Debéis aspirar a ser uno de esos y traer a tantos otros como podáis, para que estén preparados, o tan preparados como sea posible.

Sobre todo, no temas. No te digo todo esto para asustarte. No, simplemente intenta ser mejor persona cada día. Es lo máximo

---

[52] Revista Internacional de Garabandal, octubre-diciembre, 2014, http://www.garabandal.org.uk/magazine.html, accedido en julio 4, 2019.

que te puedo pedir. Soy tu Dios. Soy perfectamente justo y perfectamente misericordioso. Sois hijos e hijas míos. ¿No cuida un padre de sus hijos? Os envío este mensaje para libraros tanto como pueda de cualquier dolor; pero el dolor que experimentáis al ver la oscuridad de vuestra alma es un acto de amor en Mi Nombre. ¿No ves que esto devolverá a muchas, muchas almas, a un amor más pleno por Mí? Esto salvará a muchas almas del fuego del infierno.

Este es el más importante de todos Mis mensajes: Yo soy el Señor, tu Dios. Vosotros sois Mis hijos e hijas, a quienes amo muchísimo, y Mi mayor deleite es estar con vosotros; y quiero estar con vosotros toda la eternidad. Todo lo que hago lo hago por amor a vosotros, hijos Míos. Confiad en Mí, vuestro Padre Celestial".[53]

En resumen, prepararse para El Aviso es arrepentirse, creer en el Evangelio, amar a Dios con toda nuestra mente, corazón, alma y fuerzas, y amar a nuestro prójimo como a nosotros mismos. Prepararse es perdonar y vivir una vida buena, justa y sencilla. Los profetas del Aviso, así como la Santísima Virgen en sus recientes apariciones, nos han dado prácticas espirituales específicas a seguir: Confesión frecuente, Santa Misa, ayuno, lectura de la Biblia, oración del corazón —especialmente el Rosario— oración en familia, visitar al Santísimo Sacramento y consagración de uno mismo y de la familia al Sagrado Corazón de Jesús y al Inmaculado Corazón de María. Estas son las prescripciones del Cielo para vivir la vida al máximo en la gracia, y estar listo para ver a Dios y a nosotros mismos como realmente somos.

¿Qué pasará después de El Aviso?

"Sé que piensas que esto [el Juicio Menor] suena como algo muy bueno", dijo Dios Padre a Matthew Kelly, *"pero desafortunadamente ni siquiera esto traerá al mundo entero a Mi amor. Algunas personas se alejarán aún más de Mí; serán orgullosas y tercas. Satanás está trabajando duro contra Mí".*[54]

"La gente [...] se dolerá por no haber creído", explicó María a través de Luz de María, *"pero ya se habrán extraviado muchos de Mis hijos a*

---

[53] Kelly, *Words,* pp. 70-72.

[54] Ibid., p. 70.

los cuales no podremos recuperar tan fácilmente, ya que vendrá el impío a negar el Aviso y a atribuirlo a las nuevas tecnologías".[55]

"Mi cruz es la victoria", predijo Jesús, *"y brillará en el firmamento durante siete días y siete noches. Irradiará luz constantemente. Será una señal preliminar que mi pueblo ha estado esperando; y para aquellos que no crean, habrá una gran confusión. La ciencia tratará de dar una explicación a lo que no tiene explicación científica"* ... *"pero aun así algunos de Mis hijos negarán el Aviso como venido de Mi Casa y se sublevarán contra Mí y serán parte del mal".*[56]

"Dios no nos ha dado tres maneras de viajar, sólo dos", dijo el P. Michel Rodrigue. *"No hay ninguna zona gris entre el camino del mal y el del Señor. Aquellos que digan: 'No sé. No puedo tomar una decisión', no podrán permanecer indiferentes. Como dice Dios en el Libro del Apocalipsis (3,16), "Así que, porque eres tibio, ni frío ni caliente, te vomitaré de mi boca". La gente tendrá que tomar una decisión, y entenderá por qué, porque después de eso, se quedarán con las consecuencias de su decisión. Se acabará el tiempo de la misericordia, y comenzará el tiempo de la justicia. Jesús se lo dijo a Santa Faustina Kowalska".*[57] *"Es la hora de la decisión para la humanidad"* (El cuarto mensaje de Betania de María a María Esperanza).[58] *"unos enmendarán su camino, otros negarán a Mi Hijo convirtiéndose así en los grandes perseguidores de los Míos"* (María a Luz de María).[59]

"A los que se arrepientan se les dará una sed insaciable de esta luz", dijo Dios Padre a Matthew Kelly. *"Su amor por Mí será entonces tan fuerte que, unido al Inmaculado Corazón de María y al Sagrado Corazón de Jesús, la cabeza de Satán será aplastada [...] Todos los que me aman se unirán para ayudar a formar el talón que aplastará a Satanás.*

[55] Bonilla, *Venga, Imprimátur:* Obispo Guevara, Revelaciones Marianas, p. 56, https://www.revelacionesmarianas.com/libros/es/2013.pdf, Mensaje del 5 de marzo de 2013, de la Santísima Virgen María, accedido el 9 de Julio de 2020.

[56] Bonilla, *Venga, Imprimátur:* Obispo Guevara, Revelaciones Marianas, p. 290, https://www.revelacionesmarianas.com/libros/es/2014.pdf, Mensaje del 22 de Noviembre de 2014, de Jesucristo, accedido en el 9 de Julio de 2020.

[57] De las charlas grabadas en vivo del P. Michel Rodrigue en Barry's Bay, Ontario el 12 y 13 de julio de 2018.

[58] Señales y maravillas de nuestros tiempos, volumen 15-n.2, artículo destacado de www.sign.org, p. 37.

[59] Bonilla, *Venga, Imprimátur:* Obispo Guevara, Revelaciones Marianas, p. 175, Mensaje del 24 de julio de 2014, de la Santísima Virgen María, https://www.revelacionesmarianas.com/libros/es/2014.pdf, accedido el 10 de julio de 2020.

Entonces, cuando os llegue la muerte natural, quedará saciada vuestra sed de esta luz. Me veréis a Mí, vuestro Dios. Viviréis en Mi amor; estaréis en el Cielo".[60]

Durante El Aviso y después por un corto tiempo, Satanás quedará cegado, incapaz de tentar a las almas. Sin este cegamiento divino, las almas no podrían ver con absoluta verdad su estado ante Dios, ni tendrían la absoluta libertad de voluntad para elegir a Dios o rechazarlo.

"Cuando Satanás sea cegado", dijo Nuestro Señor a Elizabeth Kindelmann, *"los decretos del Concilio Vaticano II se cumplirán de forma maravillosa [...][61] Que los sacerdotes y sus fieles se reúnan en unidad espiritual. Esta efusión alcanzará incluso a las almas no bautizadas".[62]*

Cuando se le preguntó a la vidente de Garabandal, Jacinta, *"¿Recuerdas cuando la Virgen te dijo que las Iglesias se unirían?"*

"La forma en que lo dijo", respondió Jacinta, *"fue que toda la humanidad estaría dentro de una Iglesia, la Iglesia Católica. También dijo que era muy importante orar por esta intención".[63]*

Dios le mostró a la beata Anna Maria Taigi que naciones enteras volverían a la unidad de la Iglesia. Muchos turcos [¿musulmanes?], paganos y judíos se convertirían, y su fervor cubriría de confusión a los cristianos originales. El Señor, dijo ella, limpiará al mundo y a Su Iglesia para preparar un renacimiento milagroso que será el triunfo de Su misericordia.[64]

"El segundo Pentecostés", explicó la Virgen al padre Gobbi, *"descenderá en los corazones para transformarlos y volverlos sensibles y abiertos al amor, humildes y misericordiosos, libres de todo egoísmo y*

---

[60] Matthew Kelly, *Words from God* (Batemans Bay, Australia: Words from God, 1993). Mensaje a Matthew Kelly de Dios Padre del 5 de junio de 1993, p. 70.

[61] Kindelmann, *The Flame of Love* (Children of the Father Foundation; 2015-2018), p.87.

[62] Ibid., p. 110.

[63] Entrevista con Jacinta realizada por Barry Hanratty el 16 de abril de 1983, Centro Garabandal de San Miguel para Nuestra Señora del Carmen, Inc., accedido el 4 de julio de 2019, http://www.garabandal.org/News/Interview_with_Jacinta.shtml

[64] Mark Regis, "Blessed Anna-Maria Taigi", Diario de Garabandal, enero-febrero 2004, pp. 6-8.
Albert Bessieres, SJ, traducido del francés por el Rev. Stephen Rigby, *Wife, Mother and Mystic* (Tan Books, 1970).

de toda maldad. Entonces el Espíritu del Señor transformará los corazones de piedra en corazones de carne".[65]

San José describió a Janie Garza la llegada de una nueva era: *"Habrá gran alegría para todo el pueblo fiel de Dios. Sus hijos serán felices. Habrá amor en las familias en todo lugar. La gente se beneficiará de su trabajo, construirán casas y vivirán para disfrutarlas. Verán a los hijos de sus hijos, y todos tendrán una larga vida".*[66]

"Vendré con Mi paz", dijo Jesús en Heede. *"Construiré Mi reino con un pequeño número de elegidos. Este Reino vendrá de repente, antes de lo que se piensa […] Mis amados hijos, la hora está cerca. Orad sin cesar y no seréis confundidos. Estoy convocando a Mis elegidos. Se unirán de todas partes del mundo y Me glorificarán. ¡Ya estoy llegando!"*[67]

Por fin, Dios cumplirá su promesa de *"un cielo nuevo y una tierra nueva"* (Apocalipsis 21, 1.4) *"en donde habite la justicia"* (2 Pedro 3, 13). La oración del Padre Nuestro: "Venga tu Reino, Hágase tu Voluntad, así en la Tierra como en el cielo" quedará consumada, y llegará el deseado "período de paz", prometido por Nuestra Señora de Fátima, en el que su *"Corazón Inmaculado triunfará"*.

Como dijo Nuestra Señora al Padre. Gobbi: *"los pecadores se convertirán; los débiles tendrán apoyo; los enfermos obtendrán la curación; los alejados volverán a la casa del Padre; los separados y divididos llegarán a la plena unidad. De esta manera se realizará el prodigio del segundo Pentecostés. Este tendrá lugar con el triunfo de mi Corazón Inmaculado en el mundo. Sólo entonces veréis cómo las lenguas de fuego del Espíritu de Amor renovarán todo el mundo que será completamente transformado por la mayor manifestación de la divina Misericordia".*[68]

Lo que les espera a los fieles de Dios en esta vida o en la próxima está muy por encima de lo que la más sublime imaginación humana pudiera soñar. A medida que nos acercamos al final de una era, El Aviso resulta

---

[65] Movimiento Sacerdotal Mariano, P. Stefano Gobbi, *A los sacerdotes: hijos predilectos de la Santísima Virgen; 21° Edición en español* (St. Francis, Maine: Movimiento Sacerdotal Mariano, 2000), p.1153.

[66] Janie Garza, *Heaven's Messages for the Family: How to Become the Family God Wants You to Be* (Saint Dominic Media, 1998), p. 201.

[67] Ibid., Cenni, *I SS. Cuori*, Imprimátur Sublaci. Simon Laurentius O.S.B.

[68] Movimiento Sacerdotal Mariano, P. Stefano Gobbi, *A los sacerdotes: hijos predilectos de la Santísima Virgen; 21° Edición en español* (St. Francis, Maine: Movimiento Sacerdotal Mariano, 2000), p. 1092

ser es un lapso extremadamente pequeño en el tiempo, pero también un acontecimiento descomunal en la historia de la humanidad. Tanto si lo negamos como si lo aceptamos, nos ofrecerá a todos la oportunidad de afrontar la realidad de Dios y el estado de nuestra alma. El mundo nunca será el mismo después del Aviso, y los pocos que lo saben con antelación y se preparan, son afortunados.

PROFETAS Y PROFECÍAS SOBRE EL AVISO

"Si su idea y su actividad son cosa de hombres, se disolverá; pero, si es cosa de Dios, no lograréis destruirlos, y os expondríais a luchar contra Dios".

~ Hechos 5, 38b-39

Para una más completa recopilación de las profecías, y de los profetas que las transmiten, véase el apéndice.

SAN EDMUNDO CAMPION, SJ
INGLATERRA (1540-1581)
Sacerdote y mártir

"Yo he anunciado un gran día, no en el que vaya a actuar algún poderoso temporal, sino en el que el Terrible Juez revelará las conciencias de todos los hombres y probará a cada hombre de cualquier religión. Este es el día del cambio".

BEATA ANA MARÍA TAIGI
ITALIA (1769-1837)
Esposa, madre, mística

"Una gran purificación vendrá sobre el mundo precedida por una Iluminación de la Conciencia en la que todos se verán a sí mismos como Dios los ve".

BEATO PAPA PÍO IX
ESTADOS PONTIFICIOS
(1792-1878)

"Puesto que el mundo entero está en contra de Dios y de Su Iglesia, es evidente que Él se ha reservado para Sí la victoria sobre Sus enemigos. Esto será más evidente si consideramos que la raíz de todos nuestros males actuales se encuentra en el hecho de que quienes tienen talentos y vigor ansían los placeres terrenales, y no sólo abandonan a Dios sino que lo repudian por completo. Por tanto, parece que no podrán ser recuperados de ninguna otra manera, excepto a través de un acto que no pueda ser

atribuido a ninguna causa segunda, y así todos se verán obligados a mirar hacia lo sobrenatural [...] Sobrevendrá un gran prodigio que llenará al mundo de estupor. Este prodigio será precedido por el triunfo de la revolución. La iglesia sufrirá en extremo. Sus servidores y su caudillo serán denigrados, flagelados y martirizados".[69]

SANTA FAUSTINA KOWALSKA
POLONIA (1905-1938)
Monja, mística, apóstol de la
Divina Misericordia

Jesús a Sta. Faustina: *"Escribe esto: Antes de venir como el Juez Justo, vengo como el Rey de Misericordia. Antes de que llegue el día de la justicia, les será dado a los hombres este signo en el cielo. Se apagará toda luz en el cielo y habrá una gran oscuridad en toda la tierra. Entonces, en el cielo aparecerá el signo de la Cruz y de los orificios donde fueron clavadas las manos y los pies del Salvador, saldrán grandes luces que durante algún tiempo iluminarán la tierra. Eso sucederá poco tiempo antes del último día".*[70]

---

[69] Rev. R. Gerald Culleton, *The Prophets and Our Times* (Tan Books and Publishers, 1941), p. 206, accedido en julio 29, 2019, http://ia800200.us.archive.org/2/items/TheProphetsAndOurTimes/TheProphetsAndOurTimes.pdf

[70] St. Faustina Kowalska, *Diary of Saint Maria Faustina Kowalska: Divine Mercy in My Soul*, 3rd Edition (Marian Press, 2005), #83.

APARICIONES DE NUESTRO SEÑOR Y NUESTRA SEÑORA
HEEDE, ALEMANIA
(1937-1940, 1945)
GRETE GANSEFORTH
Mística y estigmatizada
(1924?-1996)

Jesús a Grete Ganseforth: *"Estoy muy cerca. La Tierra temblará y sufrirá. Será terrible, un juicio en pequeño, pero no temáis. Yo estoy con vosotros. Os regocijaréis y Me lo agradeceréis. Los que Me esperan contarán con Mi ayuda, Mi gracia y Mi amor. Para los que no estén en estado de gracia, será aterrador. Los ángeles de justicia están ahora dispersos por todo el mundo. Me daré a conocer a la humanidad. Cada alma me reconocerá como su Dios. ¡Ya llego! Estoy a la puerta".*[71]

ELIZABETH KINDELMANN
HUNGRÍA (1913-1985)
Esposa, madre, mística, fundadora del movimiento de la Llama de Amor

Nuestra Señora a Elizabeth Kindelman: *"Mi Llama de Amor está ardiendo. Es tan grande que no puedo retenerla por más tiempo dentro de Mí. Con fuerza explosiva salta hacia ustedes. Mi amor se derrama, y hará explotar el odio satánico que contamina el mundo, a fin de que el mayor número de almas se libren de la condenación. Nada parecido a esto ha existido antes. Este es el mayor milagro mío que ahora hago con*

---

[71] Ibid., Cenni, *I SS. Cuori*, Imprimatur Sublaci. Simon Laurentius O.S.B.

ustedes [...] No necesita ser autentificado. Yo voy a autentificarlo en cada alma para que conozcan la efusión de gracia de mi Llama de Amor".[72]

APARICIONES DE NUESTRA SEÑORA
GARABANDAL, ESPAÑA
(1961–1965)
Videntes: CONCHITA GONZÁLEZ, MARI LOLI MAZÓN, MARI CRUZ GONZÁLEZ, Y JACINTA GONZÁLEZ

Conchita al Dr. J. Domínguez en mayo de 1973:

R: Lo más importante del Aviso es que todas las personas, todos en el mundo, verán una señal, o una gracia dentro de ellos o un castigo, en cualquier sitio que estén. Y se encontrarán como solos en el mundo, con su conciencia delante de Dios […] A veces hay personas que no pueden ver su propio mal, porque como se dice, cierran los ojos del alma sin querer ver su interior […] Es para abrir nuestra alma a Dios y llevarnos al arrepentimiento.

Todos lo sentiremos de forma diferente, porque es según nuestra conciencia. Será muy personal. Por lo tanto, todos reaccionaremos de manera diferente, porque tus pecados son diferentes a los míos.

P: ¿Causará El Aviso daños físicos?

R: No, únicamente lo que resulte del susto, por ejemplo, un ataque al corazón, pero nada más.

Mari Loli el 27 de Julio de 1975:

P: Se comenta que usted ha dicho que mientras tenga lugar El Aviso todo se detendrá, aún los aviones en pleno vuelo. ¿Es esto verdad?

R: Sí.

P: ¿Puede decirnos alguna otra cosa sobre El Aviso?

---

[72] Kindelmann, *The Flame of Love* (Fundación Hijos del Padre; 2015-2018), pp. 44-45.

56

R: Todo lo que puedo decir es que está muy próximo y que es muy importante que nos preparemos a él, porque será algo terrible. Nos hará sentir todo el mal que hemos hecho.[73]

Jacinta en Febrero, 1977:

"El Aviso es algo que primero se verá en el aire, en todas partes del mundo, e inmediatamente se percibirá en el interior del alma. Durará poquísimo tiempo, pero parecerá durar mucho más a causa de su efecto en nuestro interior. Será para bien de nuestras almas, para ver el interior de nuestras almas, el bien y el mal que hemos hecho. Sentiremos entonces un gran amor hacia nuestros padres del Cielo (Dios, nuestro Padre y María, nuestra Madre espiritual) y pediremos perdón de todas nuestras ofensas. El Aviso tiene por fin acercarnos a Él y aumentar nuestra fe. En consecuencia, se debe estar preparados para ese día, pero no esperarle con temor, pues Dios no envía las cosas para atemorizarnos, sino más bien por justicia y amor. Él lo hace por el bien de todos sus hijos, de manera que gocen de la felicidad eterna y no se pierdan".[74]

Nota: A efectos de mantener la dignidad del Imprimatur de la Iglesia, se han omitido las palabras del Papa San Pablo VI en esta segunda edición del libro, por la sencilla razón de que la referencia fue tomada de la versión grabada de una fuente escrita, en lugar de obtenerla de la propia fuente. El Papa Pablo VI no desconocía la existencia de Garabandal. En 1966, la vidente Conchita González fue llamada a comparecer en Roma para mantener una audiencia privada con Pablo VI, quien se dirigió a ella de la siguiente forma: "Yo te bendigo, Conchita, y conmigo, el resto de la Iglesia te bendice". Conchita escribió en una carta manuscrita al padre Gustavo Morelos, ese mismo año, a colación de su audiencia con el Papa: "Reverendo Padre, mi viaje a Roma fue muy emocionante, todo fue muy bien. Me dijeron que lo mantuviera en secreto, por eso no puedo ser más explícita".

Más tarde, el Papa Pablo VI habló públicamente sobre la materia, diciendo: "Garabandal es la obra más maravillosa de la humanidad, después del nacimiento de Cristo. Es la segunda vida de la Virgen María en la Tierra" … "Es muy importante que el resto del mundo conozca estos mensajes".[75]

---

[73] Ramon Pérez, *Garabandal: el pueblo habla*, traducido del francés por Matthews, Annette I. Curot, Las Trabajadoras de Nuestra Señora del Monte Carmelo, 1981, pp. 51-52.

[74] Garabandal International Magazine, Octubre-Diciembre, 2014, accedido en julio 4, 2019, http://www.garabandal.org.uk/magazine.html

[75] Apostolado de Garabandal, "Viaje de Conchita al Vaticano", www.apostoladodegarabandal.com/en/a-viagem-de-conchita-a-roma y la

P. STEFANO GOBBI
ITALIA (1930–2011)

Sacerdote, místico, fundador del Movimiento Sacerdotal Mariano

Nuestra Señora al Padre Gobbi: *"Cuanto sucederá será una cosa tan grande, como jamás se ha visto desde el principio del mundo. Será como un juicio en pequeño y cada uno verá su propia vida y todas sus obras en la Luz misma de Dios".* [76]

MATTHEW KELLY
AUSTRALIA, ESTADOS UNIDOS (1973–)

Esposo, padre, orador, escritor, fundador del Dynamic Catholic Institute

Dios Padre a Matthew Kelly: *"El Juicio Menor es una realidad. La gente ya no es consciente de que me ofende. Por Mi infinita misericordia, proveeré un Juicio Menor. Será doloroso, muy doloroso, pero breve. Verás tus pecados; verás cuánto me ofendes, cada día.*

Sé que piensas que esto suena como algo muy bueno, pero desafortunadamente ni siquiera esto hará volver al mundo entero a Mi amor. Algunos se alejarán aún más de Mí; serán orgullosos y tercos. Satanás está trabajando duro contra Mí.

---

página principal: https://www.apostoladodegarabandal.com/es, accedido el 13 de octubre de 2020.

[76] Movimiento Sacerdotal Mariano, P. Stefano Gobbi, *A los Sacerdotes: hijos predilectos de la Santísima Virgen; 21a Edición española* (St. Francis, Maine: Movimiento Sacerdotal Mariano, 2000), p. 932.

Pobres almas, todos vosotros, despojados del conocimiento de Mi amor. Estad preparados para este Juicio Mío. Juicio es la mejor palabra que tenéis vosotros, los humanos, para describirlo, pero será más bien esto: veréis vuestra propia oscuridad personal en contraste con la luz pura de Mi amor".[77]

JANIE GARZA
ESTADOS UNIDOS
(1955–)
Esposa, madre, mística, estigmatizada

Jesús: *Nuestra humilde servidora, la iluminación que vendrá durará poco tiempo. Durante este tiempo Mi Padre permitirá a toda la humanidad ver el estado de sus almas tal como Mi Padre ve sus almas. Este será un tiempo de gracia en el que muchas almas se arrepentirán y volverán a Mi Padre. Las almas que mueran, morirán de una gran conmoción al ver el estado de oscuridad que existe en sus almas.*

Janie: *Amado Salvador, ¿la iluminación asustará a la gente?*

Jesús: *El temor que inflamará sus corazones es el santo temor del inmenso poder de Mi Padre, especialmente para aquellas muchas almas que han continuado negando la existencia de Mi Padre. Serán estas almas las que experimentarán un profundo miedo.*

Janie: *¿Todos se convertirán?*

Jesús: *Muchos se convertirán, pero muchos no.*

Janie: *Oh, Jesús, ¿esto sucederá muy pronto?*

Jesús: *Nuestra humilde servidora, esto sucederá dentro de poco tiempo. No te distraigas con las fechas, sino prepárate cada día con fuerte oración.*[78]

---

[77] Movimiento Sacerdotal Mariano, P. Stefano Gobbi, *A los Sacerdotes: hijos predilectos de la Santísima Virgen; 21a Edición española* (St. Francis, Maine: Movimiento Sacerdotal Mariano, 2000), p. 932.

[78] Janie Garza, *Heaven's Messages for the Family: How to Become the Family God Wants You to Be* (Saint Dominic Media, 1998), p. 329.

SIERVA DE DIOS, MARÍA ESPERANZA,
VENEZUELA
(1928-2004)
Esposa, madre, mística, vidente de las apariciones en Betania, Venezuela
(1976-1990)

Nuestra Señora a Maria Esperanza: *"El amor de mi Jesús será la puerta que abrirá los corazones para dar paso a una hermosa era que debe resucitar a los pueblos a una gloriosa enseñanza de unidad. Aprovechad el tiempo, pues, está llegando la hora en que Mi Hijo se presentará ante vosotros como Juez y Salvador; debéis estar en las condiciones necesarias para convivir con Él ese Gran Día; no creáis que está lejos".*[79]

El Cuarto Mensaje de Betania- de Nuestra Señora a María Esperanza: *"Hijos míos, yo soy vuestra Madre y vengo a buscaros para que os preparéis para poder llevar mi mensaje de reconciliación: Se acerca el gran momento de un Gran Día de Luz. Las conciencias de este querido pueblo deben ser sacudidas violentamente para que puedan "poner en orden su casa" y ofrecer a Jesús la justa reparación por las infidelidades diarias que se cometen por parte de los pecadores... es la hora decisiva para la humanidad".*[80]

---

[79] *The Appeals of Our Lady: Apparitions and Marian Shrines in the World.* "Aparición de la Virgen María en Betania".
[80] Signos y maravillas para nuestros tiempos (Signs and Wonders for Our Times), Volumen 15-n.2, Artículo destacado de www.sign.org, p. 37.

LUZ DE MARÍA
DE BONILLA
COSTA RICA, ARGENTINA
(1962?–)
Esposa, madre, mística y estigmatizada

Nuestra Señora a Luz de María: *"¡Cuán cerca de esta generación está El Aviso! y ¡cuántos de ustedes ni siquiera conocen qué es El Aviso! En este instante Mis Instrumentos Fieles y Mi Profeta [Luz de María] son causa de burla de parte de aquellos que se sienten doctos en la espiritualidad, de parte de aquellos que llegan a través de los medios de comunicación a millones de almas […] El Aviso no es una fantasía. La humanidad debe ser purificada para que no caiga en las llamas del infierno. Se mirarán a sí mismos y en ese instante se dolerán por no haber creído, pero ya se habrán extraviado muchos de Mis hijos a los cuales no podremos recuperar tan fácilmente, ya que vendrá el impío a negar el Aviso y a atribuirlo a las nuevas tecnologías".*[81]

P. MICHEL RODRIGUE
Sacerdote, místico, fundador de la Fraternidad Apostólica San Benito José Labre
CANADÁ, FUNDADA EN
(2012)

Dios Padre a P. Michel Rodrigue: *"Ora y ten confianza. No quiero que seas como los que no tienen fe y que temblarán durante la manifestación del Hijo del Hombre. Al contrario, ora y regocíjate, y recibe la paz dada*

---

[81] Luz de María de Bonilla, *Venga a Nosotros Tu Reino* (*"Thy Kingdom Come"*) Año 2014, con el Imprimátur y pleno apoyo de Juan Abelardo Mata Guevara, SDB, Obispo titular de Estelí, Nicaragua. Mensaje del 5 de marzo de 2013, de la Santísima Virgen María, p. 61, Revelaciones Marianas, https://www.revelacionesmarianas.com/libros/es/2013.pdf, accedido el 17 de julio de 2020.

por mi Hijo, Jesús. Qué dolor cuando debo respetar la libre voluntad y llegar al punto de dar un Aviso que también es parte de Mi misericordia.

Estad preparados y vigilantes para la hora de Mi misericordia. Os bendigo, hijos míos".[82]

---

[82] De las charlas grabadas en directo del P. Michel Rodrigue en Barry's Bay, Ontario el 12 y 13 de julio, 2018. Visite www.CountdowntotheKingdom.com/es. Haga clic on "Why Fr. Michel Rodrigue? A Virtual Retreat" (www.countdowntothekingdom.com/es/why-fr-michel-rodrigue.)

TESTIMONIOS SOBRE LA ILUMINACIÓN DE CONCIENCIA

El mismo Espíritu Santo no sólo santifica y dirige el Pueblo de Dios mediante los sacramentos y los misterios y le adorna con virtudes, sino que también distribuye gracias especiales entre los fieles de cualquier condición, distribuyendo a cada uno según quiere (1 Co 12,11) Sus dones, con los que les hace aptos y prontos para ejercer las diversas obras y deberes que sean útiles para la renovación y la mayor edificación de la Iglesia, según aquellas palabras: «A cada uno... se le otorga la manifestación del Espíritu para común utilidad» (1 Co 12,7). Estos carismas, tanto los extraordinarios como los más comunes y difundidos, deben ser recibidos con gratitud y consuelo, porque son muy adecuados y útiles a las necesidades de la Iglesia.

~ Concilio Vaticano II, *Lumen Gentium,* 12

C. ALAN AMES

Visita a un alcohólico violento

C. Alan Ames es un místico católico que comenzó su ministerio de sanación, predicación y escritura en 1993, después de haber experimentado una conversión profundamente dramática que incluía visitantes celestiales y una iluminación personal de su conciencia. Desde entonces, el Señor le ha enviado por todo el mundo para sanar y convertir a miles de personas, a través de su santo celo y de los extraordinarios carismas con los que el Señor le ha dotado. Alan vive la Pasión de Cristo dolorosamente, con los estigmas ocultos, que a veces se hacen visibles. Hasta hoy ha publicado más de veinte libros y sigue recibiendo mensajes de la Santísima Trinidad y de los santos. El ministerio de Alan goza del pleno y explícito apoyo del arzobispo de Perth, Australia, donde reside. Véase www.alanames.org.

En 1993, cuando tenía cuarenta años, viajaba con frecuencia por motivos de trabajo como jefe de ventas de una empresa farmacéutica en Perth, Australia. En uno de mis viajes de trabajo, volé a una ciudad llamada Adelaida y cumplí con mi monótona rutina de registrarme en un hotel y sentarme en la cama a ver televisión. Aunque soy un gran bebedor, no había bebido nada porque no solía consumir alcohol en un día de trabajo. Mientras veía las noticias de la noche, de repente, justo delante de mí apareció un hombre de aspecto espantoso que extendió sus brazos hacia adelante y empezó a estrangularme. Tenía la piel oscura y los ojos saltones, con los labios retraídos en un gruñido que dejaba al descubierto sus horribles dientes; ¡pero no me preocupaba tanto su aspecto como el que me estuviera estrangulando! intenté usar mis maniobras de artes marciales contra él, pues había sido capitán del equipo australiano en los Campeonatos Mundiales de Aikido, pero mis manos pasaban a través de su cuerpo. Nada de lo que yo pudiera hacer detendría su estrangulamiento. Después de unos minutos de inútil lucha, las venas de mi cuello estaban a punto de estallar, y pensé que estaba ya en mi último aliento.

Entonces una voz audible en mi cabeza dijo, "¡Reza el Padre Nuestro!" Era lo último que se me hubiera ocurrido, pero en mi desesperación, empecé a rezarlo, y el estrangulamiento cesó. Entonces paré y el estrangulamiento se reanudó. Cada vez que dejaba de rezar, comenzaba el estrangulamiento, y cada vez que lo reanudaba, se detenía. Por si fuera poco, esta pesadilla, estaba atrapado y no podía moverme. Intenté repetidamente salir de la habitación del hotel, pero este hombre aterrador me tenía sujeto estrangulándome, y así continuó toda la noche.

La experiencia fue tan extraña y aterradora que pensé que me había vuelto loco: "Ya está. Estoy completamente loco". Había oído hablar de gente que bebía en exceso y veía elefantes rosas subir por las paredes, así que pensé que yo era uno de ellos. Entonces vi mi cuello en el gran espejo del hotel. Para mi asombro, estaba magullado; por tanto, no podía negar que el ataque había sido real. Sin embargo, tampoco podía creerlo.

Al día siguiente, oí la misma voz en mi cabeza que me había dicho que rezara el Padre Nuestro. Me dijo que era un ángel enviado por Dios para ayudarme. Yo no creía en la existencia de los ángeles. Para mí, no eran más que hadas de fantasía. Él dijo que Dios lo había enviado porque me amaba y quería mi amor. "¡Si Dios existe", repliqué en mi mente a esta *hada*, "seguro que no amaría a alguien como yo!"

Yo tenía buenas razones para pensar que era un pobre candidato para el amor. Dios siempre había sido el pensamiento más lejano en mi mente, y el primero: causar problemas. Nací el 9 de noviembre de 1953, en Bedford, Inglaterra, al norte de Londres, de padre inglés y madre irlandesa-católica del condado de Kerry. Ella rezaba con frecuencia el Rosario, iba a la iglesia y trataba de educarme en la fe, pero yo no tenía ningún interés en la religión. Ignorando por completo sus esfuerzos, prefería irme de casa para jugar y robar dinero, causando a mi madre múltiples dolores de cabeza. Viniendo de una familia pobre, odiaba a los que tenían juguetes, los que tenían vacaciones, los que tenían cosas que yo no podía tener. Incluso desde una edad muy temprana, no creía que Dios fuera real. Tal vez un grupo de sabios se reunió y escribió las pautas de cómo debemos vivir sin hacernos daño unos a otros, y las envolvieron en esta historia llamada Jesús.

A los doce años empecé a beber alcohol, y fui llevado ante un juez de la corte por sacar dinero de la caja de velas de la iglesia de San Edmund en Edmonton, Londres. A los catorce años, tuve el peor historial de todos los estudiantes de un colegio jesuita en Stamford Hill, y finalmente fui expulsado por robar. Pensé que la única manera de ser tratado con dignidad era seguir los pasos de mi padre: un jugador de apuestas agresivo y alcohólico. La gente le tenía miedo y lo respetaba a regañadientes, un respeto ganado a fuerza de violencia. Copié sus vicios, incluyendo su adicción a la bebida. El alcohol me producía buenas sensaciones y me anestesiaba de todas las cosas malas de mi vida. Pero el día siguiente siempre llegaba, y me sentía fatal, así que volvía a beber para ahogar las consecuencias.

Vivía en una zona conflictiva de Londres con mis padres y mis cuatro hermanos. En mi adolescencia, me uní a una banda de motociclistas y me volví extremadamente violento. La mayoría de mis amigos eran como yo: matones y ladrones. Mi mejor amigo mató a alguien, otro amigo fue asesinado a los diecisiete años, otro quedó ciego en una pelea y otro intentó asesinar a una mujer mayor. Aprendí Aikido porque midiendo 1,70 m, me di cuenta de que había muchos hombres mucho más grandes que yo. Cuando uno que había estado protegiéndome fue encarcelado durante doce años por asesinato, me esforcé mucho para protegerme mejor y finalmente conseguí un cinturón negro de cuarto grado, convirtiéndome más tarde en capitán del equipo australiano en los Campeonatos Mundiales de 1992 en Tokio. Yo tenía muy mal genio, y las artes marciales me enseñaron a usarlo para hacer daño a la gente: romperles los huesos, golpearles, patearles e incluso matarlos. Hacía daño a otros por envidia, porque ellos parecían tener lo que yo no tenía, y el amor de una familia feliz.

A los dieciocho años, conocí a la que sería mi esposa australiana y le oculté mi verdadero yo para gustarle. Ella veía que yo bebía mucho, pero no se dio cuenta de que era adicto al alcohol. Estoy seguro de que me amaba. Se casó conmigo. Vivíamos en Londres, y allí la vida era dura para mí, como mozo de almacén sin formación y con estrecheces, así que mi esposa me dijo: "Vámonos a Australia. La vida es mejor allí". Accedí, y nos mudamos a Perth en 1976.

Varios años después, conseguí trabajo en una compañía farmacéutica, mintiendo para conseguir el puesto. Para mantener el puesto, tuve que estudiar de verdad medicina, y lo que aprendí valió la pena porque me quedé allí durante diez años, llegando a ser jefe de ventas. Era un gran trabajo, un trabajo fácil, en el que ganaba mucho dinero y que nos proporcionaba muchas oportunidades para criar a Caín.

Beber es muy común en Australia, y me sentaba bastante bien. Fuera del trabajo, gran parte de mi vida giraba en torno a la juerga, las peleas, los robos, las estafas y las mentiras. Creo que lo único que no hice fue asesinar, pero estuve terriblemente cerca de hacerlo unas cuantas veces. Vivía para el poder, el dinero y para pasármelo bien en todo momento. Pero el sufrimiento siempre acababa con mis sueños porque mi placer provenía del pecado y las adicciones, con su persistente huella de dolor, heridas, soledad y vacío.

Mi vida era una vida oscura cuando el ángel comenzó a visitarme. Incluso cuando oí su voz, todavía no creía que existiera, así que le dije: "Demuestra que eres real". Y lo hizo. Empezó a contarme diferentes cosas que sucederían en mi vida, que compartí con mi esposa, y para nuestro asombro, todas se hicieron realidad.

El ángel era amable, pero no le hice caso; así que, en su lugar, Dios envió a la "artillería pesada". Una noche, cuando estaba de nuevo en la ciudad de Adelaida, pero alojado en otro hotel, Santa Teresa de Ávila apareció en mi habitación, vistiendo un hábito carmelita de color marrón. Su rostro era de aspecto duro y severo, como el de una estricta maestra de colegio. Me dio una patada por detrás, diciéndome que tenía que cambiar mi vida por completo para no ir al infierno, que luego me describió con espantoso detalle. Eso me despertó. Antes, para mí el infierno era sólo un mito inventado para engañar a la gente y que se portara bien, pero ahora, si ese lugar existía, ciertamente no quería ir allí.

Santa Teresa me explicó que tenía que empezar a amar a Dios y a los demás. Cada persona, dijo, está creada a imagen de Dios, y amar a Dios significaría naturalmente amar a las otras personas, sin importar sus diferencias o su comportamiento hacia mí. Luego me reveló lo que también podría ser mío: me contó todo sobre el cielo. "¡Ahí es donde quiero ir!"

"Puedes llegar al paraíso", me dijo, "cualquiera puede. Si vives tu fe católica, tienes garantizado el cielo". Entonces insistió: "¡Reza, reza el rosario!" y me pidió que fuera a buscar uno.

No quería rezar. Rezar era aburrido, así que busqué excusas: "¿Dónde puedo conseguir un rosario a estas horas de la noche?"

"Hay una tienda a la vuelta de la esquina que está abierta y vende rosarios".

"¿A las 9:30 de la noche? ¡Imposible!"

"¡Ve allí!"

"Esto es una locura", pensé para mis adentros mientras salía. Dando la vuelta a la esquina, vi una tienda de artículos religiosos. Estaba abierta, y estaban almacenando el inventario. Santa Teresa me llevó al piso de abajo donde había muchos rosarios expuestos. No podía creerlo. Me mostró un rosario marrón, que más tarde descubrí que era del color de la orden de las carmelitas a la que ella pertenecía. "¡Coge ese!", me instó.

Rosario en mano, volví a la habitación del hotel. Parado frente a Santa Teresa, reanudé mi letanía de excusas: "No puedo rezar esto… tantas oraciones, demasiadas Avemarías y Padrenuestros… ¡No puedo hacer esto!" Cada noche, a modo de póliza de seguros, estaba acostumbrado a hacer diez segundos de oración. Me imaginaba que si moría mientras dormía, Dios me llevaría al cielo, es decir, si existía.

"Reza el Rosario", insistía, "y reza los quince misterios", lo que equivale a tres rosarios enteros. "Uf". No me gustaba la oración, así que empecé una gran discusión con Santa Teresa. "Debes orar", dijo, "y debes rezar el Rosario porque corres el riesgo de perder tu alma. *¡Irás al infierno si no cambias!*" No hace falta decir que ella ganó la discusión.

Realmente no conocía el Rosario, así que ella me explicó cómo rezarlo. Me dijo que debería verlo como una ventana a la vida de Dios en la Tierra, que debería ponerme al lado de Jesús y caminar con Él a través de Su vida. Haciendo esto, Su gracia llegaría a mi interior y me tocaría de una manera poderosa. "Cada oración del Rosario", me dijo, "es un paso para alejarse del mal y un paso hacia Dios. Mira el Rosario como una cadena que cuelga alrededor del cuello de Satanás, que le asfixiará y romperá su agarre sobre ti".

Desde que empecé la primera oración del Rosario, sentí una paz, una felicidad, una emoción interior. No podía dejar de reír y no podía dejar de llorar. Ninguna droga o alcohol podría haberme dado lo que estaba sintiendo en ese momento. Cuanto más rezaba, más fuerte se hacía este sentimiento, hasta que, de repente, había acabado con los quince misterios. Y quería continuar…

"¿Por qué me pasa esto?" Le pregunté a Santa Teresa. "Cuando veo a otras personas orando, casi siempre tienen caras largas y aspecto miserable, como si lo hicieran a la fuerza. Sin embargo, esto es realmente gozoso y maravilloso. ¿Los demás no experimentan lo que yo en la oración?"

"Bueno, a menudo ellos no", respondió, "porque muchas veces cuando rezan, están pensando en sí mismos. Se centran en sus vidas, sus problemas, sus preocupaciones. Cuando te centras en ti mismo, Dios se hace a un lado. Cuando Dios ocupa un segundo lugar, y el tuyo es el primero, tu corazón realmente empieza a acercarse a Dios, pero evita que Su gracia te llene. Sin embargo, cuando en tus oraciones te centras en Dios y miras más allá de ti mismo, más allá del mundo, es cuando tu alma se abre, y Dios derrama Su gracia en abundancia en lo más profundo de tu ser".

Dijo que yo debería decir a la gente que cuando empezaran a rezar, lo primero que deberían hacer es dirigirse al Espíritu Santo y decir: "Señor, no puedo orar adecuadamente. Soy débil; soy humano; soy frágil. Me distraigo con facilidad, pensando en mí mismo y en el mundo. Pero Tú, Señor, me llevas más allá de eso. Ayúdame a rezar debidamente. Ayúdame a centrarme en el Padre, en el Hijo y en Ti, Espíritu Santo, para que mi alma pueda abrirse y yo pueda recibir la gracia que está ahí para todos los que rezan".

Ella continuó: "En cuanto haces eso, en cuanto buscas la ayuda de Dios en la oración y en todo lo que haces, puedes empezar a experimentar lo que la oración está destinada a ser: un alegre regalo del amor de Dios. Si la oración es una carga, una tarea, un deber, es porque está centrada en uno mismo y no en Dios. Recuerda, en todas las cosas Dios debe ser lo primero. Mira a Dios en todo, y entonces recibirás Su gozo en todo lo que hagas".

Desde el momento en que empecé a rezar el Rosario, el dominio de Satanás sobre mí se debilitó. Mis adicciones desaparecieron, y eso que tenía muchas, siendo el alcohol la principal. Esto no lo logré yo, sino la gracia de Dios. Cualquiera que haya sido adicto al alcohol sabe lo difícil que es dejarlo, y yo lo dejé inmediatamente. En los momentos de tentación, cuando me sentía débil y muy solo, herido, rechazado y no amado, el recuerdo de las palabras de Santa Teresa me liberaba y fortalecía: "Cada vez que sientas el deseo de hacer el mal, piensa en Jesús. Piensa en Su nombre, piensa en Él sufriendo en la Cruz, o mira la Hostia frente a ti. Concéntrate en eso y verás cómo tus deseos desaparecen".

Poco después de que Santa Teresa de Ávila me visitara, otros santos vinieron a hablarme también. Los tres primeros fueron San Esteban, San Andrés y San Mateo, que me animaron a leer las Sagradas Escrituras, lo cual hice. Cuando regresé a Inglaterra de vacaciones, me indicaron que entrara en la iglesia de San Edmundo, la misma iglesia donde me habían descubierto robando cuando era niño.

Acabé quedándome a Misa, algo inusual en mí en ese momento. Después, mientras me arrodillaba y rezaba frente a una imagen del Sagrado Corazón de Jesús, de repente empezó a emanar una luz blanca y con sorpresa, cobró vida ante mis estupefactos ojos. Entonces la imagen se transformó en Nuestra Madre Bendita vestida de blanco, emanando luz desde su interior. Había tanto amor en su sonrisa, y su belleza no podía expresarse con palabras. ¿Cómo puedo describirla adecuadamente? Sus ojos eran azules y su cabello negro. Puede que tuviera la altura de mi esposa, alrededor de 1,68 m. Pero esto dice poco... Pude ver su Corazón rodeado de rosas blancas y superpuesto al Sagrado Corazón de Jesús. Nunca había oído hablar del Inmaculado Corazón de María, y sólo al día siguiente, dando un vistazo a una estampa, me di cuenta de lo que había visto: sus dos Corazones como Uno.

Me quedé aún más sorprendido cuando la Virgen María comenzó a hablarme, desde la imagen viviente. Sus primeras palabras fueron: "Ora, ora, ora". Desde mi confusa e imperfecta lógica, eso significaba triplicar mis rezos del Rosario, así que empecé a rezar muchas decenas del Rosario, todos los días. María también me dijo que era mi Madre y que Dios le había dado una gracia maravillosa para acercar a la gente al Corazón de Jesús. A partir de ese momento, Ella me visitaría y haría precisamente eso.

En 1994, la Virgen María me dijo un día: "Mi Hijo viene a ti", y ante mí estaba Jesús en la Cruz, diciéndome que me amaba y que quería perdonarme. Fue el día más grande de mi vida, pero también el más difícil, porque me mostró que todos mis pecados, desde mi infancia hasta el presente, habían contribuido a Su sufrimiento y muerte. ¡Eran muchos! Parecía como si hubiera pecado cada segundo de mi vida.

Vi cómo cada vez que había herido a alguien, estaba hiriendo a Jesús. Cada vez que decía una mentira, mentía a Jesús mientras Él sufría y moría. Cada vez que hablaba mal de alguien, estaba bajo la Cruz con los que hablaban mal de Jesús mientras Él colgaba en agonía. Cada vez que me burlaba de otros, me burlaba de Jesús mientras Él moría por mí. Incluso el pecado más pequeño, incluso los pensamientos que tenía hacia los demás —de aversión, ira, odio o frustración— parecían enormes. Y ver mis pecados graves fue absolutamente espantoso.

Jesús me mostró el estado de mi alma, estaba podrida. Él reveló cómo mis pecados no sólo herían a otras personas, sino que también las llevaban a pecar, cuando trataban de imitarme o respondían con ira o violencia. Me sentí tan avergonzado, tan indigno y repugnante... Quería huir, pero no podía, y Jesús no me dejaba. Y lo que es peor, me decía que me amaba y que deseaba ardientemente perdonarme.

Entonces la visión cambió, y vi a Jesús en el Huerto de Getsemaní, asumiendo en su Corazón el dolor, el daño, el sufrimiento de mis pecados y los de toda la humanidad desde el principio hasta el final de los tiempos. No es de extrañar que sudara sangre. Vi que mis pecados eran los golpes del látigo y las espinas de la corona. Vi a Jesús cargando la Cruz y a mí mismo sentado encima de ella con mi orgullo, haciéndola cada vez más pesada. Vi cada uno de los clavos, la lanzada... Vi a Jesús colgado en la Cruz amándome y gritando que quería perdonarme, por mucho que le hiciera daño. "Durante todos esos momentos", Él dijo, "Yo seguía ahí a tu lado, amándote".

Caí al suelo llorando, viendo cuánto había herido a mi dulce, manso y maravilloso Señor a lo largo de mi vida. No quería vivir. Le supliqué a Jesús que me dejara morir y me enviara al infierno porque no sentía que debiera existir más. Pero Jesús seguía llamándome. Durante cinco horas, lloré y lloré, acurrucado en el suelo, sollozando como un bebé, rogando a Jesús: "¡Déjame morir, déjame morir!" Ver Su sangre corriendo por su cara mientras me llamaba en Su sufrimiento y me decía, "Te amo y quiero perdonarte", fue el dolor más profundo que he sentido en mi vida.

Por un momento, con Su gracia, reuní el valor para pedir Su perdón. Atravesando un abismo de vergüenza, le dije, "Perdóname, querido Jesús".

"Te perdono", respondió. En ese momento, sentí cómo el tremendo peso del pecado se desvanecía. Su amor tocó mi alma de una manera tan maravillosa que ya no quise perder Su presencia nunca más. Sabía que poseerlo era lo más importante en la vida. Me sentí restaurado, renovado... ¡Una persona diferente! No podía dejar de decir a Jesús que le amaba y que quería amarle siempre. Sabía que no podría volver a hacerle daño a propósito, y nunca más quise estar lejos de Él. Me enamoré de Jesús ese día, y entregué mi vida totalmente a Dios.

Después de haber pedido perdón al Señor, Él me dijo: "Ve a confesarte".

"¡Un momento!" respondí. "He pasado cinco horas llorando, rogándote que me dejes morir y me envíes al infierno, mientras me mostrabas todos los pecados que cometí, y luego dijiste que me perdonabas. Ahora, ¿por qué tengo que ir a confesarme?" Creía que la confesión era un alarde de autoridad del sacerdote. Después de decirle lo que has hecho mal, te regaña, te impone algunas oraciones como castigo;

luego sales, las dices tan rápido como puedes, y sales disparado de la iglesia. Y la próxima vez que ves al sacerdote, le rehúyes.

Conociendo mis pensamientos, Jesús me dijo: "No es eso en absoluto. Necesitas tener la gracia a través del Sacramento para ayudarte a superar tus debilidades". Así que aprendí, directamente del Señor, que Él nos dio la Confesión para ayudarnos, fortalecernos, purificarnos, limpiarnos, para acercarnos cada vez más a Dios y para sanar nuestras almas.

"Es importante que vayas", me dijo Jesús. "Debes confesar todos tus pecados".

Así que me fui al confesionario y dije, en esencia, "Por favor, Padre, perdóneme, porque he pecado. He robado esta pequeña cosa y he dicho esta pequeña mentira, y perdóneme por cualquier otra cosa que haya hecho". Me imaginé que eso era suficiente. No quería que el sacerdote supiera lo mal que yo estaba realmente.

Cuando salí del confesionario, Jesús dijo, "Entiende que cuando no confiesas todos tus pecados, te aferras al dolor, a las heridas y al sufrimiento que viene con ellos. Si no confiesas todos tus pecados, es fácil que Satanás te lleve a pecar más porque no sólo te sientes mal contigo mismo, sino que también ese pecado reside en tu corazón, en la profundidad de tu alma. Sigue habiendo una debilidad allí, una puerta de entrada donde el mal puede acceder y alejarte más de Dios. Es también importante que continúes reconociendo tus errores, y una vez que lo hagas, confiésate y pide perdón. No los arrincones y digas que no son importantes. Entiende que es importante librarse de cada pecado". Volví al Sacramento de la reconciliación al día siguiente y confesé todos los grandes pecados que pude recordar. Estuve en el confesionario tanto tiempo, llorando y gimoteando, que empecé a sentir mucha lástima por el sacerdote.

Muchas veces había dicho a San Esteban, San Mateo y San Andrés, "¿Por qué yo? Hay tanta gente buena que viene a la iglesia porque ama a Dios, tanta gente con fe, y sin embargo me hablan a mí que he sido tan malo, que *soy* tan malo. No entiendo nada".

Ellos me explicaron: "Es porque Dios te ama, y te ama como a cualquier otra persona. La única diferencia es cuánto amas tú a Dios. También, el que Dios se te aparezca, a uno que estaba tan lejos de Él, muestra que Su amor está ahí para todos, incluso para el más grande pecador, no sólo para unos pocos elegidos".

Cuando Jesús me perdonó desde la Cruz, y lo acepté, le dije que haría todo lo que me pidiera, cualquier cosa. Y Él me sostiene en eso. Cada vez que no quiero cumplir alguna petición suya, Él me recuerda esa promesa.

Cuando Dios llegó a mi vida, lo primero que quise hacer fue dejar el oficio que pensé que nunca dejaría, para poder hacer Su trabajo, y eso fue exactamente lo que Jesús me pidió. Él dijo: "Va a ser difícil. Nunca va a ser fácil hasta el día que mueras. ¡Pero no te rindas!"

Desde el comienzo de mi ministerio en 1994, he buscado el permiso y la guía de la Iglesia. El arzobispo de Perth, el reverendísimo Barry Hickey, fue el primero en apoyarme durante diecisiete años. Le veía con frecuencia, y nombró a un director espiritual que revisara todos mis escritos y supervisara mi trabajo. Después de él, el arzobispo Timothy Costelloe y su obispo auxiliar Don Sproxton, me dieron su apoyo, que está documentado por escrito.

La misión que Jesús me dio es salir al mundo y decirle a la gente que Dios los ama, y que Él no quiere condenarles o castigarles. Desde 1994, el Señor me ha enviado por todo el mundo para ser su instrumento de curación, y para acercar a la gente a Él y a Su Iglesia. El Señor ha dicho muchas veces que se acerca el día del Juicio. Nadie sabe cuándo será, yo tampoco. Lo que Jesús me dice es que le pida a la gente que rece, que reciban los Sacramentos, que se vuelvan a Dios, que amen a Dios y amen a los demás. Entonces, cuando llegue el día del juicio, serán recompensados por Dios, y no castigados.

Creo que El Aviso o Juicio Menor, que a muchos les preocupa y algunos esperan, es similar a lo que el Señor me hizo pasar. Espero no tener que volver a experimentarlo nunca más, pero estoy seguro de que tendré que hacerlo. Al quitar de repente esas gafas de color rosa —a través de las cuales sólo vemos bondad en nosotros y pensamos en lo maravillosos que somos—, mostrándonos cómo hemos estado viviendo realmente y cómo ofenden a Dios nuestros pecados, Él confía en que ya no desearemos pecar más.

"Cambiad, rezad, recibid los Sacramentos, amaos los unos a los otros; no os hagáis daño los unos a los otros. Vivid en el amor de Dios y evitad el infierno, porque si no lo hacéis, ese es probablemente el lugar al que iréis". Este es el mensaje, el mensaje que Él me dio, el mensaje que le está dando a cualquiera que le escuche. Dios es real, y está ofreciendo Su amor a todos, Su amor para siempre en el Cielo.

Jesús:

Que los más grandes pecadores pongan su confianza en Mi misericordia. Ellos más que nadien tiene derecho a confiar en el abismo de Mi misericordia. Hija Mía, escribe sobre Mi misericordia para las almas afligidas. Me deleitan las almas que recurren a Mi misericordia. A estas almas les concedo gracias por encima de lo que piden. No puedo castigar aún al pecador más grande si él suplica Mi compasión, sino que lo justifico en Mi insondable e impenetrable misericordia.

~Diario de Santa María Faustina Kowalska, #1146

PADRE STEVEN SCHEIER

Un sacerdote condenado al infierno

Me ordené en la diócesis de Wichita, Kansas, en 1973. Durante los primeros doce años de sacerdocio, mi ministerio no se centró en el servicio al pueblo de Dios. Más bien se centró en cómo el pueblo de Dios, especialmente mis hermanos clérigos, pensaban que estaba actuando el padre Scheier. No podía soportar que me mirasen con desdén y quería ser uno de ellos. En lo más profundo de mi ser estaba el pensamiento reprimido de que no era el sacerdote que debería ser; pero escondí mi traición a algunos mandamientos bajo una edulcorada capa de amabilidad, hasta el punto que la gente creía que yo era un buen sacerdote, y me autoconvencí de que llevaba bastante bien mi día a día.

Estaba de moda entre los sacerdotes que conocía el actuar como gente normal que por casualidad vestía alzacuellos, y esto resultaba aún más evidente desde el púlpito. No predicábamos sobre moralidad, dogmas, ni sobre lo que la Iglesia debe ser, ante todo: salvadora de almas. Predicábamos lo que la gente quería oír: paz, amor y alegría, en lugar de lo que necesitaban oír. "Que Dios le ayude" al sacerdote impopular, porque eso suponía que no le entraría dinero, y yo estaba a cargo de una parroquia, del Sagrado Corazón, cobijada en el pequeño pueblo de Fredonia en Kansas.

Un día decidí pedir consejo a un hermano sacerdote acerca de un problema parroquial, lo que implicaba viajar a Wichita, a unos ciento treinta kilómetros de distancia. El camino más rápido era por la autopista 96, una peligrosa y montañosa carretera sin acotamientos y muy transitada por semirremolques y grandes camiones. Hacia las cuatro de la tarde estaba conduciendo hacia el este, regresando a casa. Y eso es lo último que recuerdo.

Choqué de frente contra una camioneta que transportaba a tres personas desde Hutchinson, Kansas. Al no llevar puesto el cinturón de seguridad salí despedido de mi vehículo, caí violentamente en el suelo y quedé inconsciente en el suelo. Sufrí una importante conmoción cerebral y el cuero cabelludo del lateral derecho de mi cabeza fue arrancado del cráneo. Se desprendió parte del lado derecho de mi cerebro aplastándose muchas de mis células del cerebro.

Detrás de mí, viajaba una enfermera Menonita de Frontenac, Kansas, que se detuvo y se quedó conmigo hasta que llegó una ambulancia. Más tarde me dijo que mientras me sostenía en su regazo, yo trataba de rezar el "Ave María" una y otra vez. Ella quería ayudarme, pero no sabía la oración. Doy gracias a Dios por ella porque les dijo a los conductores de la ambulancia que probablemente tenía el cuello roto y que me trataran como tal. Y estaba en lo cierto.

Mi segunda vértebra había sido aplastada, una lesión traumática vulgarmente conocida como "la rotura del ahorcado", porque cuando se cuelga una persona se le rompe la vértebra C2 y se asfixia. Si mi cabeza hubiera sido girada en cualquier dirección en el lugar del accidente, habría muerto.

Al parecer me llevaron en ambulancia a un pequeño hospital en Eureka, un pueblo cercano. El doctor a cargo cosió mi cuero cabelludo a mi cráneo. Le dijo a su hermana, también enfermera: "No hay mucho que pueda hacer por él", y llamó a un helicóptero de rescate del Hospital Wesley en Wichita para que viniera a recogerme. Yo seguía inconsciente. Mientras el doctor y su hermana veían al helicóptero despegar del hospital, él le dijo: "No llegará a Wichita".

El helicóptero aterrizó en la azotea del Hospital Wesley y me llevaron al centro de traumatología donde me trataron y después me remitieron a la unidad de cuidados intensivos, a sólo cinco manzanas de donde crecí. Mi madre, que era viuda, pudo ver desde su casa al helicóptero aterrizar. Estando ya preocupada se apresuró a ir al hospital cuando se le notificó que se trataba de mí. Uno de mis feligreses llamó al hospital esa noche para ver cómo estaba y le dijeron que tenía un quince por ciento de posibilidades de vivir. Confío, por Dios, que mi madre nunca llegara a saberlo. Más tarde me enteraré de que las tres personas de la camioneta contra la que choqué sobrevivieron. También supe que la noche del accidente las puertas de la parroquia del Sagrado Corazón se abrieron para que la gente entrara y orara por mí a cualquier hora. En los días siguientes los feligreses se reunieron para rezar un Rosario por mí, uno por la mañana y otro por la tarde. Esa primera noche las iglesias Evangélica, Bautista y Metodista abrieron sus puertas. El ministro de la

Asamblea de Dios en Fredonia pasó toda la noche orando por mí y los Menonitas me añadieron a su lista de oración. Mi inconmensurable gratitud hacia todos ellos.

A los pocos meses de mi recuperación uno de los médicos me dijo: "Padre, los médicos pensábamos que, si usted sobrevivía, viviría conectado a un respirador artificial el resto de su vida mirando al techo, paralizado del cuello para abajo. Por razones obvias no puedo hacer esto, pero me gustaría escribir "milagro" en su historial porque, de hecho, usted es un milagro. Cualquiera que lea su informe debería llegar a la misma conclusión".

No necesité ninguna cirugía y el personal del hospital me dijo que me recuperé en tiempo récord. Me pusieron un dispositivo ortopédico llamado órtesis torácica cervical, también conocido como "halo" o "aureola". El dispositivo rodeaba mi cabeza y se sujetaba con cuatro tornillos incrustados directamente en mi cráneo, dos por delante y dos por detrás, para que no pudiera doblar o mover mi cuello. No se me escapó el simbolismo de la aparentemente forzada santidad de Dios gracias a Su Divina Misericordia. Esta "aureola" obligatoria se ajustaba a un "corsé" inmóvil de acero, que también debía llevar. Durante ocho meses no pude mover mi cabeza en ninguna dirección, y mis sienes, a modo de campos de minas detonados, aún muestran las hendiduras de los tornillos.

Un mes y medio después del accidente me dieron de alta en el hospital, llevando mi aureola y corsé, y regresé a la casa de mi infancia para recuperarme con la ayuda de mi madre, mi hermano menor (que vivía en Wichita) y otro hermano que estaba de permiso de la marina y permanecía en la casa de noche y de día, para bien mío.

Mi obispo había mantenido mi parroquia abierta pidiendo a un sacerdote sustituto que celebrara Misa los fines de semana. Después de siete meses en esta situación, cuando me recuperé lo suficiente me asignaron de nuevo a la Iglesia del Sagrado Corazón. Tuve que salir, comprar otro coche y enfrentarme a mi trauma, lo cual me resultaba muy difícil. Pero más difícil todavía fue conducir por la misma autopista de regreso a mi parroquia. Pero me alegro de haberlo hecho.

Mis feligreses se apresuraron a decirme lo preocupados que estaban y cuánto habían rezado por mi recuperación y mi regreso. Las personas de Fredonia, y en especial de la parroquia del Sagrado Corazón, son un pueblo temeroso de Dios que se toma su religión muy en serio. Cuando regresé noté y agradecí que no me exigieran demasiado debido a mi accidente casi mortal, lo que ayudó mucho a mi labor.

Poco después de mi regreso, empecé a leer el Evangelio según San Lucas capítulo 13 versículos del 6 al 9, mientras celebraba la Misa en un día normal entre semana —o eso pensaba yo.

> *Y les dijo esta parábola: «Uno tenía una higuera plantada en su viña, y fue a buscar fruto en ella, y no lo encontró. Dijo entonces al viñador: "Ya ves, tres años llevo viniendo a buscar fruto en esta higuera, y no lo encuentro. Córtala. ¿Para qué va a perjudicar el terreno?". Pero el viñador respondió: "Señor, déjala todavía este año y mientras tanto yo cavaré alrededor y le echaré estiércol, a ver si da fruto en adelante. Si no, la puedes cortar"».*

Mientras leía el Evangelio ocurrió algo extraordinariamente sobrenatural. Soy alemán, y por lo que sé, estas cosas no suelen pasar. La página en sí, la que estaba leyendo, se iluminó y amplió, y se elevó del leccionario hacia mí, mientras que, al mismo tiempo, empecé a recordar vagamente una conversación que ya había tenido lugar. Intentando mantener la calma terminé la Misa con toda la normalidad de que fui capaz, luego me retiré a la casa parroquial, me dejé caer en mi sillón y bebí nerviosamente unas cuatro tazas de café. "¿Por qué?", me preguntaba, "este Evangelio en particular me ha traído tantos recuerdos, ¿y recuerdos sobre qué?"

Entonces, de repente, todo regresó a mí. Ciertamente había habido una conversación, y había sucedido muy poco después del accidente mientras mi cuerpo yacía inconsciente. Fui llevado ante el Trono de Dios, ante el tribunal de Jesucristo. No lo vi, pero escuché Su voz. Lo que sucedió después tuvo lugar en un instante, en lo que respecta al "tiempo". Jesucristo me habló repasando toda mi vida en la tierra, y me acusó de pecados de obra y omisión sin arrepentimiento, no confesados y no perdonados.

Yo había planeado para mi juicio particular una batería de excusas: "Bueno, Señor, Tú sabes que ella era una mujer de carácter, así que era normal perder la paciencia con ella"; "Pero Señor, él me forzó a hacerlo". "Señor, tuve un mal día"; "No me encontraba muy bien, sabes, y esa fue la razón de que hiciera esto o aquello".

Pero cuando se habla con la Verdad en persona, a solas ante su Tribunal, no valen excusas. No hay refutación posible. A cada ofensa, yo asentía fácilmente. Lo único que podía hacer cuando Jesús me hablaba de detalles particulares de mi vida era decir internamente: "Sí... Sí, eso es verdad".

Cuando el Señor terminó, dijo: "La sentencia que tendrás para toda la eternidad es el infierno". Yo sabía, antes de que Él lo dijera, cuál sería mi destino. Jesús lo único que hacía era respetar mi decisión. "Sé que esto es lo que merezco", pensé. "Es la única cosa más lógica que Él podría decirme". Entonces otra voz que me llenó de horror dijo: "Vamos, baja. Me perteneces".

En ese momento una voz femenina, la más suave y dulce que jamás había escuchado, dijo: "Hijo, ¿podrías por favor perdonarle la vida y su alma inmortal?"

El Señor dijo entonces: "Madre, él ha sido sacerdote durante doce años para sí mismo y no para mí. Déjalo recibir el castigo que se merece".

En ese momento, la escuché decir de nuevo en respuesta: "Pero Hijo, si le damos gracias y fortalezas especiales y nos acercamos a él de maneras que aún no conoce, podremos ver si da frutos. Si no lo hace, entonces hágase Tu voluntad".

Hubo una breve pausa, que pareció una eternidad. Entonces volvió su voz y dijo: "Madre, es tuyo".

Desde entonces he sido suyo y Ella lo ha sido todo para mí. La Virgen, de verdad, ha cumplido su promesa. Sistemáticamente, sobrenaturalmente, hay cosas que me ha dicho y hecho por mí sin yo merecerlo. Puedo decir por propia experiencia que la Virgen es nuestra defensora, nuestra "abogada" ante Dios. No podemos imaginar el poder que Dios le ha dado. Tampoco podemos comprender cuánto nos ama.

Al pie de la Cruz, Jesús la miró a Ella y al apóstol al que amaba y le dijo: "Mujer, ahí tienes a tu hijo", es decir: "Madre, te entrego a la humanidad como tus hijos e hijas". Ella se lo tomó muy en serio y al pie de la letra. Tenemos una madre. Ella vendrá en ayuda de cualquiera, como lo hizo conmigo. Yo no era especial. Ella me quiere tanto como a cualquier otra persona, y ¿quién no querría tener como abogada a la Madre de Dios? Comprendí que, con respecto a la Trinidad, ni Uno de Ellos, ni Uno puede decirle que no. Es imposible.

Alguien podría pensar que yo tenía una devoción especial a Nuestra Santísima Madre, por lo que no sería de extrañar que intercediera por mí. A esto tengo que decir que "¡No!", lo cual me pone en evidencia como sacerdote. Los ángeles y los santos eran para mí como compañeros imaginarios de juego, amigos simbólicos. ¡No eran reales!

Cuando recuperé la conciencia después del accidente, una de las cosas que entendí muy bien fue que Dios y sus ángeles y santos son la única realidad que existe. Somos nosotros los que estamos en el mundo de las sombras. Sólo tenemos un hogar, y no está aquí en la Tierra. Nuestras prioridades a menudo se confunden, como las mías. Debí haber vivido para ayudar a Dios a salvar mi alma y llevar a otros al cielo, que en cualquier caso es lo que un sacerdote está llamado a hacer. Ahí es donde tenía que haberme empeñado y no en el futuro que estaba persiguiendo: la felicidad terrena como sacerdote retirado.

Mis feligreses nunca habrían adivinado que yo me iba al infierno. Cuánto los había engañado. Una de las cosas que me sorprendió y extrañó durante mi juicio fue que Jesús no hizo ningún sondeo de opinión. Yo no podía replicar: "¿Por qué no le pides a él o ella su opinión sobre mí y luego decides?" Él lo sabe todo. *Lo sabe*. Me di cuenta en ese momento que Él es el Único que importa, y Él es lo que casi perdí para toda la eternidad. Yo sólo tenía que complacerlo a Él, y mi preocupación por complacer (o tratar de complacer) a otros muchos era una total pérdida de tiempo y energía.

No estaba preparado para ser un sacerdote católico. Esta vida es una vida de sacrificio y yo no amaba el sacerdocio, como hacen muchos. Y lo que es peor, siempre estaba huyendo de la cruz. Desde entonces he aprendido que si huimos de la cruz siempre habrá una más grande esperándonos. Nuestras cruces no son duraderas, no son eternas, y Dios y su Madre las llevan con nosotros suavizándolas todo lo que pueden. Lo que me llevó a la sentencia que recibí fue una cadena de mandamientos infringidos. Durante doce años hice una pantomima de ser sacerdote. Mis homilías, mi vida en la parroquia, los comentarios de la gente sobre mí... todo tenía que darme seguridad en mí mismo. Si yo no me sentía animado no era el único que sufría, porque tenía mis formas pecaminosas de escapar del dolor. Mi sacerdocio, me dijo el Señor, era sólo la cereza amarga sobre un pastel podrido.

El Señor ya me había alertado previamente para que dejara de ofenderlo, a través de dos pequeños accidentes de tráfico que precedieron al mayor y casi mortal. Una vez le dije a mi anterior párroco: "Siento que se acerca otro accidente y el próximo será el grande". Y lo fue. El Señor tenía sus maneras de avisarme, pero yo intencionadamente me hacía el sordo por el placer que estaba experimentando —y Él no parecía que fuese a quitármelo. No estaba dispuesto a quitarme *eso*.

Yo realmente creía que estaba en pecado mortal, pero eso no cambiaba nada porque acudía con frecuencia al Sacramento de la Confesión, aunque sólo como un "seguro contra incendios". Me dolía el ser amenazado con la condenación eterna por el Dios Todopoderoso, pero no sentía un dolor religioso al darme cuenta que estaba hiriendo a Aquel a quien debía amar. Yo temía las consecuencias, al igual que un hombre teme haber cometido adulterio porque su esposa lo mataría si se enterara.

El dolor por el pecado por temor al castigo de Dios está bien si uno tiene el deseo de enmendar su vida; pero el arrepentimiento de un corazón enamorado de Dios es lo ideal. El uso apropiado de la Confesión significa tener un deseo, un firme propósito de enmienda, pero yo no iba a cambiar mi vida. Estaba en la desafortunada situación de no preocuparme, de dar las cosas por sentado, y presuponía que tenía todo el tiempo del mundo: tiempo para convertirme, para ser un buen sacerdote, para cambiar. Mientras tanto Dios me advertía: "Steven, no hay tiempo".

Quizás lo peor de todo es que yo no era muy espiritual, mi vida de oración era prácticamente nula. Nunca recé el Oficio Divino, las oraciones diarias requeridas de un sacerdote. Un sacerdote sin oración está muerto; un sacerdote sin Nuestra Madre está muerto; un sacerdote sin el Santísimo Sacramento está muerto. No me importaba decir la Misa, pero tampoco me importaba perderme la Misa. Mi alzacuellos no me salva, porque estoy bajo los mismos mandamientos que cualquier otro. La única diferencia entre los laicos y yo es que yo soy más responsable. Si el diablo atrapa al párroco, puede conseguir toda la parroquia. A mí me permitieron volver para decir a otros, especialmente a los sacerdotes, que el infierno existe, y que podría ser que terminemos allí. Mi misión también es decirle a la gente que la Divina Misericordia existe y que el amor de Dios supera Su justicia.

Aprendí la lección, pero a Él le costó romperme el cuello y amenazarme con la condenación eterna sólo para captar mi atención. Pero yo volvería a pasar otra vez toda la experiencia si fuera necesario. Nunca querría volver a lo que era antes —nunca.

Con frecuencia me preguntan cómo he hecho para cambiar desde el accidente. Aunque nunca podré responder adecuadamente a esa pregunta puedo decir que acepto mejor el comportamiento de los demás y soy menos crítico. Tengo que discernir y juzgar el bien y el mal, pero no puedo condenar. Y mi sentido del tiempo y su sacralidad se ha alterado drásticamente. Ahora veo claramente cómo perdemos una increíble cantidad de tiempo precioso en cosas frívolas y estúpidas. Ya no puedo encender la radio del coche. Tengo que estar orando, rezando el Rosario, haciendo algo productivo. No puedo tomarme unas vacaciones, por así decirlo, o simplemente tirarme en la playa. Eso es, para mí, una pérdida de tiempo. Prefiero hacer un retiro con Dios.

Me han dicho que soy un icono andante de la misericordia de Dios por lo que Él ha hecho por mí, y es verdad. María, nuestra Madre, me ha oído decirle muchas veces: "Espero que no hayas apostado por un caballo oscuro". ¿Cómo agradecer a alguien que te ha  ayudado a salvar tu alma para la eternidad? ¿Cómo? ¿Qué puede hacer una persona? ¿Cuánto puede uno orar? Decir gracias no es suficiente.

Han pasado veinticinco años desde el día de mi salvación y todavía trato de ser un mejor sacerdote. Todo lo que puedo decir es que lo estoy intentando. Siento siempre que podría hacer más. Estoy mucho más preocupado por mi salvación y de si hago lo correcto o no. Parece que tengo que trabajar más duro que otros, si es que es posible. Cada día me levanto y digo: "Querido Dios, sostenme. Ayúdame a hacer Tu voluntad". Uno podría asumir automáticamente que aquellos que han visto u oído a Jesús o a Nuestra Madre lo han logrado. Pero no es así. Ellos son responsables. Dios da regalos, pero no sin obligaciones, porque Él desea algo a cambio. Creo que Dios espera que yo haga lo que sea necesario.

Ahora es el momento de decir la verdad. Dios me lo ha pedido a mí y a todos Sus fieles. Decir la verdad conlleva como consecuencia ser odiado, que murmuren de ti, ser ridiculizado o evitado, sufrir el rechazo de los compañeros, algo que he tratado de evitar a toda costa. Solo a través del sufrimiento podemos llegar a conocer profundamente y encarnar los valores religiosos. Esto es un martirio en cierto modo, un martirio incruento, y todos estamos llamados a ser mártires. Podemos serlo y lo seremos.

Hoy no estoy ciego a las súplicas del Cielo, como lo estaba en el pasado. Lo que más me preocupa hoy en día es el hecho de que la mayoría no presta atención a Nuestra Madre que nos advierte hacia dónde nos dirigimos. En sus apariciones en Akita, Japón, Ella dijo que no podía contener más el poderoso brazo de su Hijo. Las Torres Gemelas fueron una llamada de atención. No hicimos caso. Vendrán más. Dios nos hace caer de rodillas ante Él, y espera que nos quedemos ahí.

La misericordia de nuestro Señor, Jesús, supera con creces Su justicia. Pero Él, que es muy paciente, misericordioso y amoroso nos ha dicho a través de Santa Faustina Kowalska que debemos aprovechar Su misericordia mientras podamos. Se nos acaba el tiempo a todos. Cuando Él venga como Juez será demasiado tarde para Su misericordia. La Santísima Virgen María no sólo nos advierte, sino que nos traza un plan detallado de cómo llegar al Cielo: la oración del corazón, especialmente el Rosario. Así de preocupada está Ella, lo que no me sorprende porque somos sus hijos y nos ama más de lo que podamos entender. Yo descubrí eso.[vii]

Jesús:

En el Antiguo Testamento enviaba a los profetas con truenos a Mi pueblo. Hoy te envío a ti a toda la humanidad con Mi misericordia. No quiero castigar a la humanidad doliente, sino que deseo sanarla, abrazarla a Mi Corazón misericordioso. Hago uso de los castigos cuando Me obligan a ello; Mi mano resiste a tomar la espada de la justicia. Antes del día de la justicia envío el día de la misericordia.

~Diario de Santa María Faustina Kowalska, #1588

VINCE SIGALA

Dios elige a quien quiere

Yo era un niño alegre. Mis primeros recuerdos de la infancia son hermosos. No estoy seguro de cuándo todo cambió para mí. Sólo recuerdo mi hogar siendo un lugar feliz, y de pronto ya no serlo. Recuerdo estar sentado con mamá y papá en el sofá y reírme mientras me hacían cosquillas. Recuerdo correr hacia mi padre y gritar con alegría, "¡Papá!" cuando él llegaba a casa del trabajo, y lo orgulloso que estaba de mí cuando pesqué un pez la primera vez. Mi padre lo era todo para mí. Él era mi héroe.

Mis recuerdos dan un salto y se apartan de ese manantial de bondad, dando paso a la imagen de mi padre escoltado a casa por la policía, oírlo maldecir, gritar y pegar a mi madre con un cinturón, sentir cómo me agarra del pecho con un cuchillo carnicero presionado contra mi garganta amenazando a mi madre con matarme si ella no le daba dinero para otra dosis de heroína, o ver a mi héroe en la cárcel por robo. Recuerdo el suelo de hormigón y las paredes de ladrillo, mientras corría por ese largo pasillo para abrazar a mi padre. Pero él ahora estaba vestido con un traje naranja. No recuerdo haber visto mucho a mi padre después de eso. Mamá se divorció de él mientras estaba en la cárcel porque temía que si lo hacía cuando saliera, la mataría.

Mi madre, mi hermano y yo estábamos solos. Mamá no estaba mucho en nuestra casa en Salinas, California, pues para poder pagar las facturas se veía obligada a tener dos empleos, y de papá sólo tenía noticias en Navidad y por mi cumpleaños. Recuerdo una Nochebuena en particular, en la que mi padre llamó para decir que nos visitaría con una gran sorpresa para mi hermano menor y para mí. Durante toda la Nochebuena una expectación enorme me invadía y estaba desbordado de alegría. Me pasé todo el día de Navidad preguntando: "Mamá, ¿cuándo va a venir papá?" Pero el día de Navidad vino y se fue. Recuerdo claramente llorar incontrolablemente, tirado en el suelo de la puerta de casa, mientras mi madre hacía lo posible por consolarme. Yo repetía sin parar: "Quiero que venga papá. Sólo quiero ver a papá". Nunca vino. Ni siquiera llamó.

Esa noche de las Navidades de 1974 cuando tan sólo tenía cinco años, una semilla de ira se sembró en mi corazón. No tenía dirección, pero estaba arraigada profundamente. Para cuando empecé cuarto grado, las niñeras, que mi madre conocía y en las que confiaba, habían abusado de mí en tres ocasiones. Me sentía sucio y diferente, abatido y asqueado, pero trataba de esconder mis sentimientos, incluso de mí mismo.

Exactamente un año después, la mañana de Navidad, cuando estaba en segundo grado, tuve mi primera experiencia mística, aunque por ese entonces no habría sabido darle ese nombre. Mi madre nos llevó a mi hermano y a mí a la Misa de Navidad, y después salimos por la puerta principal de la iglesia de Santa María de la Natividad en Salinas, California, donde el Padre Richard O'Halloran estaba saludando a los feligreses. De pie cerca del párroco, miré hacia arriba y vi a su espalda brillar la gloria de Dios. Era una luz muy diferente a la del sol. Era pura, como el cristal, pero imbuida de color y moviéndose, brillando, regenerándose desde dentro, viva, gloriosa y extremadamente bella.

En cuarto grado mi madre me cambió de un colegio público a uno católico en nuestro pueblo de Salinas. Yo era un verdadero salvaje y la causa de mucha penitencia para las monjas que me enseñaban la fe, además de ser la razón por la que todos los maestros esperaban ansiosos la llegada del fin de semana. Al principio odiaba este traslado, pero resultó ser una de las mejores decisiones que ha tomado mi madre.

Desde el momento en que entré en la escuela católica supe, sin poder explicarlo, que me casaría con una chica que iba a esta misma escuela, que tenía el mismo número de letras en su nombre que el mío y que mi primogénito sería un varón. Pasé mucho tiempo preguntándome en clase y escrutando con la mirada a mis compañeras, tratando de averiguar quién podría ser. Esto era de vital importancia para mí. Ninguna de las chicas tenía el número correcto de letras, y si las tenían, no las encontraba atractivas. Extrañamente, yo entendía de alguna manera que esto iba a suceder y la incongruencia con la realidad me carcomía. No lo entendía.

En sexto grado empecé a asistir a un grupo de jóvenes llamado "Son Beams", cuya directora, Cheryl Ward, se hizo cargo de nosotros los adolescentes como si fuéramos hijos suyos, al igual que la mujer que la asistía, llamada Faye. Al principio yo iba a este grupo en casa de Cheryl por los bocadillos y las chicas, pero a medida que me dejaba caer por allí, algo comenzó a crecer en mi corazón. En una de nuestras reuniones, escribimos una carta a Jesús, y ese "algo" se me reveló como "Alguien". Por primera vez en siete años, conocí a Alguien con quien podía hablar libremente sobre mi padre, Alguien que yo sentía que no sólo escuchaba y asentía, sino que realmente le importaba. En una de nuestras últimas reuniones, cuando estaba en 8° grado, fueron invitados a la casa de Cheryl los grados inferiores para una especie de día de puertas abiertas, para que nosotros, los chicos mayores graduados, pudiéramos invitar a gente a participar en el grupo juvenil. Vi a una joven de cuarto grado sentada en el brazo de una silla marrón claro. Me presenté: "Hola, me llamo Vince".

"Hola, soy Heather". Me quedé mirando sus grandes ojos verdes y le dije: "Vaya, eres realmente guapa. Si fueras mayor, te invitaría a salir". Sin pretenderlo acababa de presentarme a mi futura esposa: la misma escuela, el mismo número de letras que V-i-n-c-e-n-t, y nuestro primogénito sería un niño de casi cuatro kilos y medio llamado Christian. Nunca se me ocurrió que la chica a la que había pasado tanto tiempo tratando de encontrar estaría cuatro cursos por debajo de mí; este es el sentido de humor de Dios.

Pasó el tiempo y empecé a asistir a otro grupo juvenil para jóvenes algo mayores, aunque nunca le saqué tanto provecho como el de la casa de Cheryl. Ya no recibía consejos para ayudarme a crecer en santidad, mi relación personal con Dios ya no era prioritaria y tenía la sensación de ser más bien una molestia, para los que llevaban el grupo, que otra cosa. Una noche me encontré en un dilema insignificante, que parecía gigantesco para mi cerebro adolescente. Me gustaban dos chicas y yo les gustaba a ambas, pero no estaba seguro con cuál de ellas salir, y no salir con ninguna de ellas no era una opción. Llamé a Cheryl para pedirle consejo y ella respondió de forma típicamente suya: "Bueno, Vince, Dios podría responder a esa pregunta mucho mejor que yo. ¿Por qué no rezas por ello, le pides al Señor una respuesta, y luego abres tu Biblia y empiezas a leer?".

"De acuerdo", dije. Colgué e hice lo que ella me había recomendado. No hubo respuesta. Así que la llamé de nuevo. "No he obtenido respuesta, a pesar de hacer exactamente lo que dijiste".

Cheryl me dijo que lo intentara de nuevo. "Esta vez ora con tu corazón. Habla con Él de verdad, Vince. Pide una respuesta y ten fe en que recibirás una". Así que, de nuevo oré, esta vez con fuerza, abrí la Biblia y empecé a leer. Desde las primeras palabras en las que mis ojos se posaron Dios me hablaba clara y directamente. Su Palabra me atravesó el alma, pero no tenía nada que ver con mi pregunta.

El pasaje de la Escritura que abrí fue Isaías 48: *"Escuchad esto, casa de Jacob, que lleváis el nombre de Israel, que nacisteis de las fuentes de Judá, que juráis por el nombre del Señor e invocáis al Dios de Israel, pero sin verdad ni rectitud...*" Sentí que Dios me hablaba directamente de mi falta de sinceridad hacia Él y juzgó mi corazón hasta el tuétano. Poniéndome un espejo delante, Dios me abrió los ojos. Luego llegó otro mensaje en el versículo 6, que me llegó al corazón, pero no entendí su significado:

"Te hago oír desde ahora cosas nuevas, secretos que no conocías. Solo ahora son creadas, no desde antiguo, ni antes de hoy; no las habías oído y no puedes decir: «Ya lo sabía». Ni lo habías oído ni lo sabías. Desde antiguo te habías hecho el sordo".

Esto es exactamente lo que hizo Dios, años después. Él me revelaría visiones de acontecimientos futuros sobre el mundo y la Iglesia. Pero ese versículo aún tendría que esperar. Mientras tanto, en el versículo 20, vino la vocación: "anunciadlo con gritos de júbilo, publicadlo y proclamadlo hasta el confín de la tierra. Decid: *«el Señor ha rescatado a su siervo Jacob»*". Yo entendí que el Señor ordenaba a mi espíritu que proclamara la redención, específicamente la mía, y que predicara el Evangelio con toda la verdad y sin ambigüedades, pero me daba un poco de miedo porque parecía que Dios estaba enfadado conmigo. Llamé a Cheryl. Ella rápidamente aquietó mi espíritu, pero también dijo: "Bueno Vincent, me parece que alguien te está hablando. ¿Quieres mi consejo? Yo escucharía lo que Él está diciendo". Me imagino que Cheryl colgó el teléfono ese día, empezó a reírse y llamó a un par de amigos que me conocían, diciendo: "Nunca adivinarás lo que acaba de pasar".

Al día siguiente fui a la escuela, con Biblia en mano, diciendo a todos mis amigos que dejaran de pecar y se volvieran a Dios. "¡Dios es real!" Exclamé. "Y Él te ama". No sabían cómo tomárselo —había pasado de ser uno de los "tipos buena onda a predicar el arrepentimiento—, y yo tampoco sabía qué hacer con ello. Todos mis "mejores amigos" dejaron de querer ir conmigo. Yo podía resultar demasiado agresivo, y ellos sólo eran cristianos de fachada, como yo lo había sido. Empecé a dar charlas en los retiros de los grupos de jóvenes y sentí un santo deseo de compartir el amor de Dios con otros, especialmente con una de las chicas. Orábamos juntos, hablábamos por teléfono durante horas sobre Jesús, y terminamos siendo "pareja" a la tierna edad de trece años. La amé, pero también se convirtió en un ídolo.

Al final del octavo grado, ella rompió conmigo. Aprendió que ser un verdadero cristiano conllevaba persecución y comenzó a distanciarse y luego se separó, no sólo de mí, sino de Dios. Yo veía con desesperación cómo ella volvía a la zona de confort de ser aceptada por aquellos que no sabían nada de Dios y buscaban las cosas del mundo para ser felices.

Me sentí de nuevo solo y sin orientación espiritual. Los líderes juveniles trataron de estar ahí a mi lado, pero no podían entender lo que yo estaba pasando. Yo tampoco podía. Para mí, esto era mucho más que una joven pareja que se separaba. El dolor que me abatía era diez veces mayor que el que experimenté por mi padre. Yo quería desesperadamente su salvación y estaba en una angustia absoluta. Las únicas palabras que tenían sentido para mí eran las del Señor, cuando dijo: "Mi alma está triste hasta la muerte".

Todavía buscando dirección espiritual, me acerqué a un sacerdote de nuestra diócesis de Monterrey, California, en una iglesia de mi ciudad natal, pero en una de nuestros "encuentros privados" me puso la mano en la pierna. Antes de esto, me había estado comprando regalos. Antes de su traslado a otra parroquia, él llamó a mi madre pidiéndole permiso para llevarme a una cabaña en la montaña, y mi madre le colgó con firmeza. Cuando me tocó la pierna, supe exactamente lo que estaba pasando. Yo ya había estado allí y salí corriendo. Salí corriendo del grupo de jóvenes, del dolor, y de todos.

Entré en una escuela católica sólo para chicos y pasé la mayor parte de mi tiempo libre sentado, solo, leyendo mi Biblia, tratando de entender por qué un Dios que supuestamente me amaba tanto me permitía experimentar tanto dolor. El poco contacto que tenía con los demás solía ser negativo, ya que rápidamente me convertí en el blanco de los más mayores acostumbrados a hacer bullying. Pero no estaba dispuesto a que me arrinconaran, así que sus burlas a menudo conducían a enfrentamientos físicos. No les llevó mucho tiempo aprender a no meterse conmigo.

Jugar al fútbol en mi primer año me proporcionó el único hecho positivo, ya que me permitió canalizar mi ira y no sólo mantenerme alejado de los problemas debido a ella, sino también recibir elogios. Si mis entrenadores hubieran sabido la rabia de la que provenía mi agresión, nunca la habrían fomentado. Pero la violencia cruda era parte del juego. Nunca tuve la intención de hacer una simple entrada, sino de castigar y herir al oponente, lo que no me preocupaba lo más mínimo. La preocupación causaba dolor, del cual yo ya estaba harto.

Al final del año, mi madre recibió una carta de la escuela diciendo que no se me permitiría volver debido a las numerosas peleas. Como resultado, volví al sistema público de enseñanza y a un rápido descenso hacia un infierno viviente.

Entré en mi segundo año con la mentalidad de que no podía contar con nadie más que conmigo mismo. Mi padre no se preocupaba por mí. Aquellas en quienes confié me habían violado. Un sacerdote me había

fallado. ¿Acaso Dios, que me había mostrado Su amor, sólo lo hizo para permitirme experimentar aún más dolor? El dolor se convirtió en ira; la ira maduró en odio; y el odio se convirtió en furia ciega.

En el segundo día de mi segundo año de secundaria, me peleé durante la hora del almuerzo, fue el comienzo de una larga serie de altercados violentos. Mi objetivo: un chico que se había burlado de mí el verano anterior, insultando a mi madre y hablando "a mis espaldas", pero nunca enfrentándose a mí. Lo vi en el campo sin posibilidad de escapar. Con mis amigos incitándome, y sus amigos haciendo lo mismo con él, me acerqué. Me dijo que no quería pelear. No me importó. Desaté años de furia sobre este pobre chico. Le golpeé tantas veces en la cara que me rompí la mano, mientras me rogaba que parara. Lo siguiente que recuerdo es sostenerlo por la parte de atrás del pelo y aplastarle la cara contra la pista de grava, luego me paré sobre él y lo pateé repetidamente y tan fuerte

como pude en la cabeza y la cara, con mis pesadas botas de Colorado. Si mis amigos no me hubieran apartado, no sé si hubiera parado. Nunca olvidaré al chico cuando sus amigos le ayudaron a ponerse de pie. Su cara estaba muy desfigurada.

Todo lo que podía ver era sangre y carne desgarrada. Esa imagen, como una horrenda cicatriz, está

grabada en mi memoria.

Los siguientes ocho años de mi vida se desdibujaron en una mezcla impía de música heavy metal, violencia, alcohol, consumo de drogas y sexo desenfrenado. Me tragué la gran mentira de que Vince ya no era una "víctima" del mundo, sino que yo lo controlaba. La realidad era que en el momento en que decidí tomar el control fue cuando lo perdí por completo. No podía pasar un día sin drogarme con marihuana, lo que me anestesiaba de todo lo que quería olvidar, y me condujo a drogas más fuertes, como la cocaína. Por mi asidua fornicación, empecé a juzgar a las mujeres por su aspecto y lo buenas que eran en la cama. Me despertaba junto a mujeres cuyos nombres ni conocía. Pero había una chica que, para mí, era diferente. Ella había vivido a la vuelta de la esquina de mi casa durante varios años en Salinas, pero sólo la conocí mejor a través de un amigo común cuando tenía veintiún años. Empezamos a hacer casi todo juntos y pronto fuimos grandes amigos. Después de tres años, reuní el valor suficiente para besarla. Mis sentimientos por ella eran genuinos. Empezamos a salir, y cuando sus padres decidieron trasladarse a Lodi, le dieron la opción de dejar atrás todo lo que conocía y pagarle la universidad, o quedarse y estar casi siempre sola. Ella decidió quedarse, y se mudó conmigo. Cuando yo tenía veinticuatro años y tocaba la guitarra en una banda con un futuro prometedor, mi novia de diecinueve años anunció que estaba embarazada. Se llamaba H-e-a-t-h-e-r. En un instante, un recuerdo lejano regresó apresuradamente: ¡el mismo número de letras, la misma escuela! Y pronto supimos que el niño en su vientre era un varón. Me dije a mí mismo que mi hijo nunca conocería la fealdad en su padre, como yo la conocí en el mío. Así que dejé la banda, conseguí un trabajo mejor pagado y me casé con ella.

Compramos nuestra primera casa, y las cosas parecían ir bien. Aunque peleábamos a menudo, hicimos que nuestra relación funcionara por el bien de nuestro hijo, Christian. Como ganábamos mucho dinero juntos, nuestra relación parecía encontrar su fuerza en el materialismo. Yo había obtenido mi licencia de contratista y hacía pisos a medida en el área de Monterey Bay para casas de lujo y clientes de alto nivel adquisitivo: propiedades como las de Clint Eastwood, el centro comercial Del monte, el acuario de la Bahía de Monterey, por nombrar algunos. Mi ética e integridad laboral provenían del ejemplo de mi madre, de lo mucho que la veía trabajar cuando era joven. Así que el pequeño mundo de nuestra familia giraba en torno a tres cosas: trabajo, dinero y bebé. Ni mi esposa ni yo vivíamos nuestra fe católica, ni siquiera de cerca.

Cuando llevábamos unos cinco años de casados, nuestro matrimonio comenzó a hundirse. La chispa se había ido, y nos habíamos distanciado. Nada nos hacía felices. Yo caí en una profunda depresión, y una noche, pensé en quitarme la vida. Recuerdo estar sentado en nuestra cama con una pistola cargada en la mano, mientras mi esposa preparaba la cena y mi hijo de nueve años jugaba en la sala. Repasé mi vida: había tomado numerosas drogas y bebido litros de alcohol, había herido a mucha gente en peleas, me había acostado con innumerables mujeres. Y aquí estaba yo, un marido y un padre, tratando de hacer las cosas bien, y más miserable que cuando lo hacía todo mal. La verdadera alegría, pensé, debe ser un mito. Lo único que me impidió poner el arma en mi boca y apretar el gatillo fue el débil sonido de la voz de mi hijo en la otra habitación.

Esa noche, en un último esfuerzo por salvar nuestro matrimonio y salvarme de mí mismo, mi esposa me dio un libro que acababa de comprar. Apenas religioso, titulado *"Una vida con propósito"* de Rick Warren, y desde la primera página, supe Quién me hablaba. Supe qué me faltaba. La única alegría real que yo había sentido, nunca vino del mundo. Al día siguiente llamé a Cheryl, con quien no había hablado en años, y le pregunté qué debía hacer. Ella me dijo que el lugar para empezar era la Confesión, y me recomendó que viera a un sacerdote en particular: "El Padre Jim Nisbet es un erudito en las Escrituras, de renombre mundial y con gran sabiduría. Escúchale". Luego, ella me confesó: "He estado orando y esperando esta llamada telefónica durante mucho tiempo".

Decidido a seguir su consejo, fui a ver al sacerdote. Con pantalones vaqueros, agujeros en las rodillas, tenis sucios y una camiseta sin mangas, entré en su oficina. "¿Qué puedo hacer por usted?", preguntó.

"Necesito confesarme. Tengo una vocación".

Con la voz más académica que he escuchado, preguntó con una mueca, "¿En serio? ¿Qué clase de vocación?"

"Una llamada a predicar la Palabra de Dios".

El Padre Nisbet sonrió, me miró como si yo estuviera loco, y pareciendo contener su risa, dijo: "Está bien", y procedió a escuchar mi confesión. Por sugerencia de Cheryl, le pregunté si le parecería bien reunirme regularmente con él. Él casi nunca concertaba la dirección espiritual de esta manera, pero por gracia de Dios, dijo: "Sí".

Ese año, me reuní con el P. Nisbet regularmente y comencé a sumergirme en la oración, particularmente en el Rosario, las Escrituras y la Comunión diaria. Con gran anhelo y una insaciable necesidad de recibir el Cuerpo y la Sangre de Cristo, yo prácticamente iba cada día a la iglesia para la Misa.

El Padre Nisbet me animó a perdonar a todos aquellos que en mi pasado me habían hecho daño. Incluso hasta el punto de intentar contactar a las niñeras que habían abusado de mí, para decirles en persona o por teléfono que las perdonaba. Intenté contactarlas, pero no sirvió de nada. Sin embargo, pude contactar con mi padre. Cuando lo llamé, fui directo al grano: "Papá, quiero que sepas que te perdono por todo lo que me hiciste a mí y a nuestra familia". Mi padre inmediatamente se puso a llorar y dijo: "Gracias". Se nos quitó un gran peso a los dos esa noche, pero no diré que fue fácil. Fue la llamada más difícil que he hecho nunca.

A principios de 2003, empecé a experimentar fenómenos inusuales, no desconocidos en la Iglesia, pero definitivamente desconocidos para mí. Comencé a recibir revelaciones privadas a través de visiones y locuciones, sin saber cómo definirlas. Hasta donde yo sabía, las únicas personas que experimentaban cosas así se encontraban en la Biblia. ¿Y por qué sucederían tales cosas, especialmente a alguien como yo, que había ofendido al Señor de tantas maneras? Yo sólo estaba tratando de volver a la Iglesia.

La primera visión ocurrió una noche mientras estaba sentado en el sofá de nuestro salón.

De repente, me encontré en medio de una gran multitud de gente. Todos gritaban enojados en medio de muchos jalones y empujones violentos, y algunos cuantos lloraban, la mayoría mujeres. No podía entender el idioma que hablaban y estaba sorprendido y desconcertado, por el hecho de encontrarme allí en un abrir y cerrar de ojos, sin haberlo querido. La gente estaba vestida con lo que parecía ser un atuendo de Oriente Medio, y el camino en el que estábamos estaba hecho a mano con adoquines. Apenas pude orientarme cuando vi a cierto hombre entre la multitud. Toda la atención estaba puesta en él, mientras se dirigía lentamente hacia mí desde mi derecha. Los empujones, golpes y gritos se hacían cada vez más violentos. Yo podía sentir que mi cuerpo era empujado de un lado a otro, y luchaba por mantener el equilibrio.

El hombre se acercó tanto que pasó delante de mí, a sólo tres personas de distancia. Pude ver su cabello, que era un poco largo y estaba completamente empapado en lo que parecía ser su propia sangre. La prenda blanca de una pieza que vestía estaba sucia y también manchada de sangre en algunas partes. Pude ver claramente su corona de espinas, y la parte delantera e izquierda de su cabeza donde las espinas estaban profundamente incrustadas en su cuero cabelludo; pero fue la hinchazón de estas heridas lo que más me llamó la atención. Eran grandes y moradas, llenas de sangre bajo la piel, desfigurando su frente. Una enorme y pesada viga de madera atravesaba la parte posterior de sus hombros y cuello, con sus brazos atados a ella en los codos, y sus antebrazos colgando hacia el suelo. Estaba tropezando, apenas podía dar su siguiente paso.

Como espectador, no supe que este hombre era el Señor, hasta justo después de que la visión terminó. Pero recuerdo claramente que pensé que debía ayudarlo, tenía que hacer algo para ayudarlo. Apenas di un paso para llegar hasta él, a través de las pocas personas que había delante de mí, cuando otro hombre a mi derecha me empujó con gran fuerza. Tropecé a mi izquierda, y mientras recuperaba el equilibrio, el hombre se acercó al Señor a distancia y lanzó una gran piedra, del tamaño de un ladrillo, tan fuerte como pudo. Golpeó en el lateral de la cabeza de Jesús con una fuerza brutal. El sonido del impacto fue espantoso y se mezcló con una bocanada de aire que salió de su boca, y un ronco y jadeante gemido. Mientras caía al suelo por la fuerza del golpe, trató de protegerse para la caída, pero no pudo porque sus brazos estaban atados a la madera. Cuando aterrizó, sus brazos se doblaron bajo el peso de su cuerpo y de la madera, recibiendo con su cara el peso de la caída contra la calzada de piedra. Se acostó allí, meciéndose de un lado a otro con un innegable e increíble dolor. La gente empezó a darle patadas en el estómago, la cabeza y las piernas.

Oh, qué real fue esta visión. Yo estaba allí, no de forma distinta a como estoy aquí en la Tierra ahora. La visión terminó tan rápido como comenzó. ¡Qué enorme precio pagó el Señor por mis pecados! Hasta entonces, nunca había comprendido la brutalidad de la Pasión de nuestro Señor, y me estremecí al darme cuenta de cómo Él había sentido cada golpe, cada patada, cada puñetazo que yo había infligido a otro ser humano.

Heather entró en la sala, y me acerqué a ella con los ojos bañados en lágrimas. Me preguntó qué me pasaba y me desplomé de rodillas delante de ella, envolviendo mis brazos alrededor de sus caderas. Llorando profusamente, todo lo que pude decir fue: "Él nos quiere mucho. Heather, Él nos quiere mucho".

Mi segunda visión vino una semana después y fue tan real como la primera. Esta vez, lo quisiera o no, lo entendiera o no, el Señor comenzó a hacer exactamente lo que dijo que haría cuando me habló por primera vez a través de Isaías 48:

"Te hago oír desde ahora cosas nuevas, secretos que no conocías. Solo ahora son creadas, no desde antiguo, ni antes de hoy; no las habías oído y no puedes decir: «Ya lo sabía». Ni lo habías oído ni lo sabías. Desde antiguo te habías hecho el sordo".

Al final de la mañana, salí de casa para hacer unos recados, y de repente:

EL AVISO

Vi que el cielo se abría y que Jesús venía en las nubes del cielo. Era como si el aire, en sí mismo, se abriera para revelar lo invisible. El Señor era enorme, y me hizo saber que todo el mundo, sin importar en qué lugar de la Tierra se encontrara, lo veía. Sus manos, que aún tenían las llagas de los clavos, estaban abajo de la cintura con las palmas hacia fuera, como si dijera "aquí me tienes" y estaba rodeado de gran poder y gloria. Se movían unas nubes blancas con gran velocidad y poder, y se inflamaban con un fuego naranja rojizo; y unas luces blancas, pequeñas y brillantes, que a mi entender eran ángeles, iban de un lado para otro, alrededor de Él.

Esta experiencia pareció traer consigo al menos algo de inquietud. Pero no tenía miedo. Al contrario, me llené de una alegre sensación de victoria, algo que no había sentido antes ni siento desde entonces. Mi sensación de triunfo era tan exuberante que yo quería dejarlo todo y correr hacia el Señor tan rápido como me lo permitieran mis piernas. Este sentimiento permaneció mucho tiempo después de terminar la visión.

No le dije a nadie sobre la visión y todavía no sabía nada sobre misticismo. No tenía ni idea de que tales cosas pudieran todavía ocurrir, aun cuando sabía que me estaban sucediendo a mí. Honestamente, algo de mí se preocupó. Aunque no hasta llegar al pánico, pensaba que quizás me estaba volviendo loco. Todo iba demasiado rápido: recibía una visión y apenas tenía tiempo para darme cuenta de lo que había pasado antes de que otra se produjera.

Durante este período, me quedaba despierto hasta muy tarde leyendo las Escrituras y hablando con Jesús durante todo el día. Aunque mis hábitos de sueño habían cambiado, nunca me despertaba cansado, y mi vida de oración no interfería para nada con mi trabajo. Mi rutina matutina era levantarme, hacer café, rezar el Rosario o leer la Biblia, arreglarme, dejar a mi hijo en la escuela, e ir a la Misa matutina antes del trabajo.

A los pocos días de la visión de Jesús en los cielos, mi pequeño temor de estar loco sería reemplazado por un santo temor a Dios. Sucedió el 9 de abril de 2003, un día en que me desperté muy temprano, alrededor de las 4 de la mañana, obligado a salir de la cama y orar. Caminé por el pasillo de mi casa, y al acercarme a la cocina, fui arrebatado inmediatamente. Todo lo que sé es que el "yo", lo que conozco de mí, con todas sus esperanzas, miedos, sentimientos, visión, olores y tacto, ya no estaba en el pasillo.

Un gran destello de luz blanca cegadora, obstaculizó temporalmente mi visión, y mientras mis ojos se acostumbraban, pude ver ante mí un lago redondo de agua que se parecía poco a cualquiera de la Tierra. Parecía más bien una fina lámina de cristal, lisa como el vidrio, con luz emanando de debajo de su superficie. En el centro del lago había una fuente arbórea que vertía luces multicolores, como corrientes de agua.

Tanto el suelo alrededor del lago como el cielo sobre él eran luz pura. Al otro lado del lago, podía ver figuras humanas vestidas con túnicas blancas, demasiado brillantes para distinguirlas con mucho detalle, debido al inmenso brillo de una gran luz blanca a mi derecha en mi campo visual. Esta luz gloriosa, como el cristal, pero viva, era el mismo Dios. Mientras intentaba concentrarme en las figuras humanas que conversaban, de repente apareció frente a ellas el Señor, Jesucristo. Pude ver claramente su cara, su barba, su pelo y el contorno de su túnica hasta el tobillo, que brillaba con esplendor. Alto y fuerte, con rasgos finos y cabello blanco, como la nieve prístina, parecía un rey.

Mirando hacia mi derecha, Él comenzó a levitar, lenta y decididamente, hacia la gran luz que era el Padre. Luego, con su mano derecha extendida hacia adelante y la parte posterior de su hombro derecho mirando hacia mí, Él alcanzó la luz, cuyo brillo oscureció la visión que yo tenía de su brazo extendido. Cuando trajo su mano de vuelta, sostenía un pergamino con siete sellos del Libro del Apocalipsis (Capítulo 10). El pergamino parecía blanco con un toque de bronce, y tenía casi un metro de largo. Sus sellos eran gruesos, redondos y del color de la sangre roja oscura. Entonces, el Señor se puso de frente a mí y me miró directamente. Inmediatamente todo mi ser se sobrecogió con un tremendo temor de Dios. Incapaz de moverme o respirar, me sentí petrificado, como si estuviera a punto de morir. Sus pupilas eran llamas de fuego que atravesaban el centro de mi alma. Nada se ocultaba a su mirada. Todo lo que yo había hecho en mi vida estaba absolutamente al descubierto ante Él.

En un instante, Jesús comenzó a mostrarme, interiormente, mis pecados pasados y sus consecuencias. Yo no tenía ningún control sobre lo que me estaba sucediendo. Vi cada transgresión que había cometido a sabiendas y sin saberlo. Lo que yo pensaba que eran pequeñas cosas, como gritarle a mi hermano o a mi madre, no eran pequeñas en absoluto; y mis pecados de omisión, acciones que debería haber realizado, pero no las hice —que no sabía en absoluto que eran pecados— golpearon mi corazón con tremendo pesar y dolor.

Nueve años de mi vida habían pasado en un instante, y no me di cuenta de lo lejos que había caído en la oscuridad hasta que se me mostró su verdadera fealdad. Cuanto más la veía, peor se volvía. Todo había girado en torno a mí y mi placer. El mundo había sido mi patio de recreo. Todo lo que quería lo conseguía; y lo que no podía conseguir fácilmente, lo buscaba en otro lugar. Cristo, el Rey y Señor de todo, estaba exponiendo mi falsedad y mi ira, mi violencia física y emocional, mi lujuria y abuso, mi arrogancia y calumnia, mi materialismo y codicia, mi idolatría y vanidad, mi consumo de alcohol y drogas, mis juergas y la música rock, todas las cosas que yo apreciaba más que a Dios. La mayor parte de mi vida había sido malgastada, la pasé complaciéndome a mí mismo e impresionando a otros, pero no a Él.

Fue particularmente devastador ver lo destructivas que fueron mis acciones en otras personas, ya que había conducido a muchos hijos de Dios al pecado. Un acontecimiento sobresalía como una pesadilla flagrante. Después de tener sexo con una chica, la introduje en la cocaína, y luego perdimos el contacto. Tres años después, la vi. Apenas era reconocible. Adicta al crack, parecía vieja, arrugada, demacrada y cansada. El Señor me mostró cómo ella había permitido ser usada sexual y físicamente, una y otra vez. Mis deseos desmedidos habían destruido su vida.

El Señor reveló cómo Satanás había usado mi retorcida visión de la sexualidad, causada por los tres abusos sexuales en mi vida, para convertirme en un instrumento de muerte. El abuso me predispuso a la lujuria, más que al amor, y de mi lujuria vino la fornicación, y mi fornicación llevó a dos jóvenes a abortar, lo que me hizo parcialmente culpable de asesinato.

Me mostraron cómo, cuando era pequeño, alrededor de los cinco años, alguien le dio a mi hermana mayor una revista Playboy, y yo me sentí tan molesto y dolido que corrí a otra habitación y empecé a llorar. Luego, más tarde, cuando veía pornografía, no veía nada malo en ella.

Lo que más me horrorizó y me dejó temblando fue ver la naturaleza del pecado en sí mismo. No hace nada más que destruir y es infinitamente peor que el veneno. El veneno puede matar el cuerpo, que es temporal, pero el pecado puede matar el alma, que es eterna. Jesús me reveló que cada pecado, grande o pequeño, es significativo. Una pequeña mentira era más seria de lo que yo pensaba porque Jesús mira nuestros corazones. La mentira puede parecer pequeña, pero el engaño dentro de nosotros puede ser enorme. O la calumnia, con la que se lanza a otro bajo una luz negativa, ya sea con el pensamiento o con la palabra, puede parecer lo mismo a los ojos de Dios porque Dios ve la semilla de juicio en nuestros corazones. La calumnia es simplemente una expresión de ello. Cuando Jesús dijo en Mateo 5, 27-28: "Habéis oído que se dijo: «No cometerás adulterio». Pero yo os digo: todo el que mira a una mujer deseándola, ya ha cometido adulterio con ella en su corazón", Él quiso decir exactamente lo que dijo. Dios me reveló cómo el pecado se propaga como un cáncer maligno. El simple hecho de tratar a una persona negativamente inicia un efecto "telaraña". Si le grito a alguien por la mañana y lo pongo de mal humor, esta persona lo lleva consigo durante su día y lo propaga fácilmente a otros, quienes, a su vez, llevan la ira a casa con ellos, y se desquitan con sus seres queridos, que molestan a sus vecinos, y así sucesivamente… y así sucesivamente… y así sucesivamente como las muchas ramas de un árbol infinito y malicioso, que se expande desde un pequeño brote. Todos los pecados se multiplican de esta manera, incluso aquellos que creemos que están ocultos, afectando tanto al reino físico como al espiritual, viajando a través de generaciones, a veces continentes. La revelación del pecado es algo espantoso.

Lo que sucedió después me conmocionó hasta mis entrañas. Me encontraba de pie ante Jesús, sin ningún recuerdo de cómo volví a la Iglesia dos años antes y me arrepentí. El Señor del cielo y de la tierra escondía esto de mi conciencia, porque estaba a punto de dejarme experimentar plenamente lo que me habría pasado si hubiera muerto en mis pecados.

Jesús me hizo un juicio personal. Inmediatamente, vi mi sentencia en sus ojos. El veredicto era el infierno por toda la eternidad. Yo estaba congelado, sin palabras, en un abrumador y silencioso terror. Sabía que lo merecía, y no había absolutamente nada que pudiera hacer para detenerlo. La sensación de esta espantosa experiencia iba más allá del puro horror. No podía defenderme. No encontraba la forma de decir algo. Me quedé callado ante la verdad divina que la justicia exige. Estaba experimentando mi juicio personal en miniatura, y por la vida que había vivido, había elegido libremente mi sentencia: un eterno "horno de fuego, donde habrá llanto y rechinar de dientes" (Mateo 13, 42b). El lenguaje humano no puede transmitir el arrepentimiento que me embargó.

Mientras Jesús tomaba el pergamino del Padre, también se me hizo entender que este juicio, único para cada individuo, está viniendo para el mundo. Cada persona sobre la faz de la Tierra experimentará su juicio personal, ya sea en vida o en la muerte, y habrá que dar cuenta de cada uno de los pecados.

Lo que hizo que esta experiencia fuera tan aterradora para mí, y lo que me hace estar tan preocupado por el mundo es que, en la muerte, no hay manera de modificar la sentencia. No hay manera de volver atrás y cambiar las cosas para corregir los errores. Es definitivo. Para mí, la puerta del Cielo se había clausurado con un cerrojo de hierro, y mi destino iba a ser sellado para *siempre*.

Mi experiencia en el reino celestial acabó tan rápido como comenzó, y me encontré de nuevo al final de mi pasillo. Había un eco distante de cantos sagrados en el aire, y mi cuerpo temblaba incontrolablemente de pies a cabeza.

Mientras el día avanzaba, oré más fuerte que nunca, rogando a Dios misericordia, pidiéndole que le diera más tiempo al mundo, porque no estamos preparados para esto. Por el bien de los pobres pecadores, por la humanidad, por el bien de su Santo Nombre, ¡le rogué que tuviera misericordia!

Me llevó casi siete meses darme cuenta de lo que había sucedido esa mañana en el pasillo. No sólo se me mostró mi pecado en toda su crudeza, sino también lo que, en esencia, todo el mundo experimentará durante lo que más tarde aprendí que se llama "El Aviso". Recordarlo incluso ahora, me llena de lágrimas y de una tristeza abrumadora por el mundo, simplemente porque sé lo que le espera a cada persona si no se arrepiente y se vuelve hacia Dios. Habrá muchos que no sobrevivirán a esto. Sus cuerpos no serán físicamente capaces de soportar un encuentro con su pecado, como se ve en la Santidad del Dios Vivo. En pocas palabras, morirán de puro miedo al ver su propio pecado. Así es como lo entendí. Algunos caerán muertos, algunos se convertirán, y otros rechazarán completamente a Dios y serán poseídos por Satanás.

Un día más o menos después de esta experiencia, se me acercaron dos mujeres a las que no reconocí. Me detuvieron en el parking después de la Misa de la mañana, mientras caminaba hacia mi camión, y me ofrecieron un folleto. "Sentimos que debemos darte esto". Yo hice algunas preguntas, y ellas dijeron que era información sobre una peregrinación. Había oído hablar de peregrinaciones antes —el Padre Nisbet había llevado a muchos a Tierra Santa— pero hablaban de un lugar del que nunca había oído y que ni siquiera podía pronunciar:

Medjugorje en Bosnia-Herzegovina. Por no ser descortés, tomé el folleto. Lo último que tenía en mente era una peregrinación mariana a cualquier lugar. Mi matrimonio era un desastre, estaba pasando por cambios radicales, y aunque rezaba el Rosario nunca me habría considerado un devoto mariano. Una relación con la Madre de Dios era ajena para mí.

Una semana después, el 14 de abril de 2003, decidí tomarme un descanso en el trabajo. Saliendo de la casa en la que estaba trabajando vi un banco en el porche delantero, me senté, hice una pequeña oración y reflexioné sobre las gracias que había recibido. Uno de mis hábitos de trabajo era encender la radio de mi camión y escuchar a predicadores cristianos o música cristiana. Mis oídos sintonizaron la voz de un hombre predicando en la radio. Ingenuo ante el hecho de que los católicos y la Iglesia Católica son despreciados por muchas denominaciones diferentes, creía que todos éramos cristianos, que nos llevábamos bien y que no había ninguna escisión entre nosotros.

El hombre estaba hablando sobre "el rapto", el fin de los tiempos, y leyendo el Libro del Apocalipsis. Nunca había sido catequizado sobre lo que enseña la Iglesia de tales cosas, y desde entonces he aprendido que no existe tal cosa como el rapto previo a la tribulación, un momento en el que toda la gente buena es arrebatada o raptada, y todos los malvados son dejados atrás para someterse a la tribulación final. Tampoco existe este rapto previo a la tribulación en ninguna parte de la Biblia. Hacia el final de su sermón, el predicador hizo una pausa y dijo sarcásticamente, "Muchacho, los católicos se sorprenderán cuando suceda", seguido de risas y aplausos. Algo olía muy mal. Había conocido a muchos católicos maravillosos (Cheryl, Faye, el Padre Nesbit, las monjas que me enseñaron, por nombrar algunos), y si alguien iba a ser raptado, deberían ser ellos. El tipo era un buen predicador, y yo disfrutaba escuchándolo, así que no podía entender esto e inmediatamente incliné mi cabeza, cerré los ojos y le dije a Jesús: "Señor, por favor dame entendimiento de tu Palabra".

Cuando levanté la vista, mis ojos se fijaron en un árbol al otro lado de la calle, y el volumen de la voz del predicador comenzó a bajar en mi oído hasta que se perdió. Simultáneamente, empecé a sentir una corriente similar a un viento creciente, pero de naturaleza espiritual. Creció en fuerza, arremolinándose para envolverme, y me resultó cada vez más difícil respirar. Luego se detuvo. El aire ya no estaba allí, como si ya no lo necesitara para vivir. Me encontré congelado e incapaz de moverme, mirando fijamente la Gloria de Dios que se presentaba ante mí. Esto era diferente a una visión. Su manifestación de la Gloria estaba físicamente delante de mí. Todavía podía ver el árbol y el paisaje de enfrente a través de Él…

La Gloria de Dios era como el cristal, pero viva, con cada color del arco iris emitiendo lentamente largos, luminosos y translúcidos fragmentos hacia fuera desde su interior. Irradiaba un potente calor, que podía consumirlo todo en cualquier momento, pero se mantenía controlado, y tenía la intencionada determinación de no abrumarme; y poseía una cualidad de pureza que no era de este mundo.

Dentro de la visión de la Gloria, comenzaron a pasar ante mis ojos diversas escenas de imágenes en movimiento, nítidas y a todo color, en cámara lenta: El Señor me mostraba los acontecimientos futuros relativos a una gran tribulación en el mundo, que sacudía las profundidades de mi alma. Paralizado, vi una guerra mundial que se avecinaba, un enfrentamiento nuclear entre las potencias mundiales, gran descontento social, caos mundial, gente poseída por Satanás, futuros castigos… la humanidad, por sus propias acciones, llegando al punto mismo de la extinción.

Vi cómo la iglesia era infiltrada por los aliados de Lucifer, una persecución masiva a la Iglesia, desde dentro y fuera, con sacerdotes asesinados, iglesias saqueadas y quemadas, y la Eucaristía pisoteada y profanada por soldados con rostros de muerte. La Tierra fue desolada, y la destrucción reinaba en todas partes. Parecía como si cada demonio del infierno se hubiera desatado en la Tierra, mientras que el hombre liberaba las más terribles armas sobre sí mismo.

Cuando la visión se detuvo corrí a mi camión, apagué la radio, tomé mi Biblia y abrí el Libro de Daniel. De alguna manera supe que lo que me habían mostrado estaba escrito allí. Tan sólo había leído algunos versos dispersos entre los capítulos 7 al 12,[viii] cuando unos hilos de luminoso trigo dorado entretejidos en tres cuerdas comenzaron a subir por el lado izquierdo de mi Biblia y se escondieron por el derecho. La luz dorada de las cuerdas brillaba cada vez más, acompañada por un sonido como el fuerte zumbido de una corriente eléctrica. Mientras las tres cuerdas penetraban en las páginas con una fuerza tremenda, el sonido y la luz llegaron a un crescendo, y aparecieron dos palabras en mi mente: "totalmente obligatorio". Es decir, yo sabía que la visión debía ocurrir. Que no hay forma de evitarlo, y que ninguna cantidad de oración puede detenerlo. Está escrito. Es parte del plan de purificación de Dios, decretado por Él a través de Sus santos profetas, y de acuerdo a Su voluntad.

El Señor me dio otra visión en la que creo que se me mostró un acto divino de Dios, a través del cual los verdaderos fieles eran protegidos de un cierto y devastador castigo de la justicia divina.

De repente, estaba de pie en la parte de atrás de una iglesia. Detrás de mí había dos puertas de madera grandes y pesadas. No había forma de atravesar esta entrada desde el exterior y no había forma de salir desde el interior. Me hicieron saber que las puertas habían sido cerradas por el mismo Dios. Fuera de las puertas había una gran confusión, caos, horror, miedo y muerte. Mientras miraba hacia el altar, un sacerdote estaba elevando la Sagrada Hostia, y la gente estaba arrodillada en los bancos y en los pasillos, algunos con sus cabezas tocando el suelo. Ninguno de ellos emitía algún sonido, sólo una gran reverencia y silencio. Cuando la Hostia había alcanzado su máxima elevación, un agua cristalina, algo espesa y con luz que emanaba de su interior, fluía desde la Sagrada Hostia hacia el aire. Esta agua estaba viva, y lentamente bañó a todos los que estaban allí.

Entonces fui transportado a la velocidad del rayo a otra iglesia en algún otro lugar del mundo, donde todo lo anterior sucedió de nuevo, sólo que más rápido. Sentí que esta Misa se celebraba en todo el mundo al mismo tiempo. La misma escena me fue mostrada repetidamente, sólo que más rápido cada vez que ocurría. Entendí que el agua de la Hostia era una especie de protección divina de lo que estaba ocurriendo fuera de los santuarios. Más tarde, Dios me mostraría la victoria de la Santa Iglesia de Dios y de Su pueblo en el mundo, preservada y renovada por el Espíritu de Dios Todopoderoso a través de la intercesión de Nuestra Madre Bendita, después de que todo lo impío fuera eliminado.

Mientras estaba afuera en un camino de terracería, vi un grupo de unas cincuenta o cien personas caminando en la misma dirección lejos de mí, como dirigiéndose a alguna parte. Percibí su gran reverencia por la Iglesia y los Sacramentos. Dios era su primer amor, por encima de todo, y su amor mutuo no tenía barreras. Ellos reían mientras hablaban y se relacionaban unos con otros. Los adultos parecían tener entre veinte y treinta años, y estaban acompañados por algunos niños correteando por ahí, solo siendo niños. El cielo era extremadamente límpido, sin contaminación, el más claro que jamás haya visto. Había varias plantas dispersas a mi izquierda y derecha, y el camino se perdía por las lejanas colinas onduladas cubiertas de hierba. Toda la creación, el cielo y la tierra, había sido renovada con vida divina. La paz de Dios, que está más allá de todo entendimiento humano y satisface el anhelo humano, había sido derramada sobre la Tierra.

Estaba viendo un mundo futuro donde no hay enfermedad ni dolor, donde la vida es mucho más simple y la gente vive mucho más tiempo que ahora. Noté que la piel de la gente estaba radiante, de una manera que no tiene nada que ver con lo que conocemos ahora. Todos se veían hermosos, más sanos y más luminosos debido a la presencia de Dios en su interior. No había signos de maquillaje, laca para el pelo o ropa provocativa. La gente caminaba cómodamente con pantalones y túnicas sueltas, que eran de color claro, diferentes a cualquier estilo de hoy en día. Nada parecía moderno, y sin embargo todo se veía nuevo.

Recuerdo claramente a un hombre al final del grupo. Se volvió para mirarme y me sonrió cálidamente, como invitándome a apresurarme y unirme a ellos. Tenía barba y cabello algo largo. Se parecía a Jesús, pero en la visión, no me permitieron saber quién era. Sólo cuando la visión terminó me di cuenta de que el hombre era Jesús guiando y pastoreando a su pueblo hacia una nueva era de paz.

Desbordado por estas revelaciones, que me pusieron de rodillas, llamé a Cheryl y Faye, y ambas me animaron a seguir viendo al P. Nisbet. "Cuéntale todo" dijeron, animándome debido a mi indecisión para hablar, por miedo a la respuesta del sacerdote. "Al fin y al cabo, es tu director espiritual". El Padre me intimidaba un poco, no por otra razón que por su gran don de sabiduría. Él era una enciclopedia viviente que parecía saber todo, sobre todo. Finalmente le conté al Padre las visiones, aunque no entré en muchos detalles al principio, tal vez porque todavía estaba en un semi estado de shock. Recuerdo que yo sollozaba, "va a ser una masacre", incapaz de entender por qué tenía que suceder todo esto.

En su familiaridad con los dones espirituales poco comunes, el Padre Nisbet reconoció las palabras y visiones que le repetía como revelaciones proféticas de Dios. En ese momento, yo todavía no tenía ni idea de que estaba profetizando. Sólo me sentía confundido, abrumado y profundamente triste, y lloraba cada vez que le transmitía al Padre lo que se me había mostrado. La reacción del Padre fue totalmente opuesta, nada menos que unos inusuales estallidos de pura alegría. "Asegúrate de aterrizar en el lado de la fe", dijo. "Darte cuenta de la gloria a la que has sido llamado te ayudará a lidiar con la carga que conlleva".

"Pero, Padre. ¿No podría Dios haber encontrado a otro?"

En un momento dado, por curiosidad, le pregunté qué estaba aprendiendo él de todo esto. El Padre Nisbet me miró, sonrió y dijo: "Estoy aprendiendo que Dios elige a quien quiere".

Pronto, yo afrontaría una difícil prueba de fe y confianza. Había sido honesto con el Padre Nisbet, y ahora tenía que serlo con mi familia, así que compartí con ellos lo que me estaba pasando. Mi esposa, mis amigos, mi hermano y su familia me abandonaron rápidamente. Incluso mis suegros pensaron que me había tomado una pastilla para locos. Sólo mi madre, Cheryl, Faye y el Padre Nisbet me creyeron. En un momento dado, mi esposa se me acercó mientras yo estudiaba las Escrituras y me dijo: "Vince, estás cambiando, y yo no sé si puedo vivir así".

Conteniendo las lágrimas, respondí: "Heather, pase lo que pase, siempre te amaré". Ella se dio la vuelta y se alejó en silencio.

Pasaron algunos años, y en 2005, nuestra familia, todavía intacta por la gracia de Dios, se mudó a otro pueblo en el norte de California. Muchos de nuestros amigos se habían mudado allí y Heather quería estar más cerca de su madre y mejor amiga, así como buscar mejores oportunidades profesionales en el área de la bahía de San Francisco. Ahora me encontraba lejos de mi director espiritual y echaba mucho de menos nuestras reuniones. En este nuevo lugar, fui a ver a mi nuevo párroco para compartir con él, por sugerencia del Padre Nisbet, lo que me estaba pasando sobre El Aviso: "No te sorprendas si él piensa que estás loco".

"No creerá que estoy loco", pensé para mí mismo. "Es un sacerdote. Lo entenderá". Debí haber prestado atención a aquella advertencia. A los pocos minutos de nuestra reunión, pude notar que a él le costaba mucho creerme. Como la pasividad no es uno de mis rasgos más fuertes, y una vez que me pongo en marcha me cuesta parar la lengua, persistí. Finalmente, creo que por pura frustración conmigo, sacó a relucir algunos de los pecados de los que me había confesado tres días antes, me dijo que los santos no hacían este tipo de cosas, y refiriéndose a Proverbios 26, 11, dijo: "Perro que vuelve a su vómito, el necio que insiste en sus sandeces". Después, básicamente se excusó de la reunión alegando que no podía perder más tiempo. En realidad, es un sacerdote humilde y obediente. No fue su intención herirme.

Oré por esta situación, diciendo: "Jesús, él no me escuchará. No entiende. Pensé que era Tu voluntad que yo compartiera esto, ¡y no me escucha!" El Señor respondió en una locución preguntándome: "¿Por qué te impacientas tanto con mi hermano? Oh, hijo mío, ¿cuántas veces, cuántas veces en tu vida te he hablado y no me has escuchado? ¿Alguna vez he sido impaciente contigo?" Humillado por las palabras del Señor y por mi egoísmo y orgullo, empecé a orar todos los días por este sacerdote.

Poco después de la visita a mi nuevo párroco, estaba caminando hacia mi coche después de asistir a una Misa y un Rosario entre semana, y se me acercó una mujer a la que no conocía, de nuevo en el estacionamiento de una iglesia. "¡Señor!", gritó. Cuando me di la vuelta, ella se apresuró a acercarse a mí. "Siento molestarlo, pero realmente sentí que debía darle esto. Es información sobre una peregrinación a Medjugorje". Esta vez presté mucha atención. Ella me explicó lo que pasaba en este lugar que aún no podía pronunciar, y cómo ella creía que la Virgen se estaba apareciendo allí. Llevé su folleto a casa y se lo mencioné a Heather, pero la idea de cruzar el mundo en avión parecía un sueño descabellado.

En esa época, la Santísima Virgen se estaba volviendo más real para mí: una madre verdadera y tangible, no sólo una figura distante y poderosa vinculada a mi Rosario. Sintiéndome terriblemente solo en el mundo, con mi matrimonio casi terminado, mi negocio de pisos y mi reputación como instalador inexistente—pues tenía que empezar de cero—, y no encontrando ningún otro lugar al que acudir para pedir ayuda, supliqué a María que me guiara. Entrando en la iglesia, me arrodillé ante una gran imagen de Nuestra Señora de Fátima, y me puse a llorar. Le pedí que por favor me ayudara a entender todo lo que me estaba pasando, a saber, qué debía hacer con todo esto y salvar mi matrimonio. Cuando miré su imagen, vi descender sobre ella una suave luz blanca con luces más pequeñas y brillantes. A través de una locución, escuché a Nuestra Madre Bendita decir: "Ven a mi casa". Yo sabía que ella se refería a Medjugorje.

Decidí ir. Cuando llegó el día de partir, Heather me ayudó a manejarme por el aeropuerto y me despidió rumbo a mi puerta de embarque. Yo era como un niño completamente desorientado. No tenía ni idea de lo que estaba haciendo, y decir que estaba nervioso sería quedarse corto. No tenía ni idea de cómo moverme en los aeropuertos, y volar me daba terror. Mientras estaba sentado en un asiento con ventanilla, esperando que el avión despegara, quería saltar. "Esto es un error", pensaba para mis adentros. "No debería haber hecho esto". Cuando los motores se pusieron en marcha y el avión empezó a tomar velocidad en el asfalto, todo lo que podía pensar era: "pero ¿por qué carambas estoy haciendo esto? Es una locura. ¿Estás haciendo esto por la única razón de que escuchaste una voz? Oh, muchacho esto no pinta nada bien".

Durante el vuelo a Bosnia-Herzegovina no pude pegar ojo. Cuando llegué con mi grupo de peregrinos, estaba feliz de pisar tierra. Nuestra guía turística, Matilda, una de las tías de la vidente Mirjana, nos dio un breve resumen de Medjugorje y de cómo comenzaron las apariciones allí. Esto me interesó un poco, yo había leído un libro sobre Medjugorje antes de salir y ya conocía bastante de la historia. Me di cuenta de que, ahora que por fin estaba en "tierra de María", se apoderó de mí un espíritu de paz que nunca había sentido en los Estados Unidos, y todas mis dudas sobre la invitación personal de la Virgen se desvanecieron.

Fue en este "lugar suyo" donde mis experiencias místicas comenzaron a encajar. Fui allí en busca de María, de respuestas, de paz, y encontré las tres cosas. En Medjugorje, el Espíritu Santo comenzó a enseñarme la magnitud de todos los mensajes de la Virgen a la Iglesia y al mundo. En ellos se estaba revelando el plan del cielo. Lo que se me había mostrado sobre los inminentes eventos futuros correspondía a los mensajes anteriores de las apariciones de Nuestra Señora, de las que yo no sabía nada. El Espíritu sembró en mí una semilla de curiosidad, que me llevó a conocer sus apariciones en La Salette, Francia; Fátima, Portugal; Garabandal, España; Akita, Japón; y Kibeho, Ruanda, entre otros. A finales de 2002, cuando comenzaron las revelaciones de Dios para mí, yo no tenía ni idea de la iluminación de la conciencia, o "El Aviso", como se profetizó en Garabandal. El Espíritu Santo también me mostró cómo las auténticas apariciones de Nuestra Señora estaban conectadas, no sólo entre sí, sino también con las revelaciones de Jesús a Santa Faustina Kowalska, la santa de la Divina Misericordia. El descubrimiento más profundo de mi peregrinación fue que los mensajes de Nuestra Señora aún se están develando, y Medjugorje es la culminación de todos ellos.

Los peregrinos con quienes iba no conocían lo que Dios me había revelado. Sentarme con ellos y escucharlos ocasionalmente debatir entre ellos sobre los secretos de Medjugorje, el último de los cuales implicaba castigos, me era difícil. Muchas veces me retiraba a mi habitación, o subía al Monte de la Cruz (Krizevac) en Medjugorje y clamaba a Dios, porque si ellos realmente entendían aquello que tan ansiosamente deseaban saber, nunca habrían perdido el tiempo escudriñando. En vez de eso, habrían simplemente orado. Siempre que necesitaba consuelo materno, recurría a María, y su amor me acariciaba tan suavemente que también me hacía llorar. Yo necesitaría este mismo consuelo en los años próximos, porque con el tiempo recibiría de cuarenta y cinco a cuarenta y ocho visiones, locuciones y sueños premonitorios, mezclados.

Intenté llamar a Heather un par de veces, pero nunca pude localizarla. Ella no supo nada de mí durante siete días y se preguntaba si estaría vivo o muerto. Pero yo estaba muy vivo. Con cada día que pasaba, las gracias se intensificaban. Me hice amigo de una chica llamada Loretta, que tenía una librería católica en su casa, y decidimos pasar ella y yo un día entero en oración. Al día siguiente, nos separamos del grupo y fuimos a la Confesión, a Misa, rezamos el Rosario en la colina de las apariciones y charlamos con Jesús y entre nosotros durante todo el día. Éramos como niños católicos en una dulcería de milagros, mientras el Señor se nos presentaba de diferentes maneras, durante todo el día, como un Papá que mima a sus hijos en una excursión. No importaba lo que le pidiéramos a Jesús, sucedía casi inmediatamente. Yo quería hacerle una pregunta a un sacerdote, y de repente, un sacerdote se acercó a nosotros, sólo para hablar. Loretta dijo que tenía sed, y alguien nos ofreció un trago. Ambos queríamos ver el milagro del sol y de repente, una señora gritó, "¡Mira el sol!" Y yo miraba directamente al sol sin dificultad y lo veía girar como un disco. Una cruz apareció en su centro, como una Hostia, y luego comenzó a arrojar hermosos colores. En un lado de este disco giratorio, la luz formó un corazón rojo, que parecía casi una nube suave, pero con bordes afilados, y en el otro lado, una réplica exacta en azul: símbolos del Sagrado Corazón de Jesús y del Inmaculado Corazón de María.

Pero la mayor de todas estas gracias fue el tiempo que pasamos ese día en Adoración al Santísimo Sacramento. Inclinando mi cabeza, vertí mis calladas preocupaciones a Dios. Oré por mi matrimonio y la conversión de mi esposa, y oré para entender a qué me llamaba el Señor. Cuando levanté la vista, vi que la Hostia cambió al color de la sangre y comenzó a latir como un corazón humano. Cuando salimos de la capilla de Adoración, saqué mi Rosario del bolsillo y noté que todos los eslabones de su cadena de plata se habían convertido en oro.

Cuando llegó el momento de partir, nuestro grupo se quedó una noche en Dubrovnik antes de tomar el último vuelo de regreso a los Estados Unidos. Finalmente, me puse en contacto con Heather, y lo primero que ella me dijo era que me escuchaba diferente. Hablamos un poco, y le hice saber cuándo y dónde me recogería en el aeropuerto. Me entristecí mucho al tener que irme porque en Medjugorje me sentí como en casa. Una gran parte de mí quería quedarse allí el resto de mi vida. Mientras me sentaba en el avión, de nuevo en un asiento con ventanilla, miré al suelo que pasaba a toda velocidad. Esta vez no tenía miedo de volar.

Cuando regresé a casa llegó una segunda prueba. En el undécimo año, mi matrimonio aún se tambaleaba en un terreno inestable. Heather y yo parecía que no éramos capaces de conectarnos, y el divorcio había entrado en nuestras mentes, más de una vez. Empecé a rezar fervientemente a Jesús por nuestra relación, preguntándole qué estaba mal, qué podía hacer para arreglarlo, y Jesús me mostró cómo a través de los años, yo había dado por hecho mi relación con mi esposa muchas veces. Él me mostró el regalo que ella era realmente, y cómo con frecuencia yo no la escuchaba o no veía sus preocupaciones como tales.

Al año siguiente, arrastré a mi esposa y a mi hijo Christian de once años a Medjugorje, porque sabía que llevarlos allí era la única esperanza de salvar mi matrimonio. Casi negándose a ir, ellos se quejaron durante todo el viaje y durante los dos primeros días de nuestra peregrinación. Pero Nuestra Madre María prevaleció. Ella tocó a mi esposa de manera profunda, mostrándole que estaba bien sufrir, ser vulnerable, ser una niña pequeña en el corazón de su Madre. María comenzó a propiciar la conversión de mi esposa de vuelta a Jesús, de vuelta a la Iglesia.

Cuando ella estaba en la Misa croata al aire libre, sentada en un gran trozo de madera en el suelo, todavía reflexionando sobre por qué estaba allí, durante la "Señal de la Paz", una mujer detrás de ella dijo, en croata: "La paz esté contigo". Heather se giró, estrechó la mano de la mujer y se dio la vuelta. Algo en la sincera amabilidad de la mujer hizo que Heather se volviera rápidamente para darle las gracias, pero a esta mujer ya no se la vio en ningún sitio, como si nunca hubiera estado allí. Hasta hoy, Heather cree que esta mujer podría haber sido un ángel con forma humana.

Mientras continuaba la peregrinación continuaba, también lo hicieron las gracias. Yo podía ver al Señor trabajando en mi familia, y la atmósfera de la Misa diaria y la oración comenzaba a contagiar a mi esposa y a mi hijo. Una noche, mientras caminábamos por un campo después de tomar un helado, mi hijo gritó: "¡Mira la luz!" Heather y yo miramos hacia arriba en dirección a donde apuntaba, y efectivamente, había una luz, suave y cálida, de un ligero color naranja. Estaba muy alto en una montaña, no en el Monte de la Cruz ni en la Colina de las Apariciones, sino en un lugar alto entre ambas. Esto es significativo porque no hay forma de subir a esa zona tan escarpada, con rocas y matorrales. La luz entonces comenzó a flotar directo hacia abajo de la montaña, sin tambalearse como lo haría una persona. Dos mujeres que estaban justo detrás de nosotros cayeron de rodillas y comenzaron a orar. Mi familia se quedó asombrada, viendo cómo la luz descendía al fondo y desaparecía lentamente.

Tres días antes de regresar, Heather ya nos había inscrito, sin que yo se lo pidiera, para volver a Medjugorje en la misma época el año siguiente. Mi esposa pasó de decirme que quería el divorcio, y de quejarse de ir a Medjugorje y preguntarse qué hacía allí, a esperar volver lo antes posible. Todo este cambio sucedió en una semana. Es Nuestra Señora, la Reina de la Paz en Medjugorje, a quien mi esposa y yo damos crédito por haber salvado nuestro matrimonio.

Heather finalmente hizo la Confirmación, se convirtió en coordinadora de la Misa y miembro del comité de liturgia, así como miembro del consejo pastoral de nuestra iglesia. Ella se ha ofrecido como voluntaria para coordinar los autobuses de la Marcha por la Vida en San Francisco y ha dado su testimonio en las parroquias del lugar.

Hoy en día, cualquier visión o mensaje que recibo, junto con los del pasado, tengo que someterlo a un determinado sacerdote santo, que es también mi actual párroco y exorcista oficial. No comparto ninguno de ellos a la ligera o sin su aprobación. Oro para que aquello que puedo compartir ayude al Señor a salvar y sanar a su amado pueblo. ¿Se imagina ver a sus hijos corretear alegremente por una calle abarrotada de tráfico, y que le digan que no hay problema, a pesar de todas las advertencias que usted les haga? ¿Se imagina saber perfectamente que es sólo cuestión de tiempo el que usted literalmente tenga que ver cómo son atropellados por un coche y mueren? Así es cómo el Padre contempla este mundo. Dios es tierno y amable, y Él nos ama más allá de lo que podríamos imaginar. Por eso desea darnos un aviso misericordioso, para poder reunir a Sus hijos en Sus brazos amorosos y mantenernos seguros y felices para siempre.

Una de las últimas visiones que recibí es la que considero más importante de todas, porque es una instrucción dada en la propia visión, y la instrucción no era sólo para mí sino para cualquiera que la escuche. Esta experiencia indeleble ocurrió en 2015, en medio de la noche:

Estaba dormido en la cama con mi esposa. De repente, me desperté. Me levanté muy rápido y miré a mi izquierda. En la entrada de nuestro baño, junto a nuestro dormitorio, había un hombre enorme. Estaba rezando de rodillas con la cabeza inclinada y las manos juntas bajo la barbilla. Nuestros techos abovedados tienen unos tres metros de altura. Aun así, la parte trasera de su cabeza rozaba el techo, así que el tamaño de esta criatura cuando estaba de pie habría sido de al menos siete metros de altura. Su vestimenta, blanca hasta los tobillos, también brillaba con oro, y tenía una banda de color oro sólido alrededor de su cintura. Su cabello era de un color entre rubio y marrón claro, y sus pies, también muy grandes, pero en proporción con el resto de su cuerpo, estaban atados con sandalias tejidas en bronce marrón. Yo podía ver claramente un corte o moretón en la parte superior de su mejilla izquierda, y aunque su vestimenta era hermosa, estaba descolorida y sucia por lo que parecían ser heridas debajo de la tela. Se veía extremadamente triste y cansado.

Yo estaba espantado, por decir poco, no sólo por su presencia en mi habitación, sino por su enorme tamaño. Salté de la cama y rápidamente busqué en mi mesita de noche un arma de fuego que guardo en mi habitación para protegerme. Tan pronto como apunté el arma en dirección a este ser, giró la cabeza y me miró, diciendo: "Por favor, no hagas eso". Con estas palabras, una gran calma se apoderó de mí. Bajé el arma a mi lado y me quedé mirándolo. Su cara era amable, al igual que sus ojos, pero aun así parecía tener un peso en el corazón. Entonces dijo: "Dile al pueblo que rece la Coronilla de la Divina Misericordia, todos los días, y que la ofrezca en reparación por los pecados cometidos por los Estados Unidos".

Luego se fue. Mi esposa permaneció dormida durante todo el suceso. En los días siguientes, a través de la contemplación y la oración, se me mostró que este hombre es el ángel guardián de los Estados Unidos, y que está perdiendo la batalla por nuestro país ante Satanás y sus demonios. Nuestras oraciones, específicamente la que él pidió, lo fortalecen no sólo a él, sino a todos los ángeles que luchan con él. Él nos está pidiendo ayuda. Yo he llegado a comprender que damos poder a los ángeles a través de nuestras oraciones, así como damos poder a los demonios con nuestro pecado. Mientras que nuestros pecados e indiferencia abren las puertas a los demonios y sus maldiciones; nuestras oraciones y peticiones abren las puertas a la fuerza y las bendiciones de Dios.

Necesitamos desesperadamente la oración y la penitencia, los sacrificios por amor a Dios que dan paso a cascadas de gracia. Entreguemos todo lo que somos y todo lo que tenemos a Jesús antes de que llegue el Día de la Justicia. Ay de aquellos que darán por hecho este período de misericordia y pospondrán su conversión, pensando que pueden esperar hasta la última hora. Crecer en santidad sólo puede venir por medio de la gracia y la misericordia de Dios. Crecer en santidad requiere tiempo. Y ese tiempo para la gracia y la misericordia es ahora.

Jesús:

Que toda la humanidad conozca la infinita misericordia Mía. Es una señal de los últimos tiempos, después de ella vendrá el día de la justicia. Todavía queda tiempo, que recurran, pues, a la Fuente de Mi Misericordia, que se beneficien de la Sangre y del Agua que brotó para ellos.

~Diario de Santa María Faustina Kowalska, #848

HERMANA NICOLINA KOHLER

Atrapada en Sus ojos

Crecí como una buena chica católica en el pequeño y pintoresco pueblo de Oberschwappach, Alemania. Era juguetona y coqueta, sin mucho interés en la religión, me burlaba de las monjas y sus hábitos, llamándolas obstáculos de tráfico y capillas andantes. Pero Dios tiene un mejor sentido del humor que yo. A los 19 años, entré en el noviciado de las hermanas dominicas de Oakford, una orden de misioneras y de contemplativas activas, para convertirme en monja con hábito completo.

Las monjas asistían al mismo internado católico que yo, y atraían de forma natural a las jóvenes, con una superiora de treinta y dos años y las demás veinteañeras. Aunque yo no era conocida por mi piedad, les caía bien, y ellas a mí también.

Pero lo que más me habló fue su espíritu. Aun siendo abiertas y divertidas, llenas de risa y muy humanas, también mostraban un lado serio y contemplativo cuando se sentaban en la iglesia para orar durante horas, uniéndose a Dios en un silencio pacífico o cantando el oficio divino en tonos angelicales.

A la edad de veintiséis años, investida con mi propio hábito azul y blanco, con un velo blanco y una falda hasta la rodilla, hice mis votos perpetuos para vivir los mandatos del Evangelio como Hermana

Dominica, haciendo un estricto voto de pobreza, mendigando comida dos veces al año.

Tres años después, mi orden me destinó a vivir en California del Norte, mi hogar desde entonces. En ese lapso de tiempo, me pusieron a cargo de las postulantes, luego de las candidatas, y finalmente de las novicias — hermanas en su primer año de formación religiosa. En mi opinión y en la de mi comunidad, yo era una buena monja que amaba a Dios, la oración y la gente.

En 1984, celebré mi vigésimo quinto año de vida religiosa y me concedieron un año sabático. Con el deseo de comprender mejor la conexión entre el Antiguo y el Nuevo Testamento, viajé a Tierra Santa, en concreto a la Universidad Ecce Homo, situada en la Vía Dolorosa de Jerusalén, con vistas al camino que recorrió Jesús hasta su crucifixión. Estaba en tierra sagrada.

Nuestro estudio de las Escrituras y las escenas de la vida de Jesús incluían excursiones a los mismos lugares donde ocurrieron los acontecimientos, todos a poca distancia: la Iglesia del Monte Sion en el mismo Monte Sion; la Iglesia de Todas las Naciones en el Huerto de

Getsemaní; y la Iglesia de la Última Cena, la cual apreciaba mucho porque tengo una gran devoción a la Eucaristía. Allí podía orar mejor.

Pero había un lugar al que no quería ir. Al final de la Vía Dolorosa, a sólo veinte minutos a pie, estaba la Iglesia del Santo Sepulcro, también conocida como la Iglesia del Gólgota. Se dice que es el lugar de la sepultura y resurrección del Señor, sobre el verdadero terreno donde fue crucificado.

Pero no me interesaba el Calvario. Cada año, cuando llegaba Semana Santa, no podía esperar para celebrar la Pascua, mi tiempo preferido del año. El Jueves Santo estaba bien, pero luego venía el Viernes Santo.

¿Por qué no podíamos simplemente saltarnos la tortura? Parecía tan duro y horrible. La agonía, la muerte y el sufrimiento no tenían mucho sentido para mí, y a menudo me preguntaba por qué Jesús tuvo que ser crucificado.

Mi generación, la juventud de la Alemania de la Segunda Guerra Mundial, no entendía por qué había ocurrido el desastre del Holocausto. ¿Por qué la generación anterior a nosotros no defendió a los judíos y a todos los perseguidos cuando ocurrió tal horror? Habíamos perdido la fe en que los adultos tomaran decisiones correctas y creíamos en la abolición de la guerra. Nunca más debería haber sufrimiento ni muerte.

Y, sin embargo, sigue habiendo. Nadie puede escapar de la miseria, la enfermedad y la muerte. Pero después de veinticinco años de ser monja, no quería verlo. Yo quería hacer del mundo un lugar mejor, hacerlo más hermoso y ordenado, sin entender que el mundo también tiene que sufrir, envejecer y morir.

En la Ecce Homo, empecé el semestre junto a cuarenta y dos personas de treinta y dos países diferentes, para entonces ya realizadas en sus diversos ámbitos ministeriales. Una de estas estudiantes llamada Ruth había estado enseñando en un seminario luterano en Sudáfrica. Debido a que mi congregación, las hermanas de Oakford, tenía su sede en Sudáfrica, ella conocía a algunas de las hermanas allí. Este vínculo nos unió inmediatamente y nos hicimos amigas. Teniendo una mente curiosa y un corazón abierto, a ella le gustaba oírme hablar de las creencias católicas. Ruth había centrado su estudio en la Pasión y Muerte de Nuestro Señor Jesús, y su fascinación por el Calvario la había llevado muchas veces a lo largo de la Vía Dolorosa a la Iglesia del Santo Sepulcro.

Transcurrido un semestre del curso académico, Ruth se me acercó y me preguntó: "¿Te gustaría venir conmigo a la Iglesia del Santo Sepulcro? No creo que hayas ido todavía. Podemos ir temprano en la mañana a las 4:30 a.m., cuando abran la iglesia". Ella no fue insistente preguntando, sino más bien cortés y mostraba entusiasmo. Pensó que me encantaría escapar de las multitudes, caminar a solas con ella por calles oscuras y silenciosas, cuando el resto de la ciudad está durmiendo y sólo un sacerdote o un monje deambularían para entrar en el que, quizás, sea el lugar más sagrado del mundo.

Tardé en responder, buscando una excusa. Realmente no quería ir, pero no me había detenido a pensar por qué. Me había dicho a mí misma que quería estudiar el Calvario a fondo, que iría allí con los profesores y la clase cuando me sintiera preparada. Pero, para entonces, los otros estudiantes, los cuarenta y dos, ya habrían ido todos varias veces a la

Iglesia del Santo Sepulcro. Al no escuchar una respuesta, Ruth preguntó: "¿Tienes despertador? Tendríamos que salir de aquí sobre las 3:30 de la mañana. Yo puedo arreglarlo todo, pues necesitaremos un permiso para salir tan temprano".

Me vi en un compromiso, pero no quería quedar mal. Al fin y al cabo, yo era una monja católica, la única en la universidad, y más aún, una que vestía el hábito completo. A regañadientes le dije: "Asegúrate de que cuando te levantes veas luz bajo mi puerta". Para mis adentros, esperaba seguir dormida a esas horas.

A las 3:30 de la madrugada, llamaron a la puerta. Maldita sea. "Hermana Nicolina, ¿estás despierta?"

Entreabrí la puerta y muy seca respondí: "Sí, estoy despierta". "Nos vamos exactamente dentro de diez minutos".

Maldición.

Todavía era de noche cuando salimos y anduvimos a lo largo de la pavimentada y ascendente cuesta de la Vía Dolorosa, por el camino de Nuestro Señor hacia el Calvario. La calzada original se encuentra muy por debajo del suelo, muchos siglos atrás. Con el tiempo, una ciudad erigida sobre otra ha sepultado el inclinado camino de Jesús.

Tras una corta caminata, llegamos a una esquina y Ruth se detuvo. Me pregunté por qué. Mirando hacia arriba, vi la primera Estación del Vía Crucis: un santuario franqueado por una puerta de hierro, que representaba una imagen en relieve de Nuestro Señor condenado a muerte. Ella se arrodilló en el centro de la pequeña calle. Me dio vergüenza ajena. Desconcertada y molesta, me quedé mirando la dura imagen de Jesús siendo condenado a muerte, y observando cómo este misterio envolvía a Ruth.

Yo no me apunté para esto. Ella no me dijo que esto fuera parte del plan. "Así que, si esta es la primera estación", mi mente se apresuró a pensar, "¡espero que no nos detengamos en las otras trece! ¿Cuánto tiempo vamos a estar aquí? Acabemos ya con esta visita a la iglesia. Bueno, espero que terminemos a tiempo para nuestra clase de las nueve". Había sido reacia a venir, y ahora me resistía totalmente. No había una oración en mi corazón; ni una sola.

Entonces fuimos a la segunda estación: Jesús lleva Su Cruz; la tercera estación: Jesús cae la primera vez; la cuarta estación: Jesús se encuentra con Su Madre afligida. En cada parada, me quedaba ahí de pie; nunca me arrodillaba, nunca oraba. Ruth se arrodillaba cada vez y se adentraba profundamente en sí misma, con la cabeza en el suelo o descansando suavemente sobre la imagen de la estación. Yo no hacía más que fruncir el ceño. "Menudo espectáculo. ¿Por qué tenía que hacer eso?" Comenzaba a amanecer y la calle se iba llenando de gente. Nadie más hacía eso; todo el mundo iba a lo suyo. Esto no estaba saliendo como hubiera querido. "¿Por qué no podíamos simplemente caminar hasta el Calvario?"

Llegamos a la sexta estación al principio de una acentuada pendiente. Esta vez, la estación representaba a la Verónica limpiando el rostro del Señor y recibiendo su impronta en la tela. El relieve parecía más nuevo que los otros ya que fue construido más tarde en el lateral de la Capilla de las Hermanitas de los Pobres. El rostro de Jesús destacaba claramente, similar a la imagen de la famosa Sábana Santa de Turín.

Cuando Ruth volvió a caer al suelo boca abajo, esta vez no la miré a ella, sino al rostro de Jesús. De repente, Su imagen en la tela me habló por medio de un recuerdo.

Veinticinco años antes, la noche anterior a mis votos perpetuos la pasé en una casa de retiro. La única hermana que se había preparado para hacer los votos conmigo al día siguiente en una ceremonia, fue presa de una gran oscuridad y dudas. Recordé lo preparada que me sentía para entregar mi vida completamente al Señor, anhelaba dar mi voto de por vida y ser monja para Él. No podía entender su amargura y me preocupaba que a la mañana siguiente saliera huyendo. Me preguntaba: "¿Tendría lugar la profesión de votos sin ella?". Me sentía como una mujer la noche antes del día de su boda, insegura de si ella iba a realizar su profesión.

Me pasé la noche dando vueltas en la cama, por la confusión de la otra hermana que apenas me dejaba dormir en la casa de retiro. Cuando el primer rayo del amanecer llegó a mi cama, abrí los ojos, me senté y vi que sobre mí colgaba una imagen del rostro de Jesús en la Sábana Santa de Turín. No me había dado cuenta de que estaba ahí. Los ojos de Jesús estaban cerrados, tal y como están en el verdadero sudario. Pero mientras contemplaba su rostro, Él literalmente entreabrió Sus ojos. ¡Y me miró fijamente con una profunda y prolongada mirada de amor!

De hecho, vi Sus pupilas enfocando, y Sus penetrantes ojos no sólo miraron los míos, sino que contemplaron mi alma. Su mirada me infundió tal embeleso de paz y amor total que supe que, fuera lo que fuese lo que mi hermana estaba pasando, todo iría bien ese día, y yo entregaría mi vida al Señor.

Mientras estaba junto a Ruth en la calzada de la Vía Dolorosa, absorta por el recuerdo del rostro de Jesús en el sudario, el amor del Señor volvió a mi alma, tan fuerte y real que me encontré de rodillas con la cabeza inclinada, sin saber cómo había sucedido. Las paradas restantes a lo largo del Vía Crucis se convirtieron en un verdadero viaje hasta el Calvario. A partir de ese momento, ya no caminaba con Ruth. Estaba caminando con Jesús.

Ya no me molestaba en absoluto el tiempo que permanecíamos de rodillas. No me importaba para nada lo teatrero que esto pudiera parecer. Había más gente pasando por ahí, algunos incluso nos empujaban. Yo no los veía. Me había convertido en parte de la verdadera Historia.

Ruth siguió guiándonos hacia adelante. En la antigüedad, las colinas se levantaban abruptamente, estando Jerusalén construida sobre una de ellas, y el Calvario emergiendo sobre ella. Las empinadas pendientes en la roca natural de la zona estaban ahora cubiertas por siglos y civilizaciones, pero algunas partes de la roca, sobre la que Jesús fue crucificado, permanecían expuestas dentro de la Iglesia del Santo Sepulcro.

Cuando llegamos a la iglesia, Ruth se dirigió hacia una puerta inferior. Mientras entrábamos, me dijo que aún se puede ver la roca de la colina del Calvario, emergiendo nítidamente en el interior de la iglesia. Esta era la roca en que se había colocado la Cruz de Jesús. Con los siglos se había ido construyendo alrededor de ella, pues nadie se atrevía a quitarla. En una zona próxima a una escalera, íbamos a poder tocar esa misma roca con nuestras manos.

Ahora vulnerable, empecé a percibir de mejor manera a Ruth, y estoy segura de que ella notó el cambio en mí. Mientras subía las escaleras, poniendo su mano en la roca del Calvario, vi una gran devoción en su gesto. Con un hermoso tono de reverencia, susurró, "Esta es la roca", como diciendo, "Ésta, amiga mía, es Tierra Santa".

Ruth siguió caminando delante de mí, compartiendo su conocimiento, mientras yo absorbía cada palabra. Dentro de la Iglesia del Santo Sepulcro, las diferentes confesiones cristianas, con sus capillas separadas, reclaman cada una su puesto mediante sus peculiares formas de arte ornamental. Los estilos chocan y la decoración moderna se yergue junto a la antigua, puesto que la capilla ha sido destruida muchas veces. Yo podía sentir las divisiones de los siglos. Normalmente los Cristianos Protestantes, en Tierra Santa, no suelen adorar ni orar en iglesias Católicas Romanas u Ortodoxas. Pero aquí estaba ella, honrada de estar allí, llena de amor, reverencia, humildad y asombro.

En lo alto de las escaleras, entramos en una zona donde los monjes ortodoxos rusos cantaban sus himnos matutinos de alabanza. En un sombrío silencio, nos quedamos esperando junto al lugar donde la Cruz de Jesús fue puesta en el suelo para clavarle.

Cuando los monjes terminaron su alabanza matutina, llegó nuestro momento de entrar en su capilla ortodoxa rusa situada exactamente encima del lugar de la crucifixión. La mayoría de los peregrinos aún no se habían despertado, y Ruth sabía que una vez que acabaran los cánticos, cierto monje que guardaba el sitio se volvería a dormir sobre las 7 a.m. Esto nos daría un tiempo en el que nadie nos molestaría ni nos apremiaría. Tendríamos este lugar sagrado para nosotras.

"Ese altar ahí delante", susurró Ruth, "se encuentra justo sobre un agujero en la roca donde se insertó la Verdadera Cruz. Fue especialmente erigido sobre la Cruz porque un altar es para el sacrificio, y aquí es donde tuvo lugar El Sacrificio por nosotros y por nuestros pecados tuvo lugar. Pero no puedes llegar a la roca de la Cruz a menos que te arrodilles".

Ella hizo una pausa reverente, y luego volvió a hablar. "Puedes pasar por debajo del altar y tocar la roca, pero todos tienen que ir de rodillas. Cuando llegues al lugar donde Jesús murió por ti, tienes que hacerte muy pequeña".

Luego vi que Ruth se adelantó. Se arrodilló y gateó hasta debajo del altar, donde ya no pude ver lo que hacía. Sólo podía entrar una persona a la vez, y normalmente sólo durante cinco minutos. Después de orar en silencio bajo el altar durante diez minutos, Ruth se acercó y me hizo un gesto para que me arrodillara.

Sin hacerme expectativas, me arrodillé e incliné mi cabeza bajo el altar. De repente, me rodeó una completa oscuridad. Metí mi mano en un agujero negro en la roca. En ese instante, el tiempo se detuvo. No sabría decir si me quedé en mi cuerpo o salí de él.

Vi la Cruz delante de mí, aunque mis ojos estaban cerrados. Y en la Cruz estaba Jesús, clavado vivo, mirándome fijamente. Sus ojos eran dulces y amables. No expresaban ninguna condena, ni deseo de lamentarse o castigar. Estaban tan llenos de amor que, a la luz de su mirada, vi mi indignidad como nunca antes. Sostenida por Su mirada de misericordia pura y comprensión, no pude evitar llorar y llorar por mis pecados, que eran muchos y repugnantes. Me habría disuelto en un torrente de lágrimas, si Él no me hubiera envuelto en la gracia y me hubiera sostenido con Sus ojos.

La experiencia fue tan fuerte, tan abrumante... Yo había estado viviendo una mentira en muchos aspectos, pero no sentía la necesidad de esconderme o bajar la cabeza por vergüenza o remordimiento, como lo haría ante otro ser humano. Jesús me quitó la máscara, mi blindaje, mi maquillaje, para que pudiera ver mi verdadero ser. Desnuda ante Él, no me sentí menospreciada ni tuve que ocultar nada. Su mirada se sentía diferente a todo lo que había conocido antes.

Vi mi soberbia, vi mi vida de traición, cuánto había herido a Jesús y a otros con cada pequeño pecado. Todo se sumó a una actitud, un talante, un estilo de vida. No vi momentos específicos, sino un panorama más amplio, lo que lo hizo más horrible. Él permaneció en la Cruz con un dolor terrible, mientras Su mirada penetrante, omnisciente y amorosa me infundía un conocimiento interior. Supe todo de mí al instante, y todo quedaba dolorosamente patente. Él mostró mi alma tal como Él la veía, poniendo de relieve la fealdad de mis pecados, retirando todas mis excusas, para que Él pudiera llevarme directamente a Su pecho sin mentiras ni barreras, y yo pudiera descansar mi cabeza en Su corazón sin temor ni soberbia.

Jesús no me mostró mis nobles cualidades y talentos. Estos permanecieron en Su mirada, preciosos y buenos, pero no los sacó a relucir. Mis dones, según Él me mostró, no eran para la vanidad ni para lucirlos, sino para el servicio.

Vi cómo trataba de no lucirme por mí misma, pero sí quería ser vista. Mi autoafirmación de repente se mostró ladina y solapada. Yo le había dado todos los nombres posibles mientras encubría mi verdadera motivación. Siempre había creído que no era una persona orgullosa, pero simplemente era orgullosa de manera disimulada. Teniendo una personalidad tan original, podía desenvolverme en casi cualquier ambiente. Si no conseguía ser el centro de atención de la gente, me alejaba y procuraba serlo en otro lugar. Cuando abandonaba un grupo, pensaba dentro de mí: "No me gustan", un juicio nacido del gran "yo", el egoísmo, porque mi vanidad no había sido satisfecha. Si me hubieran preguntado: "¿Eres orgullosa y vanidosa?" yo hubiera dicho con total seguridad: "No".

En mis relaciones, vi cómo me salía con la mía, no siendo avasalladora, sino siendo adorable. La gente me complacía muy fácilmente, especialmente cuando era joven. Era divertida. Era bromista. Tenía una gran sonrisa. Pero todo era falso y no una verdadera virtud. Esto resaltaba muy claramente, y no era bonito.

Al crecer en Alemania, mis hermanos tuvieron que soportar mi egoísmo. Mi hermana mayor siempre tenía que andar recogiendo todo detrás de mí porque yo nunca finalizaba nada que tuviera que ver con trabajo. Yo le dije a Dios lo que le decía a todo el mundo: "No estoy hecha para trabajar. Estoy hecha para divertirme". Mis hermanos incluso me decían: "No eres hermosa como una chica de portada, pero tienes personalidad. Enredas a todos los hombres en torno a tu dedo meñique, y luego te escapas como una mariposa".

A lo que respondería: "Oh, no. Eso no es cierto. Yo nunca querría que nadie girara en torno a mi dedo meñique"; mientras me deleitaba en seguir siendo el centro de atención de los grupos. Un pecado que no veía en mi interior eran los celos. Ese pecado nunca lo entendí. Si alguien más estaba recibiendo toda la atención, no me molestaba en ponerme celosa. "Bueno", pensaba, "no es la única persona en el mundo", y me iba a buscar a otros que me adoraran.

El Señor me mostró mi temperamento. Cuando me enfadaba mucho, en mi mente mandaba a la gente a la luna. "Vaya", pensaba a veces, "ahora hay demasiada gente ahí arriba en la luna. ¡El cielo está lleno! Será mejor acabar con esto. Tal vez algún día alguien me envíe a la luna, ¡y tendré que pasar mi eternidad con *ellos*!"

Al irme descubriendo mi ego, Jesús también me reveló mis disimulados defectos en la vida religiosa. Cuando era una joven monja, creía que podría ser santa rápidamente si seguía todas las reglas y preceptos de la orden. Construí un ídolo con mi práctica religiosa. Pensar que de algún modo era santa al seguir todas las reglas, también redujo mi idea de santidad a "no es gran cosa". En la raíz de mi percepción estaba el orgullo, que se arrastra sigilosamente para destruir todas las buenas acciones.

Me engañé a mí misma pensando que estaba haciendo todo lo correcto, si bien lo cierto era que estaba rompiendo las reglas todo el tiempo. Por ejemplo, las hermanas teníamos que estar de vuelta en el convento a las 10 de la noche con las luces apagadas; pues, a veces yo fingía bajar a la capilla, para ver una película nocturna en la sala comunitaria. Después de

Completas, a las 7:30 de la tarde, se debía guardar en el convento un "profundo silencio" hasta la mañana siguiente. Pero a veces, algunas de nosotras nos sentábamos en el coche a charlar. Yo ponía excusas como, "No estaba en la casa, así que no incumplo la regla". Mi autoengaño me ayudó a pensar en mí misma como si siguiera las reglas perfectamente y de corazón. Nunca era culpable. Yo era una buena monja.

Las hermanas no teníamos reglas estrictas después del Concilio Vaticano II (1962-1965). Sin embargo, Jesús me mostró que el hecho de que rompiera las que aún estaban vigentes, era un pecado. Yo había hecho un voto de obediencia ante Dios. ¡Y punto!

En cuanto a la glotonería, no me di demasiado gusto, pero Jesús me recordó que yo había "picoteado" toda mi vida, lo cual no es una virtud de convento. Según la pobreza de nuestra orden, nunca hay mucha comida extra. Las reglas del convento dicen que no se debe comer fuera de las horas establecidas a menos que estés enfermo. "Esto no es un pecado oculto", les digo medio en broma a las hermanas que están en el convento en California. Como a algunas de las otras monjas, me encanta abrir la nevera por la noche para buscar cualquier cosa que sobre para picar; y tengo mis excusas para hacerlo.

Además de la comida, el Señor me mostró mis muchos otros apegos: a la posición, la planificación, la gente y la atención; y a mis propias maneras, opiniones y deseos. Cuando la gente interfería mis planes, me amargaba porque mi excelente planificación tenía que ser rehecha, y tenía una agenda perfectamente cuadrada sin margen a imprevistos. Mi don de entremezclar mi corazón con mi mente se convirtió en un problema cuando empecé a tomarme las cosas de modo personal. Durante una reunión, podía expresar una opinión tajante. Si alguien con una voz más fuerte decía: "de ninguna manera, Nicolina", me sentía personalmente ofendida porque mi opinión era parte de mi propio corazón.

Respetar y honrar a mis mayores y mis superioras cuando eran mayores que yo, resultaba más fácil que obedecer cuando mis superioras eran cada vez más jóvenes a medida que pasaba el tiempo. A veces las trataba como si fueran mis novicias y entablaba con ellas luchas de poder.

Por gracia de Dios y sin méritos propios, fácilmente eclipsé a las otras hermanas con mis buenas obras, sin pararme a pensar que así no iba bien. Pero el Señor me mostró lo que iba mal: hice de mis habilidades la escala para medir a otras personas, creyendo que, "lo que yo puedo hacer, tú también puedes hacerlo". Mi criterio para juzgar era "yo".

Jesús también reveló mi resentimiento personal al oír a la gente decir cosas falsas sobre mí. Siempre pensaba que tenía que defenderme y contarle a todo el mundo cómo eran realmente las cosas. Sumamente ofendida, hablaba inmediatamente para corregir cualquier lapsus o mala interpretación, pero sin reflexionarlo y sin amor. A Jesús no le gustaba eso, y Él me mostró claramente por qué. Yo debía decir: "Señor, Tú sabes lo que dije, hice o pensé, así que no tengo que justificarme porque Tú eres lo único importante. Tú lo sabes todo". ¿Por qué tendría yo que justificarme ante la gente? Eso no significa que el Señor no quiera que nos defendamos del abuso o de un juicio erróneo que causaría un grave daño. Pero Él sabe la verdad, Él es el juez; nadie más; y normalmente eso basta.

Mientras avanzaban estas introspecciones, una tras otra, Jesús sacó a la luz mi indignación con las personas que decían verdades sobre mí. Las hermanas con frecuencia me comentaban, "Nicolina, estás coqueteando".

Yo decía: "¿Por qué este tipo me está siempre rondando?"

"Porque no ves la forma en que lo miras y coqueteas con él". Yo lo llamaba afabilidad. Yo era perfecta, así que ¿por qué me hacían parecer imperfecta?

También se me mostró cómo tenía que liberarme de mi apego a los amigos. Los amigos podían ser parte de mi vida, pero una vez más, una de mis fortalezas, mi amor y mi cercanía con ellos, era también mi debilidad. La gente entraba fácilmente en mi corazón, y así les permitía alejar a Jesús de mí. Podía fácilmente llenar mis pensamientos y mi tiempo con alguien y luego acordarme de Jesús sólo de vez en cuando. Pero el Señor quería que mi principal objetivo fuese siempre Él. En Él estaba todo lo que yo necesitaba.

Como tenía un problema cardíaco, había aprendido a controlar mis emociones para no forzar mi corazón. Pero bajo el altar del sacrificio en el Calvario, no tenía control emocional. Mi conciencia se apoderó de mi corazón con un tormento inexpresable, y sólo llorando incontrolablemente podía liberarla. Mis lágrimas fluyeron no de la vergüenza, sino de ver los signos de sufrimiento en el cuerpo del Señor y en Su rostro, debido a *mis* pecados. "Todo esto es por ti", me decían Sus ojos. "Hice todo esto por ti". Ese mensaje atravesó mi corazón con una espada ardiente, causando un agudo y penetrante dolor. Quería morirme, pero no lo hice, pues anhelaba ser digna del amor en Sus ojos.

Nunca antes había experimentado la agonía de mis propios pecados porque siempre había tenido una justificación. Jesús me había amado hasta la muerte, y yo no me había esforzado mucho en corresponderle con mi amor. En vez de eso, me evadía de forma escurridiza, lo que significaba que la forma en la que decía y creía que vivía mi vida, no era así. Verse como una santa y no serlo, es lo que más duele.

Sucedieron tantas cosas en ese encuentro místico con Jesús crucificado que perdí la noción del tiempo. Habían pasado al menos dos horas cuando finalmente salí arrastrándome de debajo del altar. Salí con una marca indeleble de indignidad en mi alma, junto con el conocimiento inquebrantable de ser maravillosamente amada y adorada. Sólo Dios sabe cómo se pueden recibir ambas cosas al mismo tiempo.

Me perdí mi clase de las 9, pero no me importó. Ruth ya había vuelto a la escuela. Me había esperado media hora y luego se fue, al darse cuenta de que yo no estaba sólo bajo el altar del sacrificio. Me había ido a otro lugar. Grupos de peregrinos lo llenaron todo con su algarabía, yendo y viniendo, pero no importaba cuán caótica fuera la multitud, la gente caía de rodillas rostro en tierra. La gracia golpeaba inesperadamente, y podía ver los signos de grandes milagros ocurriendo en los corazones. Lo que Ruth me había compartido acerca de tocar la roca de la Verdadera Cruz era desconocido para la mayoría de peregrinos, por lo que no me vieron allí abajo, en la oscuridad, ausente.

Jesús había elegido darme la mayor de las gracias en el Calvario y no en un sitio que me atrajera, como Belén o Nazaret. En ningún lugar me conmovió tanto como en el lugar al que yo era más reacia a ir.

La gente me dice con frecuencia, "Oh, eres una buena monja". Bueno, no lo creas. No podemos guiarnos por lo que dice la gente, bueno o malo. Tenemos que mirar a Jesucristo, y entonces sabremos quiénes somos realmente.

El Señor tocó los lugares más profundos de mi personalidad y me cambió. Pero la revelación no ha terminado. Ese momento fue una gracia, un acontecimiento único y extraordinario. Pero Él sigue abriéndome los ojos a lo largo del viaje, siempre que quiere, para moldearme a Su propia imagen y semejanza, y me veo a mí misma de nuevo bajo otra luz. Son momentos que no podemos fabricarnos por nosotros mismos. Sólo pueden venir a través de la mirada del Señor.

Ahora, cuando mis anhelos y deseos no se cumplen, cuando la vida es dura y dolorosa, puedo mirar a Jesús y darle un sentido y un propósito a todo y no huir. Puedo unir mis pequeñas cruces con las Suyas y sufrirlas con Él, en Él y por Él. Cuando estamos envueltos por la hermosa y penetrante mirada de Jesús, incluso cuando nos enfrentamos a las verdades más duras, o sufrimos los mayores dolores o injusticias, podemos soportar, podemos aguantar. Obtenemos la fuerza.

Muchas veces he reflexionado sobre este viaje con Ruth, porque fue nuestro paseo hasta el Calvario lo que cambió mi corazón. Ya nunca más el Viernes Santo ha sido un día a pasar por alto. Ahora quiero prolongarlo. Quiero entrar más profundamente en el sufrimiento de Jesús y reflexionar largamente sobre Su gran amor. Y todo, por lo que vi en Sus ojos. Esos ojos.

Jesús:

Entonces, Me dirijo a ustedes, almas elegidas, ¿tampoco ustedes entienden el amor de Mi Corazón? Y aquí también se ha desilusionado Mi Corazón: no encuentro el abandono total en Mi amor. Tantas reservas, tanta desconfianza, tanta precaución. Para consolarte te diré que hay almas que viven en el mundo, que Me quieren sinceramente en sus corazones permanezco con delicia, pero son pocas. También en los conventos hay almas que llenan de alegría Mi Corazón. En ellas están grabados Mis rasgos y por eso el Padre Celestial las mira con una complacencia especial. Ellas serán la maravilla de los Ángeles y de los hombres. Su número es muy pequeño, ellas constituyen una defensa ante la Justicia del Padre Celestial e imploran la misericordia por el mundo. El amor y el sacrificio de estas almas sostienen la existencia del mundo. Lo que más dolorosamente hiere Mi Corazón es la infidelidad del alma elegida por mí especialmente; esas infidelidades son como espadas que traspasan Mi Corazón.

~Diario de Santa María Faustina Kowalska, #367

PADRE RICK WENDELL

El hombre que murió antes de vivir

Es un milagro que siga vivo. Crecí siendo un buscador de emociones. Cuando la vida se volvía demasiado rutinaria, ponía a prueba sus límites. Mis amigos y yo teníamos nuestras propias versiones de los deportes extremos. Empezamos haciendo bongee con cuerdas sobre el río, y luego sobre los acantilados. Jugábamos con pistolas de balines y tirábamos petardos, lo que le hizo perder la mano la mano a mi amigo. Acampábanos a temperaturas de 20 grados bajo cero y conducíamos a más de 160. Cuatro de mis amigos del instituto murieron en accidentes de coche a alta velocidad, pero eso no me frenó.

El resultado: tres operaciones en cada una de mis muñecas, cinco cirugías en mi rodilla izquierda, una en la derecha, dos tobillos rotos, un hombro izquierdo dislocado por saltar desde trenes de carga en movimiento y una clavícula rota por hacer acrobacias voladoras con bicicletas—no con una bicicleta de montaña bien equipada, sino con una Schwinn con asiento de banana. Mi madre me decía que ella sólo procuraba mantenerme con vida. Cuando tenía dieciséis años, con mi uniforme de Boy Scout con una insignia de mérito y conduciendo mi Ford Mustang del 69, un oficial de policía me persiguió, saltó de su auto, me apuntó con su arma y gritó: "¡Ponga las manos en el techo, muchacho!". Yo no "sabía" cómo conducir un coche si no era a toda velocidad. Mis padres me habían prohibido terminantemente tener una moto, así que cuando cumplí 18 años me aseguré de tener una. Sólo me llevó unos meses perder el control y sufrir un accidente mortal seguido de ocho horas de cirugía. Después de eso la gente comenzó a decir: "Dios te está salvando por algo especial". "No", pensé. "Sólo tengo suerte". Sacaba buenas notas fácilmente. Mamá me encontró consultando sus libros de medicina a los cinco años. Hacía esculturas, apreciaba las bellas artes, fui protagonista en musicales, y capitán de nuestro equipo de hockey del instituto, con el temperamento adecuado. En cierto sentido era verdaderamente un chico del Renacimiento, pero mi moralidad personal se desparramaba por todo el mapa. Al final de mi último año en el instituto Hill-Murray de Maplewood, Minnesota, fui a cinco Bailes de Gala con cuatro chicas distintas. Después de ir con una de mis novias a nuestros respectivos bailes de graduación nos volvimos a encontrar inesperadamente con diferentes acompañantes en un tercer baile de graduación. Cuando me gradué, 500 personas pagaron para venir a mi fiesta, atiborrada, con una banda en directo, urinales portátiles y 4 barriles de cerveza de 60 litros, para empezar.

Viniendo de una familia católica practicante, se supone que mis dos hermanos y yo dábamos las gracias antes de las comidas, rezábamos antes de acostarnos y asistíamos a los grupos parroquiales. Llegar tarde a Misa no era una opción porque mi madre nos hacía sentar en primera fila. No entraba en mi concepto de algo emocionante. Como en los años 60 los negocios no estaban abiertos los domingos debido a las "Leyes Azules" (para impulsar la observancia del Dia del Señor), nuestra familia tenía una comida formal en casa de la abuela después de Misa cada domingo. El catolicismo era un hecho familiar, pero mi formación en la fe en la escuela secundaria católica de los 70 era peligrosamente tenue y llena de vacíos. "Dios te ama", nos decían. "Ya lo entenderás".

Pasé mi primer año de universidad en casa, haciendo estudios independientes vinculados con la cercana Universidad de Wisconsin porque tenía 20 kilos de yeso en tres miembros rotos. Cuando me recuperé, no pude irme de casa todo lo rápido que quería, así que me escapé a la Universidad de St. John, una universidad católica en Collegeville, Minnesota. No fui testigo de ningún ejemplo de fe entre los monjes del campus, y a los estudiantes no se nos exigía ir a Misa los domingos, así que no íbamos. Mi inmoralidad creció debido a la falta de orientación, y me desilusionaba cada vez más con la idea de la fe. Intelectualmente, no podía demostrar que Dios no existiera; pero Él no era relevante en mi vida, y él o ella, o lo que sea, ciertamente no era lo suficientemente importante para modificar mi comportamiento.

Aunque me habían dicho que Dios era todo amor, nunca lo sentí y ciertamente no lo veía como un padre amoroso, quizás porque nunca experimenté el amor de mi propio padre. La única vez que Papá me dijo que me amaba fue el día de Navidad, después de beber un par de botellas de champán. Aunque yo fuera siempre un buen estudiante, me votaran como artista destacado en la escuela secundaria por mi escultura y mi cerámica, y sobresaliera en los deportes, especialmente en los de contacto, Papá nunca vino a ver ninguno de mis partidos y no pudo encontrar la manera de ofrecerme un abrazo o un cumplido. Más bien me criticaba. Cuando tenía catorce años, mi padre me golpeó por última vez, quizás porque yo me estaba haciendo más grande y fuerte, o quizás porque mi sonrisa de pura rabia lo inmovilizó. Ese día juré en mi corazón que lo mataría si me volvía a tocar (una maldición que me eché a mí mismo y que luego tuvo que ser rota por Jesucristo).

Después de obtener un título de pre-medicina en la Universidad de Wisconsin en River Falls, trabajé por un corto tiempo en la sala de emergencia de un hospital para hacer currículum y para poder asistir a la escuela de medicina (como lo hizo mi mamá). Un sábado, tarde en la noche y después de haber sobrevivido a otro terrible accidente de moto, el médico contratado en la sala de emergencias, a quien yo consideraba muy tranquilo, me sentó y me dijo: "Rick, tú puedes hacer este trabajo. Tienes la habilidad. Pero ser médico no es lo que hago, es lo que soy. Y no estoy seguro de que tú fueras feliz". Lo escuché y en su lugar busqué la nieve más profunda disponible, que encontré en Little Cottonwood Canyon, Utah. Entre ir a las pistas en invierno como esquiador profesional, hacer de socorrista y montar en Harley Davidson en verano, mis días se convirtieron en un estereotipo viviente de sexo, drogas y rock 'n' roll. En mi opinión, sólo se podía ir de una forma por la vida: a toda velocidad, listo para arriesgar mi vida en la próxima emoción. Eran los 80, cuando el consumo de cocaína se había puesto de moda, no penada, en ciertos ambientes. Me presentaba en lugares donde se traficaba droga, sitios donde nadie debería ir, y me encontré con gente que nadie debería ver, pues se podía palpar un evidente espíritu de maldad en ellos. Intentaba hazañas tan peligrosas que, de no haberlas logrado, habría muerto. Yendo con un solo esquí por la cima de un acantilado de 100 metros, me detuve a siete metros de caer en picado y morir. Mi cara era un mapa geográfico de cortes y rasguños, y cada centímetro de mi espalda había sido magullado o lacerado, eran las marcas de un joven que quería demostrar su valía a un padre al que no le importaba. Pero las cicatrices más grandes estaban en mi corazón.

Cuando descubrí que podía ganar más dinero con la construcción que con el socorrismo, dejé las laderas de Utah para formar una pequeña empresa de construcción en Minnesota. A los 27 años tenía 15 hombres trabajando para mí, construyendo casas para la clase alta sobre pedido, en campos de golf. Disfrutando de los ingresos compré la casa de mi familia, una propiedad frente al mar, y la decoré con un gran barco y una hilera de coches y motos. Era joven, estaba en forma, era arrogante, y todo lo que me proponía hacer lo hacía bien. El mundo me llamaba al éxito con mis posesiones, dinero, poder y popularidad, sin mencionar las novias. Con el tiempo me comprometí a casarme con mi chica trofeo, la más bonita y rica de todas. Además de sus buenas cualidades, ella podía beber tanto como yo y le gustaba la misma pizza.

Así que esa fue mi vida antes de que Dios lo cambiara todo.

Un día, cuando tenía treinta años y estaba en perfecto estado de salud, necesité puntos de sutura por un gran clavo que me hizo un corte en la cara en un accidente de construcción. Mi cuerpo entró en shock anafiláctico por una reacción a la anestesia que me pusieron, y morí. Durante dos horas y media estuve ausente, frío al tacto. Mi cuerpo iba a ser enviado a un centro de donación en St. Paul, Minnesota, donde finalmente declararían mi muerte cerebral y extraerían mis órganos. Tengo sangre AB positiva, un tipo que se encuentra en menos del 2 por ciento de la población, así que mis órganos son muy valiosos.

De repente, mi brazo se elevó de la cama del hospital y abrazó a mi madre y a mi prometida que se quedaron atónitas. Poco después me senté y empecé a hablar de forma completamente sana. En las dos horas y media que mi cuerpo estuvo muerto, mi alma estuvo en la presencia misma de Dios y, poco después de eso, se me mostró que si no hubiera vuelto a la vida habría ido al infierno para la eternidad. Toda esta historia se puede encontrar en el libro, *"Hombres junto a María, Cómo ganaron seis hombres la batalla más ardua de sus vidas"*.

No hace falta decir que volví como un hombre cambiado. El Señor me hizo saber, sin rodeos ni divagaciones, que yo no era el señor de mi vida. Lo era Él. La Virgen también se acercó a mí a través de una invitación para que fuera a uno de sus lugares de peregrinación: "Medjahoochee" o "Medgegookie" (ninguno en Norte América sabemos cómo decir Medjugorje, pronunciado me-ju-gó-rya). Leí un libro del P. Joseph Pelletier sobre los primeros cinco días de las apariciones en este pequeño pueblo de Bosnia-Herzegovina, la antigua Yugoslavia, y yo no era nada escéptico: "Si algo tan increíble está pasando en el mundo hoy en día", pensé, "quiero ser como el apóstol Tomás y meter mis dedos en las llagas del Señor". Quería "palpar" la presencia de María. Había oído hablar de Fátima y Lourdes y las apariciones marianas en otros lugares interesantes, pero aquellas sucedieron muy lejos y hace mucho tiempo. Las apariciones de Medjugorje habían comenzado en 1981. "¿Siguen ocurriendo?" Me lo preguntaba. Poco después, viajé con mi madre a este impronunciable lugar del mundo. Fue allí donde Dios me reveló mis pecados.

La primera noche que llegamos estaba sentado en un banco exterior del lado soleado de la iglesia parroquial dedicada a Santiago apóstol, para escuchar los sonidos melodiosos del Rosario que se emitían por el altavoz en croata, seguidos por docenas de idiomas diferentes armonizados a una sola voz: "Santa María, Madre de Dios, ruega por nosotros pecadores, ahora y en la hora de nuestra muerte. Amén". En mitad del Rosario, a las 6:40 de la tarde, las pequeñas campanas de la iglesia tocaron el "Ave María" anunciando la llegada de la Madre de Dios, a quien los lugareños llaman cariñosamente "Gospa". "Así que María se está apareciendo ahora en la tierra a uno de los videntes", pensé para mí. Entonces todo se volvió tranquilo, extremadamente tranquilo, y la atmósfera se calmó.

Gente de todo el mundo, de Asia, África, Europa y América, con sus cámaras, túnicas, mocasines y tenis, comenzaron a mirar hacia arriba y a apuntar hacia el cielo. Me uní a ellos y me quedé paralizado mientras veía el sol brillar y palpitar, y disparar rayos de luz. A intervalos, su centro se volvía opaco con el exterior girando en una dirección, y luego en la otra. Mostraba colores que cambiaban y se arremolinaban. Después de unos minutos, bajé los ojos cayendo en la cuenta de que no debía mirar fijamente el sol porque podía quedarme ciego. Intenté buscar ese punto brillante que queda en la visión, naturalmente por la fatiga óptica. Pero no había tal. Volviéndome hacia la mujer que estaba a mi lado le pregunté: "¿Ves eso?"

"¡Sí, el sol está girando!" exclamó, y luego me di cuenta de que las mujeres describen los colores de forma distinta a los hombres. El púrpura, hasta donde yo sabía, podía ser "púrpura claro" o "púrpura oscura". "¡Es lavanda!" dijo ella. "No, espera, se está volviendo violeta, ahora malva… en realidad, más bien como morado o magenta…" Mientras seguía nombrando todos los colores de una paleta de pintura, pensé en cómo quería compartir esta experiencia con mi madre, pero no sabía dónde estaba, así que empecé a caminar hacia la parte de atrás de la iglesia por un camino de grava para encontrarla. En el momento en que me paré fuera justo enfrente del Sagrario que estaba dentro de la iglesia, fui arrebatado de repente… y me mostraron mi vida.

Vi todos los sucesos pecaminosos de mi vida hasta el momento presente. Fue una iluminación de la conciencia, una experiencia más íntima y vívida que una película, más realista que una imagen en 3D; y tuve la sensación de que Dios estaba allí, en algún lugar detrás de mí, observándolo todo. Me horrorizó ver las consecuencias de mi pecado, mis acciones u omisiones iban más allá de un acontecimiento aislado y tenían un efecto dominó en otros, a través del tiempo y la eternidad. Yo no sabía que los seres humanos estábamos relacionados de esta manera. Llorando incontrolablemente, lo único que me nacía decir una y otra vez era: "Lo siento. Lo siento mucho. No lo sabía". Pero lo que estaba claro era que en cada situación yo tenía una decisión, y escogí mal.

La primera escena que Dios me mostró fue la de un niño de cinco años que robaba un coche Matchbox colgado del estante de una tienda, y sentí cómo esto le rompía el corazón a Dios. Él me amaba más allá de todo lo que se pueda decir y me habría dado cualquier cosa. Simultáneamente, Dios me comunicó las consecuencias de mi elección. A esa tierna edad, sabía que robar el coche estaba mal. Sabía que mis padres o mi abuela lo habrían pagado con gusto. Yo no tenía ninguna razón para robarlo. Dios me reveló todas esas cosas en las que nunca reflexionamos ("es sólo un coche de juguete ¿a quién le puede hacer daño?"). Pero mi pequeña acción dañó relaciones de confianza. El seguro tuvo que pagar. El dueño de la tienda tuvo que pagar. Su confianza y la de los demás en sus semejantes se erosionó aún más, lo que cambió su comportamiento… y así sucesivamente. También hubo pérdidas dentro de mí. Perdí mi inocencia. Una vez que hice esa acción, ya nunca podría restaurarla. Podía confesarla y ser perdonado, podía hacer una restitución, pero aún así perduraría una realidad que seguiría siendo parte de mi experiencia. Y eso nunca podría ser cambiado. Sin embargo, después de robarlo no me arrepentí; por lo tanto, cada robo posterior se hizo mucho más fácil. Entonces vi, con detalles alucinantes, escenas de mi descenso moral a todo lo que el mundo y el diablo me ofrecían. Al principio mi conciencia me mostraba que había un innegable egoísmo ligado a mis transgresiones, porque fui creado y enseñado a saber lo que estaba bien. Pero en la medida en que mis pecados iban empeorando progresivamente mi conciencia se iba apagando cada vez más hasta que, con el tiempo, la voz de la verdad en mi vida fue intencionalmente ignorada o excluida por completo. El materialismo, el poder y los placeres se convirtieron en mis dioses. Vi mi apego al yate de motor de 12 metros, la gran casa en el río, los espléndidos coches, la ropa, el sexo, las drogas. Ni una sola vez pensé en las consecuencias porque las consecuencias no me llegaban a mí. Sin experimentar la negatividad de mis acciones y justificando razonadamente la que venía, hice que mis actividades fueran correctas en mi mente. Abrazando la mentalidad del mundo de hoy, creía: "Si no me atrapan, si no me denuncian, si no me llevan ante las autoridades, entonces está bien lo que hago". Dios me estaba dando un conocimiento inmediato e íntimo de esta necedad humana. Él estaba exponiendo mis preciadas mentiras y las que yo albergaba de la sociedad. Si el aborto era legal, si se prescribía la anticoncepción, ¿no estaba bien? No. Si los legisladores estatales legalizaban la marihuana para todos y la llamaban medicinal, ¿no era siempre así? No, eran unos mentirosos. Lo que importaba era lo que Dios pensaba, lo que Dios decía. Pero yo había preferido ignorar a Dios.

Me creí la terrible mentira de que simplemente porque dos personas "consienten" un acto sexual, entonces está justificado. Con cada encuentro que tenía con una mujer yo era totalmente responsable de mi parte y parcialmente responsable de la suya. Los grados de culpabilidad y las repercusiones de largo alcance eran diferentes para cada acto y cada persona. A veces una mujer quería complacerme porque tenía toda la intención de tener una relación profunda que implicaba el matrimonio, y yo no tenía en absoluto ninguna intención de eso. A veces yo tenía mejores intenciones, pero mi pecado seguía siendo pecado. Yo nunca podría devolver lo que había arrebatado a tantas mujeres, a veces su virginidad, lo que era aplastantemente grave, más que golpearla. Incluso si me hubiera arrastrado tras ella y le hubiera dicho mil veces que lo sentía, sus relaciones con hombres a lo largo de su vida se verían afectadas, por no decir su alma eterna. Cada uno de mis pecados sexuales, como todos los demás, incluían dolor y sufrimiento, pero yo no lo quería ver.

Mi madre quería que me comportara de otra forma con las mujeres, pero yo parecía ser arrogante e indiferente hacia sus sentimientos, los cuales no eran verdad. En la iluminación sentí su dolor dentro de mí. Ella estaba muy decepcionada. Mucho antes de que se mudara a mi casa me visitaba y hacía todo lo posible por ayudarme, pero yo seguía insistiendo en que aceptara mi comportamiento para poder tener una relación conmigo. Iba en contra de su sensibilidad, por lo que ella no podía aceptarlo, pero me quería de todas formas. Mi respuesta fue darle la espalda física y emocionalmente. "No voy a ir a tu casa. No voy a verte". Grité. Esta era la mujer que me trajo al mundo, que me amaba, a quien Dios había elegido como mi madre. Al revivir este momento, sentí el dolor del rechazo que apuñaló el corazón de mi madre.

Incluso las elecciones que no me parecían serias lo eran, y mis buenas intenciones nunca fueron suficientes para compensarlas. Por ejemplo, cuando alguien me pasaba un porro en un concierto de rock, aunque no tuviera intención de drogarme allí yo seguía siendo responsable de mi elección al aceptarlo, aunque fuera de forma desinteresada. Había una escena en particular, que llevaba mi firma, que me resultaba profundamente desagradable. Había vendido drogas a cierto tipo en más de una ocasión, luego me desvinculé y nunca lo volví a ver. Cuando volví a esa zona, estaba sentado en un bar local donde un hombre me dijo que aquel tipo en cuestión se había suicidado. En la iluminación de la conciencia, se me mostró el momento de su muerte. Todavía me resulta muy difícil aceptar y saber que, de forma cierta y real, formé parte de su proceso de toma de decisiones para poner fin a su vida en la Tierra. Al ver las consecuencias de mi pecado, me enteré de que él mantenía unida a su familia. Cuando murió de esa manera, destruyó a cada uno de los miembros de su familia. Su sufrimiento, a su vez, afectó a cada relación que éstos tenían con otros, y así sucesivamente, en una espiral de dolor.

Todos los eventos pecaminosos de mi vida pasaron ante mis ojos y a través de mis emociones, en la eterna presencia de Dios, donde no cabía el engaño, ni se podía reescribir la historia, ni mitigar las circunstancias. Era lo que era. Todas mis historias del pasado estaban siendo borradas, y mi culpa, expuesta. Como la mayoría de los seres humanos, había reescrito los pecados no confesados de mi pasado, creando interpretaciones arbitrarias y tendenciosas en mi mente para restar importancia a cualquier falta personal y disipar la culpa. Había infringido cada uno de los Diez Mandamientos. Un intenso remordimiento inundó mi alma. Me sentí devastado por el gran peso de las verdades sobre mí mismo que no quería ver, no quería sentir, no quería poseer. Había muerto gente por mis acciones. Presencié momentos en mi vida que me hicieron dudar de que fuera yo mismo. Mortificado, sólo quería huir, acurrucarme y morir, pero no podía escapar. Creo que, si hubiera visto el estado de mi alma sin el apoyo misericordioso de Dios, habría experimentado una desesperación tan grande que no podría haber seguido viviendo.

Cuando salí de la iluminación, estaba arrodillado y mirando hacia arriba el milagro del sol, todavía girando y parpadeante de color. Entonces miré hacia abajo y pude ver la parte delantera de mi camisa y los mosaicos debajo de mí bañados con lágrimas. A unos metros de distancia, sentada en un banco, estaba mi madre. Veía por su postura que ella también podía ver este milagro del sol, así que me levanté, me puse detrás de ella, la rodeé con mis brazos y apoyé mi barbilla en su hombro, mejilla con mejilla. Juntos miramos hacia la fuente de energía más poderosa conocida por el hombre, que Dios estaba manipulando a su antojo, pues Él la creó. En presencia de tal milagro, éramos como niños pequeños acurrucados con asombro viendo el poder de Dios.

"¿Cómo puede ser", me preguntaba, "que haya pasado tan poco tiempo?" Entonces me di cuenta de que acababa de experimentar toda mi vida en los mismos escasos minutos en que María, la Madre de Dios, se había aparecido en la Tierra.

Así que ese fue mi primer día en Medjugorje. Al día siguiente, me desperté con el deseo de ir a la Confesión. Poniéndome una chaqueta ligera, caminé por la niebla y las gotas de lluvia debajo de nubes dispersas, hacia la iglesia de Santiago. Sentado en un banco húmedo, pensé para mí mismo: "Me hubiera gustado confesarme con el Padre Mike Canary" — un sacerdote irlandés que había conocido la noche anterior, que era de vocación tardía. Había sentido por su comportamiento que él entendería la gravedad de mis pecados, y me daría una penitencia más dura que simplemente cinco "Ave Marías".

Cuando pensaba estas cosas no tenía la intención de estar orando, pero no había terminado de pensarlo, cuando el Padre Mike apareció en mi campo visual. Durante las tres horas siguientes estuvimos sentados juntos en ese banco, acurrucados bajo su paraguas, mientras le contaba mis pecados. Como el Padre Pío, él podía leer mi alma; conocía los detalles de mis pecados antes de que los dijera. Cuando tenía problemas para expresar mis momentos más vergonzosos y embarazosos, él me ayudaba recordándome los detalles: "…y esto es lo que estabas haciendo… pero eso es lo que estabas pensando…" Cuando finalmente terminé, él me dio mi penitencia: "Ve a la montaña, la Montaña de la Cruz. Te quitas los zapatos, no como penitencia, sino para igualarte a todos los débiles y ancianos, enfermos y discapacitados que vienen aquí. Eres joven y fuerte, sube esa montaña con los pies descalzos, y ora por cada persona a la que has hecho daño". Luego puso sus manos sobre mi cabeza para la absolución, y un calor emanó de ellas y entró en mí. No sabía qué era. Sólo sabía que algo estaba pasando.

Mientras escalaba la montaña, podía recordar el nombre de cada persona a la que había herido. Podía recordar las mentiras, las seducciones, los engaños, los robos.

...Lloré hasta la cima, y como había dejado mis zapatos tenis abajo, lloré aún más hasta el final. Al pie de la montaña, donde había un crucifijo, me postré y le rogué a Jesús por mi vida. Sabía que, aunque llevara una vida perfecta desde ese momento, nunca podría compensar todo el daño que había hecho.

Cuando al fin me levanté, me sentí verdaderamente perdonado. Nunca me había sentido así antes en mi vida. Me puse mis tenis y di gracias a Dios por su gran misericordia. Luego volví a la iglesia, donde me encontré con el Padre Mike otra vez. Él me dijo: "Ven conmigo", y lo seguí a un salón con filas de sillas plegables de metal y gente cantando himnos. Él lo llamaba un ministerio de sanación. Yo no sabía lo qué era eso y no creía que me hiciera falta. Estaba feliz porque me sentía perdonado. Por eso, "¿Qué podría dolerme?" El Padre Mike sacó una estola púrpura, arrugada por estar doblada en su bolsillo, se la puso alrededor de su cuello y caminó hacia el frente del salón. La gente se levantaba de uno en uno y se acerba a él. Cuando me llegó el turno, me paré a un metro del Padre Mike, mi boca se abrió involuntariamente, y escuché mi voz diciendo: "Tengo muchas heridas en mi corazón, y quiero el Espíritu Santo". Me llevé la mano a mi boca, e incrédulo pensé: "Vaya, qué extraño. No pensaba decir nada".

El padre Mike no dijo una palabra. Tomó un pequeño frasco de aceite bendecido, hizo la señal de la cruz en mi frente, puso su mano derecha en mi cabeza y luego en mi corazón. De repente, el Espíritu Santo descendió con gran fuerza y me asusté, no por inseguridad, sino de asombro. El Espíritu se detuvo justo encima de mi corazón. La experiencia no fue meramente psicológica, sino también física, espiritual y emocional, y puso por los suelos a cualquier droga humana o sensación sexual. Lo que experimenté fue el acontecimiento más explosivo de mi vida. Para aquellos que conocen la serie original de Star Trek, lo comparo con meter la cabeza en la "antimateria". El padre Mike dijo: "Que no haya más dudas. Que no haya más miedo", y en ese momento, mi espíritu se expandió, como si tomara la mayor bocanada de aire posible. Cuanto más me abría, más me llenaba, hasta que no hubo distinción entre Dios y yo. Cuando finalmente volví a tomar conciencia de lo que me rodeaba, me encontré tirado en el suelo. El Padre Mike tenía su mano en mi corazón y oraba sobre mí junto con un joven de dieciocho años llamado Bill Curry, que tan sólo seis meses antes era alcohólico; pero Dios lo liberó de su adicción en Medjugorje.

Mis pies estaban totalmente estirados y mi cuerpo completamente rígido, como si hubiera sido sacudido con un millón de voltios. Podrían haberme usado fácilmente como un tablón entre dos de esas sillas plegables. Poco a poco, cuando mi cuerpo empezó a relajarse, un delicioso calor que nunca había conocido entró en mi alma. Había sentido felicidad antes, al ganar competiciones, enamorarme, lograr el éxito y celebrar la Navidad, pero nunca había sabido lo que era realmente la verdadera alegría. Cuando me levanté, inmediatamente abracé al Padre Mike, quien dijo que casi le rompo la espalda, pues lo abracé muy fuerte. Pero no pude evitarlo. Lo amaba. ¡Amaba a todo el mundo! Estaba muy sensible, y no me importaba. La experiencia me llenó tanto del Espíritu de Dios que pude sentir mi corazón latiendo con amor por todas sus criaturas; limpió tanto mi alma que casi podía percibir los malos pensamientos de la gente. Salí al aire libre con una camiseta y una sonrisa, sin necesidad de mi suéter porque despedía un calor intenso.

Así que ese fue sólo mi segundo día en Medjugorje. Al día siguiente fue la Fiesta del Corpus Christi, el Cuerpo de Cristo. Al amanecer, mientras estaba en la cama, experimenté otro evento místico. Esta vez me encontré de pie en un campo de hierba alta, de unos quince a veinte centímetros de alto, con una valla de madera a mi izquierda que bajaba por una pendiente delante de mí. Un viento suave soplaba a través de la hierba, haciendo que la parte inferior de las hojas pareciera plateada con la luz del sol. Entonces vino Jesús. Él subió la pendiente en dirección a mí y se detuvo unos metros delante de mí, a la izquierda. Se Le veía exactamente como yo lo imaginaba. La única imagen que he visto que se parece a Su rostro fue plasmada por una joven artista llamada Akiane Kramarik,[ix] una chica que, desde niña, milagrosamente podía pintar como una artista, sin ningún tipo de enseñanza al respecto. Ella fue supuestamente transportada al Cielo y plasmó en un lienzo lo que presenció. El rostro de Jesús que ella pintó fue el rostro que vi. Se me apareció vistiendo una túnica color crema suave,   moteada de marrón, y por encima, un manto color marrón oscuro con bandas de cuatro o cinco hilos entretejidos en cuadrícula. Podía ver claramente su rostro con barba y sus intensos, pero acogedores ojos.

Entonces, sin hablar, Jesús me comunicó: "Quiero que seas sacerdote".

Yo me quedé completamente sorprendido. "Tienes que estar bromeando. Soy el peor pecador de la historia, ¡y ya hemos pasado por esto!"

"Sí", respondió.

"Pero ya estoy comprometido para casarme. Amo a mi prometida. He puesto nombre a mis hijos. He comprado el vestido. El Country Club alquilado. El impulso básico ya se dio. Y siento decirlo, pero ya me he portado con ella como si fuera mi esposa". Nunca, nunca, nunca, nunca, pensé en ser sacerdote, nunca tuve un momento de fervor como monaguillo, ninguna inclinación, nada, ni una sola vez.

"Sí".

"Vamos. Esto no es para tipos como yo. Es para otros. Tú creas a esos tipos. Tú sabes desde hace tiempo que van a ser sacerdotes. Los pones en una familia maravillosa, están en el altar como monaguillos, y entonces —¡pum! — se convierten en sacerdotes".

"Yo sé lo que hago", dijo, y luego se dio la vuelta y se fue.

Para leer la historia completa de la conversión del P. Rick Wendell, vea *Of Men and Mary: How Six Men Won the Greatest Battle of Their Lives* (www.QueenofPeaceMedia.com/of-men-and-mary).
En español: *Hombres Junto a María: Así vencieron seis hombres la más ardua batalla de sus vidas*
(Vea queenofpeacemedia.com/libreria-catolica)
También vea al P. Wendell dar su testimonio completo en el canal de YouTube de Queen of Peace Media: http://bit.ly/2m3kA7d

Jesús:

Escríbelo para las almas afligidas: Cuando un alma vea y conozca la gravedad de sus pecados, cuando a los ojos de su alma se descubra todo el abismo de la miseria en la que ha caído, no se desespere, sino que se arroje con confianza en brazos de Mi misericordia, como un niño en brazos de su madre amadísima. Estas almas tienen prioridad en Mi Corazón compasivo, ellas tienen preferencia en Mi misericordia. Proclama que ningún alma que ha invocado Mi misericordia ha quedado decepcionada ni ha sentido confusión. Me complazco particularmente en el alma que confía en Mi bondad.

~Diario de Santa María Faustina Kowalska, #1541

DALE RECINELLA

Un poderoso abogado sin defensa[x]

A principios de marzo de 1986, Susan y yo nos reunimos con la Sra. Maxine y el constructor en nuestra nueva propiedad. El trato se cerraría con la aceptación de la casa ya terminada. La habíamos diseñado nosotros mismos, modificando un proyecto básico que él sugirió. Era el momento de poner la primera piedra. Le entregué el cheque de 50.000 dólares requerido por el contrato para que empezara a trabajar. Estábamos de camino a Tallahassee (Florida, EEUU). Íbamos a celebrarlo con una cena más tarde esa noche, después de asistir a la Misa vespertina del sábado por la noche en nuestra nueva parroquia, la Iglesia Católica Romana del Buen Pastor.

Desde el cambio de bufete en Miami en febrero de 1984, mis horas de trabajo se habían disparado. Aquella intensa orientación espiritual que estaba asentando nuestras vidas en 1983 parecía haber decaído a medida que la presión de los niños y la profesión se adueñaban de nuestros horarios y recursos. No fue en absoluto cosa nuestra el haber entrado en la iglesia la misma noche de la firma del contrato para la casa de nuestros sueños, y encontrarnos de frente con la lectura del Evangelio del joven rico en Marcos 10, 17-25:

Cuando salía Jesús al camino, se le acercó uno corriendo, se arrodilló ante él y le preguntó: «Maestro bueno, ¿qué haré para heredar la vida eterna?».

Jesús le contestó: «¿Por qué me llamas bueno? No hay nadie bueno más que Dios. Ya sabes los mandamientos: no matarás, no cometerás adulterio, no robarás, no darás falso testimonio, no estafarás, honra a tu padre y a tu madre».

Él replicó: «Maestro, todo eso lo he cumplido desde mi juventud».

Jesús se quedó mirándolo, lo amó y le dijo: «Una cosa te falta: anda, vende lo que tienes, dáselo a los pobres, así tendrás un tesoro en el cielo, y luego ven y sígueme».

A estas palabras, él frunció el ceño y se marchó triste porque era muy rico.

Jesús, mirando alrededor, dijo a sus discípulos: «¡Qué difícil les será entrar en el reino de Dios a los que tienen riquezas!».

Los discípulos quedaron sorprendidos de estas palabras. Pero Jesús añadió: «Hijos, ¡qué difícil es entrar en el reino de Dios! Más fácil le es a un camello pasar por el ojo de una aguja, que a un rico entrar en el reino de Dios».

Aunque la historia ya había sido leída antes en la iglesia muchas veces, esa noche la escuchamos por primera vez. La cena posterior para celebrar el contrato de nuestra nueva casa no estaba yendo según lo previsto.

"¿Crees que Él quiso decir lo que dijo?"

"¿Quién?" Susan no me seguía el hilo, estaba fuera de contexto. "¿El constructor? ¿Que si el constructor quiso decir lo que dijo?"

"No". Me estaba impacientando indebidamente. "No digo el constructor... Jesús. ¿Crees que Jesús quiso decir lo que dijo?"

"¿Y qué dijo? ¿A qué te refieres?"

"Lo que Él dijo en la lectura del Evangelio de esta noche".

Susan había captado el hilo. Dejó el tenedor y me miró fijamente.

"¿Crees que Jesús quiso decir lo que dijo esta noche en el Evangelio?" Me incliné hacia adelante para hablar más bajo, intuyendo conscientemente que cualquiera en el restaurante que me oyera hacer esa pregunta pensaría que estaba loco.

Susan se encogió de hombros. "¿Alguno se cree que lo dijo en serio? ¿Alguno se lo toma al pie de la letra?"

"Bueno, supongo que los sacerdotes y las monjas sí", yo daba por sentado la conocida premisa por parte de los católicos romanos durante siglos de que el Evangelio sólo se aplicaba de forma literal para los llamados a la así llamada vida religiosa: sacerdotes, frailes y monjas. "Pero el tipo con quien Él hablaba en el Evangelio de esta noche no era un religioso. Era como yo. Era como nosotros".

"¿Y....?" Susan dejó sus palabras y su tenedor suspendidos en el aire.

"Y entonces la pregunta es: ¿Jesús quiso decir lo que dijo?"

"No lo sé". Susan también bajó la voz instintivamente. "Nunca he oído a nadie hablar de ello".

"Yo tampoco".

"Tal vez deberíamos averiguarlo".

Al principio empezamos a leernos el Evangelio el uno al otro por la noche. Estábamos tan sorprendidos por lo desafiante de las palabras reales de Jesús que decidimos ni siquiera tratar de discutir el tema durante al menos seis meses. En su lugar orábamos y estudiábamos sus palabras cada uno por su cuenta, buscando una respuesta.

A finales de septiembre de 1986, semanas después de mudarnos a nuestra nueva y espaciosa casa en Tallahassee, llegó la hora de sentarnos y comparar los apuntes.

"Bueno, no estoy segura de qué hacer con mi respuesta, pero la tengo". Susan se recostó en su silla frente a la chimenea de la alcoba que formaba parte de nuestro dormitorio de más de 100 metros cuadrados.

"Yo también". Mi asentimiento y encogimiento de hombros en un único gesto indicaba que me encontraba en el mismo aprieto. "¿Quién empieza?"

"Empezaré yo". Susan hojeó su Biblia hasta el evangelio de Mateo y encontró el final del Sermón de la Montaña, Mateo 7, 24-27:

«Por tanto, el que escucha estas palabras mías y las pone en práctica se parece a aquel hombre prudente que edificó su casa sobre roca. Cayó la lluvia, se desbordaron los ríos, soplaron los vientos y descargaron contra la casa; pero no se hundió, porque estaba cimentada sobre roca. El que escucha estas palabras mías y no las pone en práctica se parece a aquel hombre necio que edificó su casa sobre arena. Cayó la lluvia, se desbordaron los ríos, soplaron los vientos y rompieron contra la casa, y se derrumbó. Y su ruina fue grande».

"No sé qué piensan los demás". Cerró el libro con el dedo entre las páginas, como un marcador que evitaría que esas palabras no predicadas, no pensadas y no discutidas desaparecieran si ella tuviera que volver a referirse a ellas. "Pero obviamente, Jesús sabe que quiere decir lo que dice".

"Yo también he llegado a lo mismo. Entonces, ¿qué hacemos con esto?" Mi mano derecha se extendió en un gesto que abarcaba simbólicamente nuestra monumental casa, incluidos los 22 altavoces en el techo. "¿Y con esto?" Mi mano izquierda sostenía el libro de la Palabra de Dios.

"Dale, no tengo ni idea".

"Yo tampoco".

El fuego crujió fuertemente en un chorro de chispas cuando el tronco de arriba cayó y rodó hasta el fondo.

"Parece que es mejor que oremos, Dale. Esto no va a ser fácil". Susan nunca había dicho palabras más ciertas. Durante varias semanas, además de la oración, propusimos diversas formas de empezar a estar disponibles para servir al Reino de Dios. Pero seguía imponiéndose siempre el mismo obstáculo: el inquebrantable límite del tiempo. No había tiempo suficiente. Todos nuestros recursos de tiempo estaban comprometidos con las necesidades de ganar dinero y mantener nuestro próspero estilo de vida. Se dice que la bendición de tener recursos limitados hace de los seres humanos criaturas morales. Tener dinero limitado nos obliga a priorizar. Tener energía limitada nos obliga a escoger entre el bien mayor y los bienes inferiores. Y tener tiempo limitado nos obliga a escoger entre las cosas del Padre y las del mundo. Si el dinero, la energía y el tiempo fueran ilimitados, no haría falta escoger.

Cualquiera podría hacer de todo. Pero son limitados, y debemos elegir. Así que nos mantuvimos en oración para que Dios nos guiara.

En noviembre de 1986, me desperté gritando después de un profundo sueño, me encontraba bañado en sudor tras una gran pesadilla. Susan dio un salto de la cama, espantada por mis gritos de terror.

"Dale, ¿qué te pasa? ¿Qué te hizo gritar?"

"Un sueño. Una horrible pesadilla". Las sábanas y la almohada de mi lado de la cama estaban empapadas. Me incorporé apoyándome con los codos y me di la vuelta inclinándome frente a la cabecera metálica. "Fue muy real".

"Háblame de ello". Susan sonaba muy impersonal, con una voz que normalmente me habría irritado, pero no esa noche. Había que compartir ese sueño.

"Me encuentro aquí fuera de nuestro dormitorio, en el lado oeste de la casa, barriendo hojas con los niños. Es una tarde muy agradable. Todos están de buen humor. Yo estoy pensando en lo afortunado que soy. Entonces…" Me detuve, tanteando las palabras.

"Entonces, ¿qué pasó?" Susan hacía ademán de jalar con sus manos como si tratara de extraer las palabras de algún lugar dentro de mí.

"Entonces oigo una voz. Es más que una voz, más que música; "música" no acaba de describirlo. Es el sonido más dulce y hermoso que he escuchado en mi vida. Viene de donde se oculta el sol. Todo en mí sabe que debo seguirla. Así que empiezo a caminar hacia ella. Pero no puedo. No puedo caminar porque algo me retiene".

"Dale, ¿qué te retenía?" Susan hablaba con una amable brusquedad que no era normal en ella.

"No puedo mover mi pierna izquierda. Miro hacia abajo y hay una cadena enorme en ella. Eslabones enormes de acero en esta cadena que va desde mi tobillo hasta la casa. La cadena está incrustada en los ladrillos de la casa, justo en el exterior de la chimenea". Agité mi mano hacia la alcoba que sabíamos que era esencial para nuestra felicidad.

"¿Qué hiciste, Dale?"

"Intento arrancar la cadena. Intento como un loco romper los eslabones de acero, incluso romperme la pierna para sacarla, pero no se mueve. Y entonces…" Me fallaba la voz mientras la desesperación y angustia del sueño se apoderaban de mis sentidos. "Y entonces, la voz empieza a menguarse. No puedo alcanzarla. La voz se va. Estoy lleno de terror porque la voz se va. No se trata sólo de querer quitarme la cadena. Se trata de la voz. Es tan hermosa que no puedo imaginarme no correr hacia ella, no estar con ella.

Trato de arrancar la cadena de la pared. Incluso trato de arrastrar conmigo toda la maldita casa. Pero es inútil. Mientras estoy allí temblando y llorando, la voz se desvanece, el sol se pone y, finalmente, está completamente oscuro. La voz se ha ido. El frío es absoluto. En el sueño, sé que no habrá una segunda oportunidad. La he perdido para siempre. Grito y me despierto".

Susan parecía ajena al sudor y las lágrimas que me brotaban de nuevo al describir mi visita al infierno personal. Me aferraba y oraba en voz baja.

"Cariño", susurró al final tan bajito que apenas pude oírla. "Puede que Dios nos haya dado nuestra respuesta. Tal vez no podamos tener todo esto y a la vez Su Reino. Tal vez tengamos que elegir".

Es difícil describir el torbellino emocional interior provocado al pasar del miedo a que Jesús pudiera haber querido decir lo que dijo en general, al shock de pensar que Él pudiera haberlo querido decir para nosotros en particular.

Un año y medio después, Dios me visitaría de nuevo. Como yanqui fuera de mi tierra, nunca me habían advertido de no comer ostras crudas en aquellos meses que no tuvieran una *R* en su nombre. Sin embargo, en cuanto mordí esa ostra cruda, supe que algo andaba mal. Tenía mal sabor.

"Sr. Recinella… Dale". Él aclaró su garganta. "Se acabó. No pasará de esta noche. No puede vivir más de diez o doce horas más. No llegará a la mañana".

Susan estaba absolutamente rígida, excepto por sus manos que frotaba arropando las mías. Sabía que él iba a decirlo. Nunca pensé que escucharía eso. "Sr. Recinella, tiene que poner sus asuntos en orden". Los niños nos habían visitado por la tarde. La madre de Susan los estaba cuidando en casa. Nuestro párroco vino para la extremaunción. Antes de perder el conocimiento, le di un beso de despedida a Susan. Ella estaba llorando. Ella se quedaba. Ella estaría allí hasta el final. Estaba en lo que llaman "*la guardia de la muerte*, aunque no habíamos oído aún el término.

La fiebre subió tremendamente. No podía mantener los ojos abiertos. Quería hacerlo, pero no podía. Lo último que vi fue a Susan, sentada junto a mi cama, mirándome como si la fuerza de su mirada pudiera retenerme aquí. No podía. La fiebre se había abierto paso. Mis ojos se cerraron. Todo era oscuridad.

De repente, en algún momento de la noche, me encontré de pie en el centro de una habitación. No era mi habitación del hospital. Estaba oscuro, excepto por la iluminación que emanaba de la persona que estaba delante de mí. Lo reconocí inmediatamente. Era Jesús. Se veía exactamente igual a la foto que colgaba en mi habitación cuando era niño. Brillaba con un calor que se resistía a cualquier descripción, era cálido y luminoso, fulgurante, penetrando toda la habitación e incluso mi cuerpo. Me miraba fijamente, pero no sonreía. Estaba profundamente triste. Había lágrimas en Su rostro. Él lloraba suavemente.

"Dale". Extendió Sus brazos hacia mí y agitó suavemente Su cabeza con pena y decepción. "¿Qué has hecho con mis dones?"

El abogado dentro de mí respondió por instinto defensivo: "¿Qué dones?"

Mientras enumeraba mis habilidades, no parecía enfadado o disgustado, sólo triste, muy triste. Yo no sería capaz de librarme de este anzuelo. Él detalló cada aspecto del intelecto, estudios, educación, personalidad y temperamento que eran parte de mi éxito mundano.

Todavía no entendía qué estaba pasando. No parecía un juicio. Pero cada respuesta que me venía a la mente era defensiva. "Yo he trabajado duro. Me he asegurado de que mis hijos vayan a las mejores escuelas". Incluso cuando las palabras salieron de mis labios, sucedía que estaba hablando en clave de clase alta y adinerada.

"Vivimos en un vecindario seguro; mi familia está a salvo". Hubo esa sensación de nuevo. Mientras mi boca aún se movía, en mis pensamientos escuchaba expresarse esa misma clave.

"Nuestro futuro está financieramente asegurado". Ahí estaba otra vez, la voz en mi cabeza, en clave de "Hemos llenado nuestros graneros y estamos construyendo otros más grandes". Solo que esta vez el pensamiento vino con un recuerdo de las palabras de Jesús en Lucas 12, 16-21 sobre los tontos que llenan sus graneros.

"Yo he cuidado de mi familia, como hace todo el mundo". El tono defensivo de mi voz me hizo darme cuenta de que estaba discutiendo con alguien. ¿Con quién? Él no estaba discutiendo. ¿Con quién estaba discutiendo? ¿Conmigo mismo?

Finalmente, dejó caer Sus manos hacia abajo. Su expresión no era de condena. Más bien, era como la mirada de abatimiento de un padre que le ha dicho algo a su hijo adolescente mil veces y está a punto de creer que el niño aún no lo ha escuchado. Él habló con una súplica que rayaba en la indignación.

"Dale, ¿qué pasa con toda Mi gente que está sufriendo?"

En ese momento, fue como si estuviera en una playa y de repente e inesperadamente cayera sobre mí una ola de tres metros de alto. Yo no estaba en una playa, y la ola era completamente transparente, invisible pero tangible. Podía sentir su sustancia, y era ácida-corrosiva en extremo. Sentí que iba a disolver mi propio ser en ella.

De algún modo, intuitivamente, supe al momento que el ácido era la vergüenza, la vergüenza del egoísmo y el narcisismo de mi vida. Mi familia era una excusa para cuidar sólo de mí, mi ego y mi falso sentido de importancia. Yo luchaba contra la sensación de disolución que penetraba cada célula de mi ser, tratando de dar una respuesta coherente.

"¡Por favor!" Reuní todas mis energías para mi última súplica, mientras Jesús seguía ante mí, con lágrimas en los ojos. "Por favor, te lo prometo. Dame otra oportunidad, y lo haré de otra forma".

Así fue. Así fue todo. La ola se había ido. Se había ido. La habitación estaba oscura.

Serían las seis y media cuando abrí los ojos a la mañana siguiente. Susan había estado sentada al lado de mi cama toda la noche, esperando que muriera. Me estremecí ante la realidad de mi última imagen visual antes de la noche, mi último recuerdo de ella en este mundo.

"No estoy muerto, ¿verdad?" Mi voz auto delató su sorpresa al oírse de nuevo. Hubo un largo silencio antes de que ella respondiera.

"Bueno, te ves muy mal". Susan sonrió con toda la ironía de su larga y dura noche. "Obviamente, no estás muerto". Hubo otro largo silencio.

"Uh-oh". Mi suspiro contenía todo el peso de no tener ni idea de lo que le había prometido a Jesús que iba a hacer.

Ya no había fiebre. La bacteria había desaparecido. El doctor dijo que era verdaderamente imposible. Tres años después la bacteria sería identificada como *vibrio vulnificus*, una bacteria carnívora que causa una intoxicación alimentaria mortal e infecciones en las heridas. Es terriblemente mortal con la simple exposición externa. Y yo me la había tragado.

A pesar de ello, mi oración fue escuchada. Me vi a mí mismo, mis elecciones y mi vida como Dios las ve.

Jesús quiso decir lo que dijo.

La historia completa de Dale Recinella se encuentra en su excelente libro, *Now I Walk on Death Row*. Dale y su familia experimentaron un cambio radical de vida después de sus encuentros con la Palabra Viva. Él llevó desde entonces una vida con poco dinero, pocas posesiones y un gran amor a Dios, que lo llevó a atender en la prisión a hombres condenados a morir.

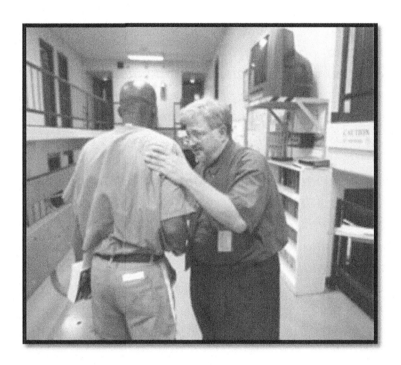

Jesús:

Hija mía, observa fielmente las palabras que te voy a decir: no valores demasiado ninguna cosa exterior, aunque te parezca muy preciosa. Olvídate de ti misma y permanece continuamente Conmigo. Confíame todo y no hagas nada por tu cuenta y tendrás siempre una gran libertad de espíritu; ninguna circunstancia ni acontecimiento llegará a turbártela. No prestes mucha atención a lo que dice la gente, deja que cada uno te juzgue según le guste. No te justifiques, es no te causará daño. Dalo todo a la primera alusión o petición, aunque fueran las cosas más necesarias; no pidas nada sin consultarme. Deja que te quiten incluso lo que te mereces; la estima, el buen nombre; que tu espíritu esté por encima de todo esto. Y así, liberada de todo, descansa junto a Mi Corazón, no permitas que nada turbe tu paz. Discípula, analiza las palabras que te he dicho.

~Diario de Santa María Faustina Kowalska, #1685

CHRISTOPHER WINTERS
La película de Dios de un reportero

Soy un reportero de Cranberry Township, Pennsylvania. Un día, un amigo mío, que había notado que yo disfrutaba relatando historias formativas de la gente en mis producciones, me sugirió que visitara un santuario en el oeste de Maryland, llamado la Gruta Nacional del Santuario de Lourdes. Su propuesta no fue bien recibida. Yo respondí, "¿Por qué necesito esos chismes religiosos en mi vida?", repliqué. Paciente, pero persistente, mi amigo amablemente volvió a invitarme durante meses, para que yo viera este lugar y al Monseñor que lo dirigía. Para apaciguarlo y silenciar sus peticiones de una vez por todas, finalmente cedí. Cuando llegué al santuario, el Monseñor me dijo: "Creo que eres una respuesta a la oración. He estado buscando a alguien para hacer un video sobre este lugar y le había pedido a la Virgen que me enviara a alguien".

La idea me sobrecogió. "Monseñor, no creo que yo sea su hombre".

"¿Por qué no?"

"Porque sé que María es la Madre de Dios, pero ya no sé nada más de ella, y no desearía empobrecer su historia".

Él hizo una pausa, y luego sonrió. "Eres perfecto para esto".

"Realmente no lo creo, Monseñor. Este es un lugar hermoso, pero creo que hay otros más cualificados para hacer esta historia".

"¿Te sientes incómodo estando aquí?", preguntó amablemente.

"No, es sólo que nunca he estado muy próximo a la Iglesia, así que probablemente no estoy en la posición espiritual adecuada para realizar esta producción".

"¿Estás enfadado con la Iglesia?"

"No, no es ira. Probablemente sólo apatía y pereza más que otra cosa".

Él me miró por un momento, y luego respondió, "Es suficiente. Te propongo un trato. ¿Por qué no subes a la gruta y te arrodillas en la pequeña capilla de ahí arriba? Ahí es donde la Madre Seton solía orar. No intentes recordar ninguna oración formal, sólo di lo que esté en tu corazón. Cuando termines, vuelve a mí. Si todavía sientes lo mismo, te daré mi bendición, y podrás seguir tu camino. Sin resentimientos".

Pensando que había logrado librarme, acepté. "Estupendo".

Era el final del verano, a las puertas del otoño, y el aire cálido acompañado de sonidos de insectos y pájaros que terminaban su día. Mientras el sol desaparecía en el horizonte, me dirigí a la gruta. Recuerdo particularmente el fuerte y rítmico zumbido de las langostas, los hermosos terrenos y los fantásticos olores. Todos mis sentidos parecían estar más alerta que de costumbre, y una poderosa, distinta y muy relajante, casi reconfortante sensación de paz, impregnaba la gruta y me impregnaba a mí.

Quedaba poco tiempo, y yo era la única persona dentro del santuario, por lo que pude ver. En mi reposado paseo hacia la capilla, muchos de los símbolos de la Iglesia afloraron en mis recuerdos, aunque llevaba unos diez años o más sin ir a la misa dominical. Como muchos, me había enfocado en construir una familia y una carrera, sin preocuparme por el irrelevante tema de Dios y Su papel en mi vida.

La capilla en sí era muy parecida a una antigua escuela de una sola habitación, pero hecha de piedra y enmarcada por vibrantes vitrales. Los pocos bancos que había daban para unas quince o veinte personas, y detrás del Sagrario central, se alzaba una estatua de la Reina del Cielo sosteniendo al niño Jesús.

Me arrodillé ante el Tabernáculo y reflexioné sobre mi vida y el concepto de Dios. Yo tenía fe en que había "algo" en alguna parte, pero no sabía si era Jesús, Buda, Mahoma o quien fuera. ¿Es que había alguna religión verdadera? ¿Eran todas parcialmente correctas y nadie tenía el monopolio de Dios? ¿Acaso se le llamaba "Dios" o por algún otro nombre?

En ese momento de mi vida, estaba teniendo dificultades con un socio y en mi matrimonio. Empecé a reflexionar sobre mis problemas, incluyendo mi deficiente salud, lamentando la regularidad con la que me encontraba en salas de emergencia, tan seguido como dos o tres veces por semana. Entonces mis ojos enfocaron unas palabras escritas en la placa bajo el crucifijo de la capilla: "Ahora estás frente al Señor Dios de toda la Creación. ¿Qué le dirías?"

Por alguna razón, esa pregunta me derribó. Si realmente hubiera un

Dios, y sólo un Dios, y yo pudiera decir una cosa… sólo una cosa… ¿qué diría? Empecé a hacer una "lista de deseos", casi deseándolas en voz alta, una por una, sobre lo que yo quería de este Dios para mi familia, para mi negocio, para mí mismo. Pero entonces me detuve y dije, "No". Inclinándome hacia el crucifijo, dije: "Si yo pudiera decir una cosa y sólo una cosa al Señor Dios de toda la Creación, cualquiera que sea el nombre por el que se le conozca, simplemente diría, 'Gracias'. Gracias por permitirme existir. Aceptaré lo bueno y lo malo. Gracias por haberme permitido existir".

Una hermosa fragancia llenó rápidamente el aire de la capilla. Me pareció extraño y me propuse acordarme de preguntarle al Monseñor qué flores podrían estar aún en floración a estas alturas del año. Entonces me di cuenta de repente de una presencia delante de mí, como a un metro, y ligeramente a mi diestra, en el lado derecho del Sagrario, aunque no lo veía. Como este "alguien" era pequeño y aparentemente inofensivo, yo no tenía miedo y no me importaba si él o ella deseaba quedarse. El ambiente era bonito, los olores eran estupendos, por lo que permanecí tranquilo y relajado.

Después de un breve tiempo, y todos a la vez, los insectos y pájaros dejaron instantáneamente de hacer ruido, como obedeciendo una orden. Todo estaba en silencio ahora, más un silencio respetuoso que una mudez forzada. entonces surgió otra presencia en la capilla al otro lado del Sagrario. Esta tenía poder y autoridad y era masculina. No me miraba a mí, sino a través de mí. Sin avisar, comenzó a recordar cada decisión que yo había tomado y las revisó todas conmigo. Esto sucedió a una velocidad deslumbrante, pero pude recordar con todo lujo de detalles cada decisión, cada conversación, de hace años, algunas ya olvidadas. Estaba llamando a algo dentro de mí que le respondía. Yo era simplemente un espectador en este viaje, observando impotente las mismas cosas que él estaba viendo, pero a través de sus ojos, no los míos. Pronto me di cuenta de que este era realmente el Señor Dios de Toda la Creación, y que Él iba a "juzgarme" cuando hubiera acabado. También comprendí que Su decisión sería permanente, inapelable, y para siempre.

El proceso fue terrible de soportar —verdaderamente horroroso— y estoy bastante seguro de que esto hubiera matado a muchos, no por ninguna condena, ridículo o acusación por Su parte, sino por el simple hecho de contemplar lo terrorífica que resultaba la verdad.

Estaba reprobando el examen miserablemente. Ante mí pasó un esquema repetitivo de decisiones en la vida, que estaban lejos de lo que debían haber sido para obtener la vida eterna. No iría al Cielo. Dios me iba a echar, y yo estaba de acuerdo con Su valoración.

A través de los ojos del Señor, percibí por primera vez lo mucho que le había ofendido, incluso en lo más insignificante; lo que se presentaba ante mí era a veces muy pequeño. Viéndome como Dios me veía, no me gustó lo que presencié y empecé a llorar con sincera amargura.

"Señor mío, lo siento", sollocé, y lo dije en serio. En ese momento la revisión cesó. Hubo una pausa, mientras Él consideraba mi destino. Mi corazón casi se detuvo. Sabía que su decisión sería para siempre.

Entonces me dijo una frase, y sólo una frase. "Mi querido niño, ya no me acordaré más tus pecados". Y se fue. Sentí cómo eso sucedió. Me encontraba físicamente distinto. Más limpio. Más ligero. Muy, muy diferente.

Por más difícil que haya sido asistir a la revisión de mi vida, puedo decir con honestidad que en todo momento emanaba una tremenda y extraordinaria sensación de paz y tranquilidad proveniente del Señor, la Fuente de amor infinito e incondicional, que desde el origen del tiempo ha esperado poder comunicar Su Corazón a quien desee recibirlo. Es un amor que nunca imaginé que pudiera existir, y una paz que el mundo no puede dar. Todas mis preguntas sobre Él y sobre mi postura respecto a Él desaparecieron. Esa noche dormí como nunca.

Me levanté para salir de la gruta en un estado totalmente diferente a cuando entré. Eufórico y sorprendido, noté que cada uno de mis sentidos parecía más alerta que de costumbre. Al salir, en mitad del santuario, de súbito mi cuerpo ya no podía moverse, como si estuviera congelado. Entonces escuché dos frases, "No tengas miedo" y "Prepara el camino del Señor", mientras una sensación enormemente intensa me invadía, muy parecida a una descarga eléctrica o como ese "toque" se siente cuando te golpeas el codo, pero sin dolor. Esta poderosa corriente comenzó desde la planta de mis pies y fue subiendo, curándome y "recomponiéndome" a su paso.

Simultáneamente, pasó por mi cabeza una avalancha de las Escrituras a la velocidad del rayo, comenzando por el Antiguo Testamento, atravesando el Nuevo Testamento y acabando en el Libro del Apocalipsis. De repente todo tenía sentido. Libre de pecado, pude por primera vez ver con claridad la eterna y hermosa verdad de las Escrituras. El amor envuelto con el poder de la Palabra, fue suficiente para derretirme en lágrimas de alegría.

Los pasajes hacían hincapié en el fuego del Espíritu Santo. Hasta ese momento, creía que el "Espíritu Santo" era sólo una metáfora, como "El espíritu de la ley" — y ciertamente no una persona. Estaba equivocado porque esto era Él. Este era el mismo fuego que destruyó a Sodoma y Gomorra, el fuego de la zarza ardiente que habló a Moisés, el fuego que se posó sobre los apóstoles en Pentecostés. Y ahora estaba sobre mí.

Había en este fuego una personalidad definida, distinta de mí, pero operando en unión conmigo. Me hacía sentir muy seguro, como un manto protector o una armadura, y podía ver y oír sus pensamientos y emociones. Podía obrar con Él, bajo la autoridad de Dios, pero no controlarlo, porque no era mío. Se respiraba una hermosa paz, todo era exquisitamente agradable. Él no tenía miedo a nada. Era la fuerza que gobierna toda la creación.

En el mismo instante en que terminaron las Escrituras, terminó también la sensación de electricidad por mi cuerpo, pero permaneció la presencia del Espíritu Santo. Volvió a hablar: "Irás por todo el mundo contando la historia de la Santísima Virgen". Unos instantes atrás, yo no sabía nada de la historia de la Santísima Virgen. Ahora la conocía.

Después de ese día, fui recibiendo una serie de "lecciones" sobre las Escrituras, durante varios meses. El Espíritu Santo fue enseñándome más sobre lo que Dios decía en las Escrituras, cómo quería que le siguieran, qué nos tenía reservado y lo mucho, mucho que nos ama. Pero también había palabras difíciles, como "castigo" y "purificación". Deben suceder. Y sucederán. Pero al mundo se le ha concedido un tiempo para prepararse y cambiar. Ese tiempo ha llegado. Poco después de mis experiencias en la gruta, todos mis hijos fueron bautizados, y mi familia empezó a ir de nuevo a la iglesia. Empecé a hacer el Rosario, que no había rezado ni una sola vez siendo niño. Su rezo se convirtió en un anhelo ardiente, por razones que desconozco, y cuando lo hacía, con frecuencia sentía mucha paz y recibía muchas intuiciones e inspiraciones.

Fundé una productora de video en los años 80, llamada Faith Films, dedicada a la Santísima Virgen y al Señor Jesucristo. Esa compañía — constituida por mí y por gente que contraté para trabajar conmigo— ha estado en unos veinte países, contando la historia de la Santísima Virgen María. Debemos hacer ahora lo que la Virgen María nos ha pedido en sus muchas apariciones. No podemos ignorarla.

Un sentido nuevo de serenidad y amor ha permanecido conmigo, en mayor y menor medida, desde que salí de la Gruta del Santuario Nacional de Lourdes. Incluso en los momentos más difíciles, las palabras del Espíritu Santo, "No temas", regresan y restauran la paz y seguridad en mi ser.

Todos a la larga se enfrentarán a este "juicio", y algunos lo afrontaremos dos veces —una en la carne y otra al final de nuestra vida. Yo experimenté una versión en miniatura de mi juicio en esta vida, si bien aún tengo tiempo para hacer cambios. Pero cuando afrontemos este juicio separados de la carne, que es a lo que estamos todos destinados, ya no tendremos más oportunidad para convertirnos.

No estoy seguro de por qué Dios me dio este gran regalo de la iluminación de mi conciencia. Pero me enseñó que todos estamos llamados a ser buenos ejemplos en esta vida, y cada día es una oportunidad para cumplir con esa llamada. Aprovecha el tiempo para hacer amigos. Di, "Por favor" y "Gracias". Aprecia las pequeñas cortesías y pasa por alto las ofensas. Da gracias a Dios por haberte permitido existir.

Muchos han llamado a lo que yo experimenté, "El Aviso", según las niñas de las apariciones de Garabandal. Yo no sé si lo llamaría así. Quizás, si uno no está agradecido con el Señor, sería una advertencia. Para mí, fue el mejor regalo de Dios que he recibido en toda mi vida.[xi]

Jesús:

A todos aquellos que proclamen esta gran misericordia mía, Yo mismo los protegeré en la hora de la muerte, como Mi propia gloria, aunque los pecados de las almas sean negros como la noche; cuando un pecador se dirige a Mi misericordia, Me rinde la mayor gloria y es un honor para Mi Pasión. Cuando un alma exalta Mi bondad, entonces Satanás tiembla y huye al fondo mismo del infierno.

~Diario de Santa María Faustina Kowalska, #378

RHONDA L'HEUREUX

Nunca la misma

Una noche, alrededor de las 3 de la madrugada, papá despertó a mi hermano de doce años, a mi hermana de once y a mí de nueve, y nos llevó a la mesa de la cocina. "¿Qué queréis hacer con su vida?" preguntó. Me di cuenta inmediatamente de que estaba borracho. Buscando nerviosamente una respuesta recordé cuanto quería a mis maestros y a los animales, así que dije: "Quiero ser veterinaria o maestra".

Con una mirada furiosa dio un puñetazo en la mesa. "¡Eso no es suficiente! ¡Tienes que hacer algo mejor con tu vida!" Me quedé congelada, aterrorizada. Quería escapar, pero nadie se atrevía a huir de mi padre. Sólo unos años antes yo era la niña de papá. Él era tranquilo y divertido. Yo disfrutaba tanto de su compañía que le acompañaba a pescar en el hielo, y me congelaba. No importaba. Estaba con papá. Me gustaba especialmente orar en la iglesia los domingos con mis zapatos lustrados, junto a mi padre, quien inclinaba su cabeza y cerraba los ojos en sincera comunión con Dios. Mis padres nos enseñaron a dar siempre gracias al Señor, porque en aquella época no teníamos mucho en nuestra modesta casa en el pequeño pueblo canadiense donde vivíamos, pero éramos felices.

Mi mamá era católica porque cuando su mamá (mi abuela, "Nan") se casó con mi abuelo ("Pa"), la mamá de Nan (mi bisabuela) dijo que Nan sólo podía casarse con Pa si ella prometía que sus hijos serían bautizados e irían a la escuela católica. Así que Nan iba con Pa todos los domingos a Misa para estar con su esposo e hijos, y así es como mi mamá creció en la Iglesia. Pero Nan nunca se convirtió en católica: "Soy de la Iglesia Unida de Cristo, y voy a seguir siéndolo". Curiosamente, ella nunca puso un pie en su propia iglesia, y la única religión que practicó fue el catolicismo, pero se mantuvo tozudamente firme.

Por otro lado, la madre de papá era una católica muy devota que quería que su hijo fuera igual. Pero cuando yo tenía cinco años, dejamos de ir a la iglesia. Cada semana, mis hermanos y yo le preguntábamos a mis padres si íbamos a Misa. La respuesta era siempre "No". Al final, dejamos de preguntar. Mi deseo sincero de hacer mi primera Comunión cayó en el olvido. La iglesia fue reemplazada por fiestas que implicaban beber, y beber.

No sabíamos por qué papá empezó a enfadarse tanto. Un día corrió al sótano y pateó hasta destrozar la casa de madera de Barbie que Pa había hecho con amor para mi hermana y para mí. Un sábado por la mañana, papá golpeó a mi hermano de trece años con un cinturón por decirle que una estatua se había roto, aunque mi hermano no la rompió, y luego golpeó a mi madre cuando intentó intervenir. Mi hermano corrió por la calle en calzoncillos y se escapó, mientras que mi hermana y yo nos escondimos con miedo detrás de la puerta del baño.

Mi papá trabajaba como paramédico y mamá como enfermera, y cuando yo tenía once años, todos los días durante un par de meses, me hice cortes en las manos y los antebrazos con unas tijeras de hospital que encontré en sus bolsillos. Ver mi piel sangrar me daba una extraña sensación de alivio en mi angustia. Si mi hermana me hubiera descubierto en el acto y me hubiera amenazado con contárselo a mi madre, yo no sé si habría parado. En ese momento, me dirigí a Dios con la primera oración profundamente personal que le había dicho: "Haz que papá se vaya. Haz que se vaya para que todos estemos a salvo".

A los once años, aprendí en el viñedo que mi padre nunca había sido fiel a mi madre, que era una mujer amorosa con un corazón de oro y una mentalidad negativa. Ella no daba crédito a los que le hablaban de sus amoríos. No nos permitía hablar de los arrebatos de papá con el resto de la familia, especialmente con Nan y Pa, los amorosos cimientos de nuestra familia. Incluso cuando mamá tenía un ojo morado, nos decía que le dijéramos a sus padres que había tenido un altercado con la puerta de un armario.

A mis doce años, papá tuvo una aventura con Wendy, la mejor amiga de mi madre, cuya hija era mi mejor amiga. Peor aún, ellas vivían justo detrás de nuestra nueva casa de cuatro pisos en Medicine Hat, Alberta. Mi oración pronto sería contestada. Una tarde, cuando volví de la escuela, vi que mis hermanos aún no habían llegado a casa y entré en el patio trasero. Mi padre estaba sentado en una silla de jardín. Cerca de él estaban sentados mi mamá y el resto de mi familia, ambas parejas de abuelos. Al percibir una enorme e invisible nube de dolor flotando en la atmósfera, miré a mi alrededor y me di cuenta de que todos estaban llorando. Ver a mi padre disolverse en lágrimas por primera vez abrumó mis emociones. Toda mi ira y decepción desapareció. De repente, volví a ser la niña de papá. Me acerqué a él, me senté en su regazo y empecé a llorar, preguntándome qué estaba pasando. Yo sabía que no podía preguntar.

La madre de mi padre se arrodilló delante de él... de nosotros, con una amarga mirada de angustia. Secando las lágrimas que caían por sus mejillas, dijo: "No eres hijo mío. No sé en qué me equivoqué contigo. Desearía que hubieras muerto al nacer". Que su hijo primogénito hubiera cometido adulterio era más de lo que ella podía soportar. Mi padre no dijo nada. Sólo lloró. Ese fue el final de su relación.

En ese momento, Wendy se inclinó sobre la valla y me llamó: "Oye, Rhonda, no necesitas oír todo esto. Ven aquí para estar conmigo y con mi hija". Papá se acercó a Wendy, le quitó los brazos de la valla y la empujó con rabia. "¡Fuera de aquí!" ladró, "¡Por tu culpa está pasando todo esto!"

"No, deja ir a Rhonda", dijo mi madre entre sollozos. "Ella no necesita escuchar esto". Fui a la puerta de al lado. Sólo quería que todo se detuviera. Ya había oído bastante: se avecinaba una separación. Mi padre se iba.

Después de eso, mi tristeza se convirtió en ira, que se volvió pecado. No es que fuera por ahí buscando pelea, pero si alguien se sentía intimidado intervenía para ayudar al desvalido. Una vez, cuando vi que una chica empezaba a molestar a una amiga mía, la agarré, la empujé boca abajo en un charco de barro en el patio de la escuela y le dije que tenía que beber de él. Cuando tenía trece años, a una chica de un grado inferior al mío no le gustaba una de nuestras profesoras de gimnasia que estaba embarazada, y se enfadó con ella. Alguien me dijo que esta chica amenazaba con golpear a la profesora en el estómago para matar a su bebé. Así que me acerqué a la chica, la arrojé contra la pared, y le dije que no pusiera un dedo sobre la profesora o viviría un infierno. Cuando los profesores descubrieron por qué había ocurrido el enfrentamiento, yo no tuve ninguna repercusión. La profesora de educación física vino a mí con los ojos llorosos y me dio las gracias. Pero el hecho de haberla defendido me pareció normal, cualquiera lo habría hecho.

Por lo general me juntaba con los chicos, y si alguno de ellos mostraba interés por mí más allá de la amistad, le daba un puñetazo. Me inclinaba hacia las personas con pasados difíciles, y juntos formamos un grupo de amigos muy unido. Una de las actividades de nuestro grupo era hacer nuestros propios tatuajes, usando un segurito que pegábamos en el extremo de un bolígrafo de tinta, lo calentábamos, y luego quemábamos nuestra piel. Todavía tengo una "L" y una "F" en el dorso de mi mano, cicatrices que alguna vez dijeron: "LA VIDA APESTA" (LIFE SUCKS). A los 13 años, ya había empezado a fumar, a beber, a faltar a la escuela y no hacía tareas, iba a fiestas con mi hermana y sus amigos, y probaba hongos mágicos —y mintiendo a mi madre todo el tiempo.

El punto decisivo más oscuro de mi vida ocurrió ese año cuando mi hermana de 15 años me invitó a una fiesta improvisada en un sótano. Rodeada por el humo y el olor a alcohol me senté en un sofá, sintiéndome tímida y callada, en aquella habitación pequeña e incompleta. Los cantantes adolescentes que tocaban la batería y la guitarra se creían una pequeña banda. Un chico llamado Rob, cinco años mayor que yo, se sentó a mi lado y empezó a conversar. Pasó una hora fácilmente. Él se deslizó hacia mí. Otra hora pasó. Entonces el tiempo pareció detenerse. Dejé que me besara —la primera vez que me habían besado. Lo dejé porque él sabía cómo hablarle a mi corazón. Era amable, para nada agresivo. Él me hizo sentir algo que yo nunca había sentido antes. Me hizo sentir bien conmigo misma.

Eran las 10 de la noche cuando de repente me di cuenta de dónde estaba. Tenía que volver a casa. Rob se autoinvitó para acompañarnos, saltando en el asiento trasero junto a mí. No me importaba. Mientras la banda Boston sonaba fuerte en el tocacintas, estuvimos besándonos durante todo el viaje a casa.

Esto inició una relación sexual continua durante seis años. Yo tomaba píldoras anticonceptivas y nunca obtuve ninguna satisfacción física de nuestras escapadas, que se hicieron más frecuentes cuando él consiguió su propia casa. Yo deseaba afecto, mientras que Rob quería sexo. La fornicación alimentó los celos extremos de Rob, que yo interpretaba como amor; me amaba tanto que no quería que hablara con otros chicos. Rob terminó engañándome repetidamente. Se parecía mucho a mi padre.

Cuando finalmente rompí con Rob, me embarqué en una larga cadena de relaciones sexuales ocasionales. Después de mi graduación a los diecinueve años, empecé a trabajar como anfitriona en un restaurante, luego a los veintiún años, como camarera en un club nocturno popular, donde me quedaba mucho más allá de la hora de cierre para tomar un par de copas o más. Algunas noches pescaba a algún tipo en el bar y me iba a casa con Eric... James... Sean... los nombres comenzaron a desdibujarse.

Cuando tenía veintidós, un joven llamado Travis al que conocía desde hacía años como amigo, me invitó a casa con él una noche y me mostró algo de respeto, permitiéndome decidir qué quería hacer, algo que yo nunca había experimentado antes. Me sorprendió de inmediato, haciendo que me detuviera y pensara por primera vez. Tener sexo siempre fue incuestionable. Pero luego de dudarlo por unos instantes me encogí de hombros y dije: "Sí, claro". Esa noche, aun tomando la píldora, quedé embarazada.

Travis trabajaba en una plataforma petrolera y se fue a trabajar al norte durante un mes. Yo me estaba quedando en el apartamento de mi hermana, donde ella vivía con su novio, cuando me enteré de los resultados de mi prueba de embarazo. La idea de un aborto pasó por mi mente durante un breve y escalofriante momento, pero pronto la rechacé. Yo siempre había querido tener hijos, e incluso con el miedo que me debilitaba, deseaba ordenar mi vida por el niño que llevaba.

La noticia del embarazo, junto con mi rechazo a la propuesta de matrimonio de Travis, lo llevó al límite y a un camino de bebida y drogas. Él llamaba o venía cuando estaba borracho, pero yo le dije que sólo hablaría con él si estaba sobrio. Luego se fue, no supe para dónde, y no volvimos a hablar durante otros trece años.

El día que yo supe que estaba embarazada, empecé a orar. Con todo mi ser, llamé a Dios: "¡No puedo hacer esto sola, necesito tu ayuda!" Poco después de eso, me di cuenta de que ya no tenía miedo. Aunque carecía de estabilidad económica y de un futuro claro, sentía una abrumadora e infundada seguridad de que todo iría bien.

Durante años no había estado dispuesta a ir a la iglesia, ni estaba dispuesta a cambiar, y ahora de repente, quería una relación íntima con Jesús. Esto sólo puedo atribuirlo a la gracia, ya que no tenía sentido que me abalanzara tan rápida y salvajemente en Sus brazos. Sentía que Él me ablandaba el corazón, me invitaba a acercarme, y empecé a charlar con Él, incluso más que con mis amigos. Le pedía que mi hijo tuviera buena salud, añadiendo: "Y hazlo muy listo para las "mate", porque es mi peor asignatura".

Apenas un mes después del embarazo, empecé a asistir en nuestra parroquia a RCIA, el Catecumenado de Iniciación Cristiana para Adultos. Un poderoso estímulo crecía dentro de mí para saber qué era realmente el Catolicismo, qué significaban los Sacramentos, qué enseñaba la Iglesia y por qué. El ansia y el anhelo de la Sagrada Comunión, que me fue robada de mi infancia, regresó. Sin dudarlo, confié a Dios mi futuro.

A los cinco meses de embarazo conocí a mi futuro marido, Rick, un soldado canadiense alto y guapo, de complexión fuerte y ojos azules preciosos, que me llamó la atención de inmediato. En cinco minutos, pude ver que era respetuoso, educado y divertido. Me invitó a salir, con su enorme barriga y todo. Rick y yo nos mudamos juntos un mes después de que naciera mi hijo, Devon, y no intimamos hasta que Devon cumplió tres meses. Mientras yo aún hablaba con Jesús, silencié mis inclinaciones católicas por miedo a perder a Rick.

En 1995, Rick fue enviado al extranjero durante seis meses a Bosnia durante la guerra. Cuando volvió a casa, no quería hablar de ello, y cuando trataba de obtener información sobre su tiempo allí, hacía silencio. Cinco años más tarde, cuando regresó de nuevo para su segundo viaje de seis meses para ayudar al retiro de las tropas después de la guerra, volvió a casa con un cuadro clarísimo de PTSD (trastorno de estrés postraumático). Rick ya no era el hombre con el que yo me había casado.

Finalmente supe que, en su primer viaje a Bosnia, él había pasado momentos terribles viendo los horrores de la guerra, especialmente fosas comunes con niños huérfanos demacrados deambulando entre ellas, niños sin hogar y sin nadie que los cuidara. Le invadieron sentimientos de extrema impotencia y dolor que se apoderaron de su alma. Él era un hombre que podía arreglar las cosas, que podía proteger a la gente, que podía mejorarlo todo, pero allí tenía que dejar a los niños solos con sus padres muertos, para que murieran de hambre.

Rick cayó precipitadamente en la depresión y en pensamientos de suicidio. Tomaba antidepresivos, que algo le ayudaban, y yo me preocupaba mucho por él. Su hermano y su madre biológica se habían suicidado; la primera esposa de su padre había disparado y matado a su bebé y luego a ella misma; y su padre fue un alcohólico hasta que Rick entró en la adolescencia. Yo temía pensar qué "fantasmas" lo perseguían.

Uno de los pocos consuelos que ofrecía a Rick breves momentos de paz venía de nuestras conversiones de vuelta a la Iglesia. Cuando llegó el momento de ayudar a Devon a prepararse para su Primera Comunión, Rick y yo, junto con Devon, recibimos nuestra Primera Comunión y el Sacramento de la Confirmación. En 2001, seis años después de nuestra relación, nos casamos en el patio de papá y mamá. Luego, dos años después de nuestra boda en el patio trasero, nuestra unión fue bendecida en la Iglesia.

Rick encontró consuelo en la Santa Misa de los domingos, pero durante la semana, la vida le resultaba una amarga lucha. Mientras tanto, yo empecé a asistir a las clases de catecismo para adultos y me sentía atraída por una vida de penitencia, obediencia y servicio. Cada homilía predicada por nuestro párroco, el Padre Ray, parecía hecha a mi medida, ya que el Señor me tocaba a través de sus palabras, me sentía como la única persona en la iglesia. Una vez más, abrí mi corazón a Jesús, y Él me llenó con Su amor. Lo necesitaba para lo que iba a venir.

Una noche en 2008, estaba arrodillada rezando el rosario al lado de mi cama, como lo hacía todas las noches. Devon estaba dormido y Rick seguía trabajando. Empecé a sentirme un poco mareada y triste. Entonces, sin previo aviso, me vi repentinamente sumergida en la dura realidad de mi propia pecaminosidad.

Abrumada por la desgarradora pena y la vergüenza, sentí que era la peor persona del mundo. Pude sentir claramente y en lo más profundo de mi ser todas las formas en que yo había sido horrible, desde que era muy pequeña hasta el momento presente. Mi indignidad y mi nada sin Dios ya no eran conceptos mentales sino realidades intensas. Mi corazón y mi alma estaban siendo aplastados. Atada a una montaña rusa de dolor, experimenté todo el dolor y la decepción que había causado a Nuestro Señor y a otros durante toda mi vida. Y supe que Jesús pagaba los platos rotos.

Esta insoportable agonía duró cuatro horas, y todo lo que mis sentidos podían hacer para sobrellevarla era sollozar constante e incontrolablemente. Yo no veía mis pecados, pero los sentía a través de una revisión interna de mi vida. Todo comenzó cuando empecé a mentir a mis padres cuando tenía sólo tres años, y se hizo más intensa mientras me acercaba a los once años. Más egoísmo… más cosas que hice para mi propia satisfacción y placer sin tener en cuenta las emociones o el bienestar de los demás. Yo infligí mucho daño en la vida de las personas a través de mi actitud, que giraba en torno a mí y lo que yo quería. Inflexible en mis opiniones, yo no cambiaba de opinión, y si la gente pensaba diferente, entonces estaban equivocados. Ahora estaba experimentando cómo se sentían ellos.

Mientras pasaban los minutos, los pecados de mi vida se volvieron más intensos y serios: la bebida, el cigarrillo, el sexo con Rob, las mentiras, las manipulaciones, la creencia durante mis años de escuela de que, debido a mi temible reputación, yo era mi propio dios. La gente entonces tenía que escucharme o vérselas conmigo. Al crear miedo en los corazones de los demás, disfrutaba de una sensación de control sobre ellos, asegurándome de que ellos se sintieran menos poderosos que yo. Me quemó el alma sentir las penurias que le causé a mi mamá al acumular más dolor, pena, estrés y negligencia en su ya magullado corazón. Las noches que yo no volvía a casa, las veces en que no estuve ahí para ella, mi engaño crónico, todo encajaba en un patrón general de egoísmo. Mi madre me había hecho saber sus normas: ella quería que yo llegara a casa antes de la hora establecida; Rob tenía que quedarse abajo si se quedaba a dormir; nada de grandes fiestas en la casa; y nada de sexo antes del matrimonio. Pero al final, ella me dejó tomar mis propias decisiones, y yo traicioné su confianza.

Luego de recorridas tres cuartas partes del camino de esta experiencia, vino lo peor. La profundidad de mi autosatisfacción se intensificó. Había faltado repetidamente al respeto y abusado del cuerpo que Dios me había dado usándolo para mis propios placeres, en lugar de tratarlo como un templo de Dios. Los chicos y hombres con los que había tenido sexo me estaban usando tanto como yo a ellos, pero yo sentí la agonía del Señor más intensamente, por la forma en que yo había dañado sus almas y las había hecho caer. No fueron ellos, sino yo, quien inició el pecado. Yo fui quien lo persiguió durante la mayor parte de mi vida.

Lo máximo que sentí de todo el daño atroz que había causado, fue ver todas las formas en que podría haber ayudado a la gente y no lo hice. A veces, incluso hice que la vida de la gente fuera más difícil, gente cuya situación Dios me llamaba a mejorar. Simplemente no fui lo suficientemente amorosa, lo suficientemente indulgente, lo suficientemente desinteresada. Las almas habían caído en las garras de Satanás debido a mis acciones y mi negligencia.

Me sentí casi paralizada. Inclinada sobre mi cama, me cubrí la cara con mis manos, me faltaba el aliento. Yo literalmente creía que me moría, y mis abrumadores sentimientos de vergüenza me hicieron desear morir. Nunca en mi vida había sentido un tormento tan severo en todo mi ser. Era como ver tu peor pesadilla hecha realidad ante tus ojos, y no hay nada que puedas hacer para detenerla o cambiarla. Fue como ver al precioso niño de alguien ser arrancado de sus brazos, dejando devastación e impotencia a su alrededor, y sabes que es tu culpa; aunque no hay nada que puedas hacer sino sentir la agonía de todos. Aparecía una desgarradora verdad tras otra, como en una película de terror que no paraba, y yo era la villana.

Durante una hora entera creí que estaba a las puertas del infierno. ¿Entraría? Mis manos y mis entrañas temblaban de miedo. Jesús me reveló que, si yo hubiera permanecido en el mismo camino sin encontrarlo a Él, habría terminado en el fuego eterno.

No había ni una gota de bondad en mí. Me sentí muy confundida. No entendía lo que estaba pasando ni por qué, pero sabía que el Señor quería que yo sintiera los efectos de mis ofensas contra Su santa voluntad. Yo había acudido al Sacramento de la Reconciliación regularmente durante un año, y conocía todos mis pecados, pero rápidamente entendí que una cosa es que nos confesemos y otra muy distinta es sentir el dolor del Señor por nuestros errores. Sumida en un profundo remordimiento, todo lo que quería decir era: "Lo siento mucho". No podía disculparme lo suficiente y rogaba al Señor una y otra vez Su misericordia.

A medida que la experiencia avanzaba hacia los últimos años, todavía me sentía destrozada y lloraba copiosamente, pero me abandonó el temor del infierno. Luego, al ser guiada hacia el presente, el dolor disminuyó, y finalmente se fue. Cuando me di cuenta de que había regresado a la normalidad, mi corazón se hinchó con una enorme sensación de alivio. Me sentía como Ebenezer Scrooge después de haber sido llevado contra su voluntad en un viaje revelador por los fantasmas de las Navidades pasadas, presentes y futuras. Cuando regresé, era una persona transformada, eufórica por tener una segunda oportunidad en la vida.

¿Cuánto tiempo había pasado, cinco minutos o diez horas? ¿Había dejado mi cuerpo o me había quedado? Sólo cuando todo terminó recuperé el concepto de tiempo y lugar. Después de cuatro horas arrodillada, mis rodillas no estaban ni doloridas ni rígidas, y durante el resto de la noche el Señor inundó mi cuerpo con calor y paz sobrenaturales, encendiendo mi alma con el fuego del Espíritu Santo.

Antes de la Iluminación, yo amaba a nuestro Señor y buscaba una relación cercana con Él. Después de ella, sentía que Él residía en mi casa y caminaba a mi lado. Yo Le vivía y Le respiraba de una manera que nunca pensé que fuera humanamente posible.

Iba a necesitar al Señor conmigo así. Ese mismo año, nuestra familia sufrió lo peor de la enfermedad mental de Rick. Sus síntomas de PTSD comenzaron a aparecer de forma incontrolable. Se ponía furioso y verbalmente abusivo con Devon, en particular. Si los zapatos de Devon no estaban colocados en el lugar correcto, o su habitación no estaba limpia según sus cánones, le gritaba a Devon hasta hacerlo llorar. Rick intentaba desatar su ira conmigo también, pero yo siempre me defendía y defendía a Devon, que respondía en silencio. A pesar de todo esto y por la gracia de Dios, pude siempre amar a Rick y estar con él. Yo creía con todo mi ser en el Sacramento del Matrimonio, oraba por Rick todos los días, y puse nuestras vidas en las manos de Dios. Me aferré a la esperanza de que cuando Rick se retirara del ejército recibiría la ayuda adecuada con buenos médicos, y yo volvería a tener al hombre del que me enamoré. La razón principal de no contemplar la opción de dejar a mi marido era porque sentía que Jesús me decía que me quedara.

Para que yo tuviera la fuerza de soportarlo, el Señor me dio una gracia insólita. Además de la intimidad divina que recibí despúes de la Iluminación de la Conciencia, el Señor nunca me permitió sentir el verdadero dolor en mi entorno. No sé si vino porque yo iba a Misa diaria, a la Adoración, rezaba el Rosario a diario y la coronilla de la Divina Misericordia, ayudaba con el RCIA y el consejo parroquial, limpiaba la iglesia gratis, o simplemente porque lo necesitaba. Pero desde el momento en que entré en la Iglesia Católica, Jesús me prodigó una abrumadora conciencia de Su amor incondicional y su indescriptible paz... tanta paz. Ni una sola vez me dejó, ni una sola vez fui arrancada de la placidez de Su pecho.

Devon, sobre todo a medida que iba haciéndose mayor, mostraba con su comportamiento que hasta cierto punto él también estaba protegido. Descubrió su voz y comenzó a defenderse cuando Rick era injusto. Aunque a veces sufría de migrañas, tristeza e ira, nunca cayó en depresión. Disfrutaba de su tiempo con los amigos, se convirtió en capitán de su equipo de lacrosse, y tenía notas altas en la escuela. Las matemáticas, como resultó ser, era su mejor asignatura.

Cuando Devon tenía trece años Rick fue asignado a la ciudad de Suffield, a media hora en coche de Medicine Hat. En julio de 2009 toda nuestra familia regresó a la zona donde yo había crecido. Nos mudamos por un tiempo con Nan y Pa, y la alegría y la emoción de estar con la familia atenuaron la depresión de Rick.

Una mañana en casa de Nan y Pa, mi madre, quien también se había quedado a dormir allí, se despertó a las 7 de la mañana y subió a ver a mi abuela que estaba sentada a un lado de su cama, con un aspecto desaliñado y angustiado.

"¿Qué pasa?", preguntó mi madre.

"No lo sé", dijo Nan. "He estado despierta toda la noche. No he dormido. Todo lo que he hecho es llorar. He visto cosas de mi pasado... todo el dolor. No sé qué me pasa".

"Oh, mamá. Tienes que ir a despertar a Rhonda".

Nan estaba tan aturdida que apenas podía moverse, así que mi madre bajó a despertarme: "Creo que Nan acaba de tener lo mismo que tú. Está arriba llorando y ha estado despierta toda la noche. Vio cosas de cuando era niña".

Yo me apresuré y corrí arriba, me senté al lado de la cama de Nan, la abracé y le pregunté: "¿Qué pasó?"

En un torrente de lágrimas, dijo: "No lo sé. No sé lo que está pasando. Vi tantas cosas de toda mi vida durante toda la noche. No sé lo que está pasando".

"Nan, tuviste lo que se llama una iluminación donde Nuestro Señor te muestra todos tus pecados pasados, y ahora tienes la oportunidad de confesarlos y ser perdonada por cualquier forma en que hayas herido a otros, a ti misma y al Señor. Lo que te ha pasado es un milagro". Ella se fue calmando lentamente y empezó a escucharme con mucha atención. "¿Cuándo empezó?" Le pregunté.

"Me fui a la cama. Estaba haciendo mis oraciones nocturnas y dando bendiciones para nuestra familia, cuando empecé a sentirme triste y a ver todas esas imágenes de cuando era pequeña, cosas que hice mal. Y no se detuvo. Lo único que podía hacer era llorar. No podía levantarme de la cama, no podía llamar a nadie. Rhonda, fue horrible. No paraba".

"¿Has estado despierta toda la noche?"

"No he pegado ojo. He estado llorando toda la noche".

Un mes antes de la iluminación de la conciencia de Nan, una monja católica de la parroquia local vino a visitar a mis abuelos y trajo al Padre John con ella. Nan empezó a contarle al Padre John que nunca se había convertido, y él le dijo, "¿Te gustaría recibir la Comunión, Dorothy? Eres más católica que muchos católicos de por ahí. ¿Quieres convertirte? A tu edad, podemos hacerlo rápidamente por ti". Sorprendentemente, mi abuela dijo que le encantaría, y recibió a Nuestro Señor en la Comunión por primera vez a los 83 años. Mi Nan, que medía un metro setenta, era una mujer muy fuerte con un temperamento estoico, pero al recibir la Primera Comunión se deshizo en lágrimas.

Después de la iluminación de Nan todos pudimos ver que ella pensaba mucho. Era más tranquila y amable. No estaba tan agitada y enérgica con el abuelo como lo había estado durante décadas. En sólo un par de meses cayó rápidamente en la demencia. El Señor le había dado el don de iluminar su conciencia mientras aún tenía mente para comprender lo que estaba pasando. Sin haber transcurrido un año, tras sufrir una insuficiencia cardíaca congestiva, yacía en una cama de hospital con morfina, completamente inconsciente. Se estaba yendo.

Después de que Nan recibiera la Unción de los Enfermos, la sostuve en mis brazos y oré para que Jesús la protegiera y la llevara al Cielo. De repente, se despertó, me miró fijamente. Tres segundos después sus ojos miraron hacia arriba enfocando intensamente a alguien o algo justo encima de mí, y luego cerró los ojos y se quedó inerte en mis brazos. La presencia del Señor era palpable. Cuando Él vino a llevársela fue el momento más hermoso de mi vida.

Poco después del funeral de Nan mi pequeña familia se mudó de la casa de Nan y Pa a nuestro propio hogar. Después de un par de meses, Rick se acercó a mí y me dijo: "No me encuentro bien". No comía. No dormía. Estaba más callado y se quedaba en la cama o en el sofá durante horas. Para la Navidad de 2009, lo suyo había ido tan lejos que, aunque ambos teníamos ingresos, él pensaba que pronto estaríamos en la indigencia. Se volvió paranoico y ni siquiera quería que yo gastara dinero en regalos de Navidad. Despacio y apático abrió sus regalos y se quedó mirándolos fijamente.

El 8 de enero de 2010 Rick tomó nuestro colchón de futón y lo apoyó contra la pared. Sacó su identificación militar y su licencia de conducir, y los colocó en el mostrador de la cocina. Abrió la puerta principal y puso una nota al lado del futón que decía, "Llama a mi esposa", con el número de mi trabajo escrito. Luego llamó al 911, les dijo a los de emergencias su plan, les dio nuestra dirección y colgó. No pudieron mantenerlo en línea. Después, se puso de espaldas al futón, tomó una pistola cargada y se disparó en la cabeza.

En ese mismo momento yo estaba en medio de mi laborioso trabajo como empleada en un café. Me detuve, miré a mi gerente y le dije: "Tengo la sensación de que algo va mal".

"¿Por qué?", preguntó.

"No lo sé. Sólo tengo un sentimiento abrumador de que algo va mal".

"¿Por qué no tomas un descanso y te tomas un café?", respondió. Terminé de lavar los platos, tomé un café y me senté. Cinco minutos después un policía entró en la puerta junto con Devon.

"¿Es usted Rhonda L'Heureux?"

"Sí".

"Tiene que venir conmigo".

Miré a Devon y le pregunté: "¿Qué has hecho?" pensando que él había hecho algo malo.

"Mamá", dijo, "Llegué a casa de la escuela y había cuatro coches de policía y dos ambulancias fuera de nuestra casa".

Las lágrimas brotaban de mis ojos y Devon parecía aterrorizado. En nuestros corazones, ambos lo sabíamos. El policía nos llevó a una pequeña sala de juntas de la Academia de Clases a la vuelta de la esquina del café y dijo: "Ambos necesitan tomar asiento. Tengo malas noticias".

"Es Rick, ¿verdad?", dije.

"Sí".

"No lo hizo".

"Lo hizo".

"No".

"Sí".

Rick murió pocos meses después de Nan, y no mucho después de su funeral la extraordinaria gracia que mantenía mi corazón protegido en cada situación se desvaneció. Mientras que antes yo no podía entender por qué no me sentía herida, ahora no podía entender por qué sentía todas las emociones posibles. Ojalá hubiera podido saborear ese don divino para siempre, pero me convertí en un humano ordinario de nuevo como todos los demás.

Hoy sigo en Medicine Hat donde empezaron todas mis tentaciones, y sin embargo mi iluminación de la conciencia me ha sostenido no sólo en la castidad sino lejos de la bebida, el chismorreo, la vanidad, el orgullo, el materialismo, el mundo que me rodea. Sin ella creo que habría caído de muchas maneras. Uno de los más grandes regalos que mi alma esgrime con gallardía es un elevado sentido de obediencia a Nuestro Señor. La experiencia de sentir la agonía que le causaron mis pecados ha permanecido conmigo. El dolor de mi iluminación fue cien, quizás mil veces más insoportable y transformador en mi vida que el suicidio de mi querido esposo.

Ahora, tan pronto como me doy cuenta de que he hecho algo malo o me he negado a hacer un bien, aunque sea algo pequeño, el dolor no sólo duele, sino que es insoportable. Experimento más que remordimientos. Siento el sufrimiento de Jesús. Siento como si yo hubiera tomado un clavo afilado y lo hubiera clavado directamente en su mano.

La iluminación también me ha dado un corazón de amor y perdón para todos y mis ojos se han abierto para ver lo bueno de la gente. Soy muy consciente de los sentimientos de la gente y trato de ser comprensiva con los demás. Juzgar a la gente solía ser un hábito, pero ahora el juicio ha abandonado mi alma. Realmente no lo percibo. Mi corazón también se ha abierto de par en par con gratitud por cada pequeño regalo de bondad: el calor de los rayos del sol, los sonidos del canto de los pájaros, y ya no doy nada por sentado porque todo lo que tengo proviene de la mano del Señor. Me he dado cuenta de que la vida no es tanto lo que pasa en este mundo sino lo que pasa dentro de nuestras almas.

Hoy soy una madre soltera sin sistema de apoyo y sin amigos que compartan mi fervor en la fe, pero aun así tengo una completa confianza en Dios. Hay días difíciles, pero eso ocurre cuando me quedo atrapada en el mundo y no oro tanto como debería. Cuando oro los frutos espirituales se multiplican. Desde que volví al hogar he visto muchas conversiones de familiares y amigos porque el Señor ha trabajado a través de mí, ayudándome a compartir con ellos las palabras precisas. Mi madre ha vuelto a la iglesia y se pregunta por qué se había ido. Cuando le hice esa pregunta se puso a llorar y se disculpó diciendo que se sentía horrible al haber negado a sus hijos una vida en la Iglesia Católica. Pero nunca me dio una respuesta de por qué nos fuimos. Creo que si nos hubiésemos quedado yo habría dado mi vida al Señor, tal vez incluso habría entrado en un convento; tenía un inagotable amor por Nuestro Señor desde que volví a la Iglesia.

Ahora Devon tiene 17 años y nuestra relación es buena. Algunos días compartimos sobre lo mucho que echamos en falta a Rick, no por su locura y abuso verbal, sino al Rick de antes, el que a pesar de su enfermedad nos amaba con todo lo que tenía. Una noche, hace poco, mientras estaba acostado boca arriba en la cama, Devon comenzó a hablar con Rick diciéndole cuánto lo echaba de menos, cuando de repente en su techo apareció una imagen de Nuestra Señora de Guadalupe. Él, sobrecogido por su amorosa presencia, se derrumbó y lloró sintiendo que la Virgen estaba con él y que todo iba a ir bien. "Mamá", me dijo, "se veía exactamente como la imagen de abajo sobre la chimenea". Ese momento lo transformó y después de unos años de alejamiento él también ha vuelto a la Iglesia.

No hace mucho recibí una iluminación de mi alma muy diferente de la iluminación de la conciencia. Sentada en el primer banco de la iglesia, orando cerca del Sagrario, fui inmediatamente consumida en cuerpo y alma por el Corazón resplandeciente del Señor mientras Él me decía, una por una, todas las maneras en que yo le agradaba. Estuve sentada allí durante una hora, y todo lo que pude hacer fue llorar. Pero esta vez, cada lágrima estaba plena de gozo.

St. Faustina Kowalska:

Cuando veo que una dificultad sobrepasa mis fuerzas, no pienso en ella ni la analizo ni la penetro, sino que, como una niña, recurro al Corazón de Jesús y le digo una sola palabra: Tú lo puedes todo. Y me callo, porque sé que Jesús Mismo interviene en el asunto y yo, en vez de atormentarme, dedico ese tiempo a amarlo.

~Diario de Santa María Faustina Kowalska, #1033

CHRISTINA GEORGOTAS

A través de los ojos del alma

En 1981 mi madre dio a luz a mi hermano mayor, que tuvo que ser llevado a un centro de neonatología porque no respiraba. Los médicos no tenían ninguna explicación para su afección y no sabían si viviría. Amenazada por la posibilidad de perder a su primogénito, mi madre cayó de rodillas y oró desde lo más profundo a la Santísima Virgen María. Aunque era muy devota, no tenía una especial devoción a la Virgen, pero sintió que de su alma brotaban profundas súplicas pidiendo la intercesión de María como Madre.

Después de una semana en cuidados intensivos, mi hermano se recuperó tan misteriosa y repentinamente como se había enfermado, sin ninguna explicación aparente. Fue dado de alta del hospital en la Fiesta de la Presentación de la Santísima Virgen María y debido a este milagroso incidente, mi madre nos consagró al nacer al cuidado de Nuestra Señora.

Crecí yendo a la iglesia todos los domingos y amaba a Dios de una forma infantil, pero mientras me iba haciendo mayor me iba alejando de esa conexión. En mis años de adolescencia, nuestras celebraciones greco-ortodoxas de tres horas parecían interminables y a menudo deseaba que hubiera tráfico el domingo en el viaje de Nueva Jersey a Nueva York para faltar a la iglesia todo lo posible.

En el instituto tenía un profesor inteligente y motivador al que admiraba. A menudo nos retaba a cuestionarnos el statu quo: "¿Por qué creemos en las cosas que hacemos? ¿Realmente las creemos, o sólo seguimos lo que otros nos dicen que creamos?" Utilizaba este razonamiento para desafiar nuestros prejuicios y estereotipos, y de una manera más sutil, nos llamaba a cuestionar todas nuestras creencias, incluyendo la religión.

Comencé a interiorizar gran parte de su retórica. Tenía sentido. Yo era cristiana porque fui educada de esa manera. Si hubiera nacido en otra parte del mundo, podría haber sido budista o hindú. Las personas de otras religiones estaban convencidas de que su religión también era la correcta, así que, ¿cómo podían los cristianos afirmar que tenían la verdad y los demás no?

Este maestro citó la famosa frase de Karl Marx: "La religión es el opio del pueblo". Empecé a creérmelo. Quizá la gente sólo necesitaba una manera de afrontar la muerte y se inventó una historia para aliviar su miedo a lo desconocido. Al final del curso, no sólo cuestioné el cristianismo, sino que el concepto de Dios se volvió tan abstracto para mí que parecía inverosímil que pudiera existir realmente.

A pesar de mi incredulidad, no era una joven negativa. En la escuela era divertida y caía bien a la gente. Sobresalía académicamente, así que pude escoger una "Universidad de las 25 mejores" en el "Cinturón Bíblico". No sé muy bien por qué, elegí ir a un programa propedéutico centrado en la fe. En algún lugar de mi interior anhelaba reconectarme con Dios, aunque yo no era consciente. Incluso escogí la asignatura "Introducción al cristianismo" en mi primer curso, además de asistir a unos estudios bíblicos en el campus. Pero con cada intento de redescubrir mi fe me sentía más distante, decepcionada y desanimada. Cuanto más entusiasmada y exagerada se mostraba la gente hacia Jesús, más lo desaprobaba.

Me gradué en la universidad un semestre antes para empezar a trabajar como asistente personal de una pareja de famosos en Nueva York —un trabajo de ensueño. Me convertí en una neurótica adicta al trabajo y en un par de años el trabajo duro, dio sus frutos. Me ascendieron a un puesto de desarrollo a nivel ejecutivo en su productora recién fundada, donde mi trabajo consistía en idear propuestas para nuevos reality shows. El primer programa de televisión que presenté en Los Ángeles lo vendí a una cadena importante y me mudé a un espacioso apartamento en el centro de Manhattan con unos amigos. Desde el punto de vista mundano había llegado a la cima.

El 12 de octubre de 2008, volví a casa el fin de semana para poder viajar a Boston con mi familia y asistir al bautismo de la hija de mi primo. Ese día apenas pensaba en Dios, Jesús, María, o cualquier otro tema religioso. En realidad, estaba pensando en una escena fuera de tono del Saturday Night Live que mis compañeros de trabajo y yo solíamos representar en la oficina. Mi madre me llamó al salón para enseñarme un video de *YouTube* que había encontrado en la web —algo sobre la aparición de

Nuestra Señora a unos niños en Bosnia. No tenía ni idea de lo que me estaba diciendo, nunca antes había oído hablar de apariciones marianas.

Para complacerla, me acerqué a mirar la pantalla. En el vídeo, una mujer rubia estaba en un gran salón rodeada por cientos, tal vez miles de personas, todas rezando el Rosario. Completamente concentrada en la oración, la mujer comenzó a respirar con dificultad y se apretó el corazón. Después miró hacia arriba y la expresión de su rostro no se parecía a nada que yo hubiera visto en mi vida.

A día de hoy todavía no soy capaz de describir ese momento. Cuando el rostro de la mujer se iluminó de asombro y éxtasis, me invadió una clarividencia muy fuerte y repentina. Lo primero que entendí de inmediato fue que Dios existe; lo supe como un hecho innegable. También supe que Jesús era real y que era Dios. Al mismo tiempo, Dios me reveló que lo que estaba sucediendo en el vídeo era real, que esta mujer estaba viendo y conversando con la Santísima Virgen María.

En ese mismo instante, se me concedió la gracia de verme a mí misma en la verdad absoluta —no como yo me creía que era, sino como realmente era. De repente, y hasta el más mínimo detalle, vi todas las formas en las que había ofendido a Dios. Nunca antes había sentido una pena tan profunda y dolorosa. Empecé a llorar. Me sentía horrorizada por todas las formas en que me había burlado y le había negado, por las muchas veces que había herido a otras personas con mis acciones. Incluso cosas de las que nunca me percaté, como las bromas sarcásticas, habían agraviado a Dios porque habían contribuido al sufrimiento de la gente.

Excepto por mi llanto, mi madre no sabía lo que me estaba pasando. Yo no dejaba de repetir: "Esto es real, esto es real", lo que me sorprendió mucho. Hasta ese momento siempre me había visto como una buena persona. Ahora me daba cuenta, con dolor, de que no era tan íntegra como me veía a mí misma. Era muy diferente ante los ojos de Dios que a los míos. ¿Cómo pude haberme comportado así? Me sentí tan angustiada que no pude dejar de llorar y continué llorando durante muchas semanas.

Esta experiencia fue como una mini-muerte para mí, una muestra de lo que afrontaría al final de mi vida si continuaba ofendiendo a Dios con tantos pensamientos y acciones. En ese momento no sabía lo que me había pasado. No fue hasta años después cuando escuché el término "Iluminación de la Conciencia". Creo que esto es lo que experimenté ese día, provocado por el vídeo de la que pronto supe que era la vidente Mirjana Soldo viendo una aparición de la Virgen en el lugar sagrado de Medjugorje, Bosnia-Herzegovina. Muy acertadamente, una de las misiones de Mirjana que le fue encomendada por la Santísima Madre, era orar por la conversión de los no creyentes. Vi el vídeo unas cuantas veces más y seguí llorando y procesando lo que se me había mostrado. Todo el alarde cristiano del que me había burlado era ahora muy real para mí. Acudí a mi madre y le dije: "Quiero ir allí, a Medjugorje". Como tenía veintitrés años y esto implicaba un viaje por el mundo, mi madre me contestó su clásico, "¡Ya veremos! Tal vez un día" en un tono que significaba, "No hay forma de que te permita ir a Bosnia por tu cuenta".

Esa noche mi madre me dio un libro para leer sobre Medjugorje que tenía desde hace muchos años. Yo nunca lo había visto antes: Queen of the Cosmos ("Reina del Universo"), un breve libro de entrevistas con los seis videntes de Medjugorje. Me había pasado toda mi vida estudiantil escaneando Notas de estudio resumidas y no era una gran lectora, pero devoré ese libro de principio a fin, y de alguna manera supe que todo lo que los videntes decían era cierto. Al día siguiente, mientras viajaba a Boston con mi familia, mi mente no paraba con toda esta nueva información.

Cuando entré en la iglesia de Boston, un hermoso aroma de rosas flotaba a mi alrededor. Pero no había rosas en la iglesia. No sabía que María a veces hace notar su presencia a través del olor a rosas. Todo a mi alrededor se veía diferente al mundo que había conocido. De repente, los iconos de los santos que adornaban la iglesia representaban gente real, no caricaturas ficticias. Ya no quería escabullirme. Quería presenciar cada minuto de la celebración.

Mientras estábamos sentados en uno de los bancos delanteros, mi primo se acercó a mí justo cuando el bautismo estaba a punto de comenzar, y me dijo: "No sé por qué, pero siento un fuerte impulso de pedirte que seas la madrina de Nina". En vez de pedírmelo la noche anterior, se trataba de una petición de ultimísima hora extremadamente significativa. Yo percibí cómo María me tendía la mano directamente, y mientras mi ahijada recibía el bautismo en el nombre del Padre, del Hijo y del Espíritu Santo, sentí como si yo estuviera renovando el mío.

Los siguientes dos meses, sin embargo, fueron muy difíciles. Era una persona totalmente diferente por dentro, mientras que todos y todo en mi entorno era exactamente igual que antes. No quería contarles a mis amigos lo que me había sucedido y no estaba segura de lo que diría si ellos me preguntaran. Seguramente pensarían que había perdido la cabeza. Durante muchas semanas, me refugiaba en mi habitación para estar sola, para llorar y orar.

Una vez de vuelta en Nueva York, fui muy consciente de la presencia del mal. Tan pronto como comprendí que Dios existía, me di cuenta de que Satanás también existía. Entonces empecé a ver su rastro a mi alrededor. Parecía como si todo en la ciudad de Nueva York hubiera sido creado como una distracción para evitar que viéramos a Dios. La gente era bombardeada con un millón de mensajes diferentes, anuncios, trivialidades, iconos de la cultura pop, películas, bares, clubes de striptease, imágenes satánicas, obsesiones, miedos, lujurias, trabajos, dinero... Satanás trataba de atraer y distraer a la humanidad de muchas maneras, y la gente no se percataba de sus tácticas; eran esclavos de este falso mundo que los rodeaba.

Tengo la clara sensación de que este mundo que hemos creado a nuestro alrededor no es real. Me sentaba en el metro y escuchaba tantas conversaciones sin sentido, tanta palabrería sobre cosas triviales y sin importancia, tantos chismes, tanta negatividad. Yo también era culpable de todas esas cosas, pero ahora sentía remordimiento por ello. También sentía mucha lástima por estas personas. Caminaba por Manhattan abrumada por las lágrimas.

Cada semana, mis amigos y yo veíamos un programa de vampiros llamado "True Blood" en HBO. Antes, nunca le había dado ninguna importancia, pero ahora me sentía tan molesta que tenía que apartar la vista y mirar al suelo para evitar las imágenes de la pantalla. Ya sólo con los créditos iniciales, había muchos ataques descarados y subliminales a la religión, mucha oscuridad. Era satánico. No me podía creer que nunca me hubiera dado cuenta. Los ataques directos al cristianismo en los anuncios y en la televisión convencional eran continuos. Yo llamaba a mi madre, abrumada: "¿Qué se supone que debo hacer con toda esta información?"

Me sentí atraída por la Biblia y comencé a leerla con interés por primera vez, empezando por el Nuevo Testamento. Estaba fascinada por la Madre Teresa, ahora Santa Madre Teresa de Calcuta, y sus escritos. Devoré todo lo que pude encontrar sobre Medjugorje. Impulsada por un fuerte deseo dentro de mí de hacer obras de caridad, me inscribí en una organización llamada NY Cares, que me permitía ser voluntaria en comedores de beneficencia con ancianos y personas sin techo, casi cualquier día de la semana. Algunos días me levantaba a las cinco de la mañana para ser voluntaria antes del trabajo.

Ya no quería volver a hablar mal de nadie nunca más. No quería ser parte del mundo superficial de la producción televisiva. No quería salir a cenar con mis amigos y tener conversaciones sin sentido. Deseaba estar totalmente enfocada en Dios cada minuto del día, y me encontré pensando en Él y en Nuestra Señora de la mañana a la noche.

Después de algunos meses, empecé a enfrentar diferentes pruebas. Me asaltaban fuertes tentaciones y sentía que Satanás luchaba por mi alma. Él me hizo saber que no estaba nada contento de que yo conociera y amara a Dios, y quería recuperarme. Durante el siguiente año y medio, nunca dejé de creer en Dios, pero experimenté muchas tentaciones para alejarme de Él.

El 24 de junio, aniversario del primer día en que la Virgen se apareció en Medjugorje, me desperté con el timbre de mi teléfono. Respondí medio dormida, "¿Hola?" Mi amado padre había muerto. Rápidamente y sin previo aviso, murió de un ataque al corazón. Estaba jubilado y había estado por unas semanas visitando a su hermana en Grecia cuando sucedió. La fecha y el lugar en donde murió no eran una coincidencia.

Unos meses después de la muerte de mi padre, mi madre se conectó a Internet y encontró el programa de conferencias de uno de los videntes de Medjugorje llamado Ivan Dragicevic. Él iba a tener una aparición y dar una charla en una pequeña capilla del campus del MIT. Las dos nos dirigimos hacia allí temprano y, para nuestra sorpresa, llegamos a la capilla antes que nadie. Un sacerdote nos invitó amablemente a sentarnos adelante. Cuando Iván entró, se adelantó y se arrodilló junto a nosotras.

Yo apenas podía creer que estaba justo al lado de Iván y que pronto estaría a centímetros de Nuestra Madre. Me sentía como si hubiera sido transportada al otro lado de la pantalla del video que cambió mi vida.

Cuando Iván levantó la cabeza y comenzó a conversar al aire delante y un poco por encima de él, me quedé helada, desbordada por la emoción. No me moví en ningún momento. Cuando Iván "volvió" de la aparición después de unos minutos, regresó a su asiento y me pasó dos rosarios, uno para mí y otro para mi madre. Siendo griega ortodoxa, nunca antes había rezado el Rosario por mi cuenta.

Al final de la noche, una mujer llamada Carol responsable de la agenda de conferencias de Iván en Boston, se acercó a nosotras y nos mencionó que ella organizaba peregrinaciones a Medjugorje. Su siguiente grupo iría durante el aniversario de la primera aparición, y nos preguntó si nos gustaría unirnos. ¡Yo quería ir! Mi madre explicó que estaríamos en Grecia en esa fecha para el funeral de mi padre, pero se quedó con la tarjeta de Carol en caso de que pudiéramos ir en otro momento.

Al día siguiente, la hermana de mi padre llamó desde Grecia y preguntó si podíamos retrasar el funeral una semana. De repente, el 24 de junio quedó disponible, y mi madre llamó a Carol para coordinar una escala en Medjugorje en nuestro camino a Grecia.

Esa peregrinación a Medjugorje sólo duró tres días, pero me impactó profundamente. Muchos milagros tuvieron lugar cuando estuve allí, pero el más grande de todos tuvo lugar en mi alma. Me confesé por primera vez en mi vida y sentí mucha paz. Volví a casa con nuevas fuerzas y comencé a vivir los mensajes de la Virgen: la oración, la confesión, la lectura de la Biblia, ir a la iglesia, y ayunar miércoles y viernes. También empecé a rezar el Rosario. Ahora contaba con las armas más poderosas contra Satanás.

Sólo dos meses más tarde, volví a Medjugorje, esta vez sola y con el apoyo de mi madre, para discernir lo que Dios quería que hiciera con mi vida. Durante este viaje sentí el deseo incontenible de hablar a todos mis conocidos acerca de Medjugorje y compartirles los mensajes de la Virgen. Empecé a sentir un llamado específico a hacer un documental para presentar Medjugorje a los no creyentes y a las personas que nunca habían oído hablar de esto. Sabía que, si yo había podido cambiar, también podrían hacerlo otros que estaban luchando con su fe.

Supe que sería necesario dejar mi trabajo para seguir lo que Dios quería de mí, así que cuando regresé a Manhattan, informé de mi baja para Navidad. Empecé a hablar a mis amigos y a mi familia sobre Medjugorje, pero me costó mucho trabajo describirlo a la gente, especialmente a los amigos laicos no católicos que no conocían ni Fátima ni Lourdes. Nada de lo que les decía transmitía adecuadamente lo que estaba sucediendo allí, y me encontré llevándolos al video de YouTube que había visto, pensando ingenuamente que tendría el mismo impacto en ellos que en mí.

En Nochebuena recogí todo mi escritorio y volví a casa en Nueva Jersey. En vísperas de Año Nuevo había contraído una fuerte gripe. Mientras estaba en el sofá de casa con la medicina para la tos y con Dick Clark, empecé a pensar: "¿He cometido un gran error al dejar mi trabajo? ¿Cómo voy a mantenerme? ¿Cómo entrevistaré a los videntes? ¡No conozco a los videntes! No sé filmar nada. Ni siquiera sé cómo editar un video. ¿Cómo carambas voy a hacer un documental?"

Afortunadamente, Nuestra Señora me hizo saber de su presencia en cada paso del camino. Las puertas que debían estar cerradas se abrieron durante el reportaje. Aunque hubo muchas dificultades en la realización, en poco más de un año tenía el proyecto terminado. Dos días después de consagrarme a Nuestra Señora el 15 de agosto de 2011, tenía terminado mi DVD llamado "Queen of Peace".

Desde su lanzamiento, he recibido mensajes de todo el país de personas que han visto la película. Familiares y amigos que antes eran escépticos, creyeron y lloraron. Algunos decidieron ir a Medjugorje, incluso familias enteras han decidido viajar allí juntas. La reacción de los espectadores me ha traído una gran alegría. Me siento bendecida más allá de las palabras. (Ver www.medjfilms.com)

Es mi oración continua que "Queen of Peace" sea utilizado como una herramienta en las manos de algunos de los millones de personas que han estado en Medjugorje y que desean compartir los mensajes de la Virgen con aquellos que nunca han oído hablar de Medjugorje, o con personas que están luchando con su fe, o con sus parroquias y grupos de oración.

A través de Medjugorje, la Virgen nos da todas las herramientas necesarias para recorrer el difícil camino de la santidad y dejar el camino del mundo. Sin su intercesión, no sé si alguna vez me hubiera convertido y tomado el camino correcto. Estoy siempre agradecida con Nuestra Señora por traerme de regreso y oro para que mi vida y mi película sean señales que sigan dirigiendo a la gente hacia su hogar eterno.

Dicen que una imagen vale más que mil palabras, pero puedo decirte por experiencia: un simple video puede valer un millón.

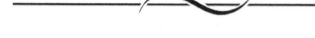

Jesús:

Cuando contemplas en el fondo de tu corazón lo que te digo, sacas un provecho mucho mayor que si leyeras muchos libros. Oh, si las almas quisieran escuchar Mi voz cuando les hablo en el fondo de sus corazones, en poco tiempo llegarían a la cumbre de la santidad.

~Diario de Santa María Faustina Kowalska, #584

CARTER SMITH

Una representación de la Pasión

Cuando cursaba educación primaria, vi un par de películas sobre cristianos martirizados por leones, y desde entonces siempre he querido entregar mi vida a Dios en un acto de amor total. Desde los siete hasta los nueve años, pasaba las horas del día recreando la Pasión en el arenero de mi patio trasero. Con las cruces de los dos ladrones, clavadas una al lado de la otra en la cima de un montículo, hacía caminar a mi pequeño Jesús con su cruz de ramitas a la espalda por la Vía Dolorosa, trazada con mis dedos en la arena. Luego montaba a Jesús en su cruz y me imaginaba allí con Él. La crucifixión me fascinaba, y cuando crecí y me enteré de los estigmas (las heridas de Cristo que aparecían en las manos y los pies de los santos) deseaba fervientemente sufrirlos también.

En mi adolescencia, asistía a Misa y rezaba con frecuencia a Nuestro Señor y a la Santísima Virgen, pero mi naturaleza tímida e insegura se transformó en ansiedad, miedos neuróticos y una aplastante falta de confianza. Sumada a mi confusión, comenzó a aflorar una orientación homosexual latente, y yo experimentaba conflicto y culpa por mis sentimientos de atracción hacia el mismo sexo. Sin embargo, en mis años de secundaria, mi culpa no era lo suficientemente fuerte como para impedirme iniciar la actividad sexual con otros chicos que, no seguros de su propia sexualidad, experimentaban. A veces me sentía mal después de un encuentro, y a veces no. Sin embargo, por alguna razón, siempre me sentía culpable después de masturbarme, lo que entraba en conflicto con mis vacilantes creencias católicas.

En mi segundo año en la Universidad de San Francisco (USF) en 1969, mis amigos vivían en una comuna, en el distrito de Haight Ashbury, donde me introdujeron al movimiento hippie contracultural y sus respectivas sustancias psicotrópicas. La primera vez que consumí ácido en un parque con mis amigos, ellos se sorprendieron de lo natural que actuaba bajo sus efectos. De forma insana, parecía incluso que me sentaba bien. Pero cuando no estaba drogado, me volvía ansioso y preocupado por cualquier nimiedad. Durante el tiempo que estuve en la universidad, me drogué con mezcalina, opio, hachís y consumo constante de marihuana. No sólo abandoné el ácido, sino también la Santa Misa, y la universidad después de mi segundo año.

No sabía qué quería hacer con mi vida. Estaba buscando algo mucho más profundo y no lo encontraba. Mis padres querían que yo fuera a un Junior College, así que me inscribí en el semestre de otoño a los diecinueve años, y también lo abandoné rápidamente. Cuando mis padres se enteraron, mi madre, siempre de carácter explosivo, se puso histérica. Empezó a gritar a todo pulmón. Acto seguido entró frenéticamente en la cocina, cogió un cuchillo y empezó a agitarlo apuntándome con él, persiguiéndome alrededor de la mesa del comedor. Mi padre se quedó cerca, observando el caos sin intentar detenerla. Yo salí disparado hacia la entrada de la casa, con mi padre siguiéndome, tratando de agarrarme. Mientras me dirigía hacia la puerta, él me agarró del hombro, pero me logré soltar y salí por la puerta, mientras mi madre me dio una cuchillada, justo rozándome el hombro.

Me encontré en la amarga y fría noche en pijama. Se veían luces de linternas parpadeando entre los árboles del parque adyacente a nuestra casa, y supe que mis padres me estaban buscando, pero permanecí escondido. Esa noche, dormí incómodamente en el parque, a media cuadra de mi casa. Cuando volví a casa a la mañana siguiente, las cosas se habían serenado bajo un intenso silencio.

Seguí viviendo en casa, con cuidado de mantenerme callado para no provocar el enojo de mis padres. Después de un par de malas experiencias con las drogas, decidí dejar de tomar sustancias alucinógenas. Aunque ni iba a la escuela ni trabajaba, para disgusto de mis padres, ellos reconocieron que me había alejado de las drogas y había vuelto a la iglesia, así que se relajaron un poco.

Durante este tiempo, empecé a aceptarme como era, especialmente en lo que respecta a mi orientación sexual, pero no tenía actividad sexual con otros. Con tanto tiempo libre que tenía, me sumergí en las raíces místicas del cristianismo, y en particular, Santa Teresa de Ávila y San Juan de la Cruz. Un día, mientras oraba a solas en el monasterio de Cristo Rey en San Francisco, conocí a un hombre llamado Joseph Lancaster, un carmelita de la tercera orden. Decidimos reunirnos de vez en cuando para debatir sobre el misticismo cristiano, particularmente dentro de la espiritualidad carmelita, lo que despertó mi interés aún más.

En esta época, la música también comenzó a orientar mi alma, y escuchaba constantemente la inspiradora grabación de una Misa Renacentista. Para mí, representaba un alma viajando a través de diversas etapas de desarrollo espiritual hasta las alturas del Cielo. Durante esos meses en casa, empecé a notar una santa y sagrada presencia viviendo dentro de mí, y amándome. No pasó mucho tiempo antes de que albergara pensamientos sobre la vida monástica, y a los veintiún años, decidí entrar en un monasterio Trapense en Vina, California. Allí, comencé a vivir una vida austera de pobreza y oración.

En mi tercera semana de convivencia con los trapenses, en la fiesta del Sagrado Corazón, sentí el deseo de salir al campo después de la oración de Completas de la Liturgia de la Horas. Al anochecer, anduve más de un kilómetro a pie. Los colores del paisaje, pintados por Dios con la luz descolorida del sol, se veían asombrosamente hermosos, y cuando me dispuse a caminar de regreso, sentí que Nuestro Señor estaba a mi derecha. Lo vi como el Jesús crucificado, llevando la corona de espinas y caminando ligeramente por delante y a mi derecha. No era algo imaginario, ni tampoco una aparición. Era una visión intelectual, como la que describe Santa Teresa de Ávila. Al mismo tiempo, veía a los doce apóstoles y a Nuestra Madre Santísima caminando delante de nosotros, a unos 6 metros de distancia, dirigiéndose hacia el monasterio. Esto me dio un agradable sentimiento de familia, caminando todos juntos a casa.

Mi primer pensamiento fue, "Jesús está más cerca de mí que yo de mí mismo". En el momento en que Él apareció, sentí que un amor puro, divino, cálido y que lo consumía todo se abalanzaba sobre mí. El sentimiento era embriagador, y Su amor estaba más allá de lo expresable. Cuando volví la cabeza hacia Él pude ver, con trágicos detalles, cada herida de Su cuerpo. "¡Dios mío!" Me quedé sin aliento. "¿Te he causado todas estas heridas?" Sobrecogido, pensé: ¿Qué le voy a decir? ¡Está aquí mismo!"

La cabeza del Señor se inclinó ligeramente, mientras miraba hacia adelante. Lo vi todo: Sus ojos, Su cuerpo destrozado, Su sangre chorreando por Su piel marrón clara. Sus heridas por la corona, los azotes y los clavos se veían muy recientes. Parecía como si Él acabara de bajar de la Cruz para caminar conmigo.

Yo me volví hacia Jesús y empecé a sollozar, desahogando en Él los deseos más íntimos de mi corazón. "Jesús", grité, "quiero ser un gran santo. Quiero alcanzar las cimas espirituales, como lo han hecho tus grandes seguidores, pero no quiero nada de éxtasis, ni visiones, ni experiencias extraordinarias". Humillado por Su presencia, me sentía indigno de pedir siquiera llegar tan alto, así que añadí: "Deja que me adentre en la noche oscura, las duras pruebas, y que lleve cruces pesadas. Así es como quiero alcanzar las cimas. Quiero elevarme como un águila en los cielos, ser solamente un santo a tus ojos, y ser pequeño y desconocido en el mundo".

Después de hablarle, queriendo verdaderamente decir todo lo que dije, Jesús me respondió, no con palabras, sino a través de una impronta en mi alma. Él volvió la cabeza hacia mí, me miró a los ojos y dijo: "Sí".

"Dios mío", jadeé, "vas a concederlo". Entonces vi una lanza de su ardiente amor hundirse en mi corazón, y caí en un desvanecimiento, un éxtasis de amor que llenó todo mi ser y me dejó sin aliento.

Entonces Él ya no estaba allí. Me quedé solo, tratando de recuperar mi equilibrio. Sin embargo, permaneció un intenso amor por Él, ardiendo en el centro de mi pecho. En poco tiempo, se convirtió en un verdadero dolor físico, que duró dos o tres semanas y me producía gran alegría.

Mi maestro de novicios expresó su aprobación a mi experiencia y confirmó que había recibido una gracia muy especial de Dios. Ingresé en los Trapenses y permanecí en el monasterio unos seis o siete meses, pero al final los superiores sintieron que yo era demasiado joven e ingenuo para comprometerme con su forma de vida. "Ve al mundo", decían, "gana experiencia, y luego decide si tienes o no vocación". Me sugirieron que me uniera al servicio militar, y yo elegí la Marina, porque me gustaba el océano.

Me convertí en un oficial de hospital y recibí formación para ser enfermero. A pesar de mi encuentro místico con el Señor llagado, las extremas dificultades del campo de entrenamiento militar quebraron mi espíritu, y los aspectos mundanos de la vida en la Marina embotaron mi conciencia. Me alejé de la gracia. Sucumbí a las tentaciones sexuales conmigo mismo, empecé a sentirme culpable yendo a Misa el domingo. No veía correcto ser un católico dominical mientras seguía pecando. De forma lenta pero progresiva, mientras mi alma luchaba entre el compromiso y el conflicto, mi deseo de seguir con la vida cristiana disminuyó.

Luché por permanecer en la Marina durante más de un año y medio y así recibir una baja honorable. Contento de haber salido, me dirigí a casa de mi familia en San Carlos, California, me senté con mis padres y les solté a bocajarro, sin preámbulos, que era gay. Ellos me sorprendieron haciéndome sentir cómodo y sin causar ninguna reacción. Lo sabían de hace tiempo.

Queriendo continuar mi educación, me mudé a San Francisco, donde fui a la escuela de enfermería por un año en un área cercana a un barrio gay. La soledad y el anhelo de compañía comenzaron a presionar mi corazón, así que decidí buscar un amante. Sin embargo, nunca me atrajo el entorno gay. Encontré que era un mundo superficial y poco profundo de filosofías caprichosas, múltiples amantes, belleza física, desfiles vistosos y fiestas alocadas, lo que entraba en conflicto con mi espiritualidad. Así que revoloteé por la periferia. Nunca inicié ninguna actividad sexual. Otros lo hicieron. Y yo era muy pasivo.

"Estas son mis debilidades", pensaba, "y no me resultan muy molestas". No me sentía mal en absoluto por mis encuentros sexuales. De hecho, los vivía de forma muy natural y sin culpa. Pero también pensaba que, si uno iba a la iglesia, debería tratar de seguir los valores cristianos y los mandamientos. Así que, no queriendo comprometerme o ir a medias, me alejé completamente de la Misa. Cuando algún conflicto interno surgía en mi corazón, visitaba el Santísimo Sacramento, solo, en silencio.

A finales de mis veinte, conseguí un trabajo como enfermero en el hospital de la Administración de Veteranos, y mientras trabajaba allí me llamó la atención un anuncio en un periódico gay. Un hombre quería conocer a alguien que fuera digno, una buena persona. Por lo menos, así es como lo leí. Un par de semanas más tarde, después de conocer al hombre, volví a mirar el anuncio y me di cuenta de que no decía "digno", sino "rico". No habría respondido nunca si lo hubiera sabido.

Así comenzó una larga relación personal con un hombre de la India. En realidad, la relación era primero personal, y luego con toda una familia entera. Él tenía esposa y dos hijos: un bebé y una niña pequeña. El matrimonio se había arruinado antes de que yo llegara porque ambos fueron obligados a casarse sin tener ni voz ni voto en el compromiso. La esposa sabía de mi relación con su marido y me aceptaba. Me convertí en miembro más de la familia —amigo de la esposa y tío de los niños. En un momento dado, cuando la hermana de mi amante, su marido y un par de amigos de la familia, vinieron de visita desde la India, ellos también me acogieron abiertamente. Sin embargo, yo siempre pensaba: "un día, voy a dejar a este hombre por Dios".

Después de cinco años de estar juntos, mi compañero regresó a su país con su familia y yo regresé a San Francisco, con el corazón roto. Retomé el trabajo de enfermero y pasé varios meses entre suspiros y soledad —mi talón de Aquiles. Incapaz de mantenerlo sellado, mi talón se abrió de par en par durante los siguientes diecisiete años, en un continuo ir y venir de relaciones.

Mi siguiente amante fue japonés, y mis inclinaciones espirituales se habían vuelto más orientales que occidentales por mi inmersión hindú. Pero después de tres años juntos, rompí la relación porque sentía que mi alma se perdía en encuentros orientales con la "nada", y sentía que Dios me impulsaba a hacer algunos cambios significativos. Sabiendo que la Iglesia Católica era valiosa y satisfactoria, volví a mis raíces y empecé a ir a Misa, a confesarme y a recibir dirección espiritual con un par de sacerdotes jesuitas.

El cambio no fue fácil. A medida que alcanzaba mis raíces espirituales, mi drama con los hombres se catapultó hasta alturas shakesperianas, y mi alma quedó flagrantemente dividida. Sin dejar de buscar el amor en el mundo, sucumbí a las relaciones ocasionales con mi amigo indio que estaba de visita, y respondí a un anuncio personal de una relación de compromiso. Esto me llevó a involucrarme con un médico que venía de una conocida familia de plantaciones de algodón en el Sur. Después de dos o tres años de estar con él, me propuso hacer un trío con otro hombre. "¡No gracias, y adiós!", le espeté.

A los cuarenta y ocho años me mudé a vivir cerca del océano en San Francisco y conocí a otro médico, esta vez un judío muy rico del Condado de Marin, California que tenía un matrimonio sin amor. Estuvimos juntos durante ocho meses. Hacia el final de nuestra relación, un viejo sacerdote jesuita de la iglesia de San Ignacio en San Francisco me dijo en confesión: "si sigues con esto, ambos irán al infierno". De alguna manera, yo sabía que lo que me dijo era verdad, y acepté sus palabras; pero antes de que me lo dijera, nunca había pensado ni una vez en el precio eterno de mis pecados.

Dios me estaba llamando sólo para Él, y yo lo sabía. Después de investigar las diferentes órdenes monásticas, finalmente entré en un monasterio de Rito Oriental en Redwood Valley, California. En ese clima ordenado de oración y contemplación diaria, se reavivó en mi corazón el fuego por Jesús, y ardió tan brillantemente en el centro de mi pecho que hizo resurgir mi santo deseo de antaño.

Las liturgias del Rito Católico Bizantino me ayudaron a vivir profundamente en el Señor, especialmente durante la Semana Santa. Después de una comida Séder el Jueves Santo, no muy diferente a la que celebraba el pueblo judío, los monjes seguían un estricto ayuno sin comida, ni siquiera agua, hasta la noche del Viernes Santo. El día de la muerte del Señor, todas las luces se apagaban, y se colocaba un sudario sobre una tumba frente al altar. El calor y la cercanía de la última cena de Jesús se había enfriado en el vacío de Su crucifixión; pero resurgiría para mí de forma espectacular el día de la Resurrección de Cristo.

Cuando entré en la iglesia para la Misa de medianoche del Domingo de Pascua, entre cientos de velas encendidas, campanas de Pascua y candelabros giratorios, fui transportado a la infinita majestad de Dios. A donde quiera que mirara, parecía como si estuviera viendo la eternidad. La increada e inexpresable luz de Dios brillaba a través de todo, sin forma y sin límites, sin tiempo y eterna. Estaban cantando: "Cristo ha resucitado", y yo me quedé sin palabras, temblando. Mientras me encontraba en el presbiterio junto a las sillas del coro de los monjes, de cara al altar, me sentí suspendido en un estado más allá del tiempo y el espacio.

Entonces Jesús se manifestó dentro de mí. Su corazón parecía latir al mismo ritmo que el mío, con el pulso de una paz exquisita. Entonces, a través de Jesús, experimenté a Dios Padre interiormente, pero también como una Persona distinta. Al fundirme en unión con Él, supe sin duda alguna que toda la creación estaba en Sus manos.

Cuando los monjes comenzaron a cantar los evangelios de Pascua en varios idiomas, sentí al Espíritu Santo, la tercera Persona de la Santísima Trinidad, abalanzarse cubriendo a todos en la iglesia, y desde allí, a todo el mundo. Y después lo sentí lanzándose de regreso al altar, trayendo todas las cosas de vuelta hacia Jesús. Era como un viento sagrado, un misterio incomprensible. Las palabras "Espíritu Santo" no hacen justicia a Quién Es Él.

Esta experiencia mística duró desde la medianoche hasta la última bendición de la liturgia de Pascua a las 4 a.m. Y cuando terminó, me sentía como si hubiera renacido. Dios me había vestido con ropas nuevas, y ya nunca quise que me las quitaran. En ningún otro lugar había experimentado a Dios tan íntimamente. El monasterio bizantino se convirtió en mi nuevo hogar, y me planteaba vivir y morir allí.

Pero el diablo nunca duerme. Después de un año y medio de vivir como monje y encontrar gran paz y satisfacción en la naturaleza mística de la liturgia del rito Católico Bizantino Oriental, el monasterio se disolvió.[83]

Desilusionado y profundamente herido por lo ocurrido, recaí en un amorío y o pude hacer nada para evitarlo. A la edad de 53 años me uní a una agitada comunidad monástica en la costa este, que resultó ser dirigida

---

[83] El monasterio se llama "Holy Transfiguration Monastery", y desde entonces ha "resucitado"

por un monje desquiciado. Nuevamente decepcionado, regresé a San Francisco cayendo de nueva cuenta en la tentación del sexo conmigo mismo, seguidas por tres visitas a mi antigua pareja judía, en un intento por aliviar mi soledad aplastante.

El siguiente año, pensé, "¿qué estoy haciendo?" necesito un Director Espiritual. Empecé a ver a una Directora Espiritual que afirmó mi gran amor por Jesús. Ella me ayudó a ver que había pecado duante tanto tiempo en el área de la sexualidad que se había expuesto a si mismo a las tentaciones, que seguramente iban a ser una batalla por el resto de mi vida. Pero que con un firme deseo de complacer a Dios y con la continua gracia de la Eucaristía y de la Confesión, podría fortalecerme.

Me pregunté si mi pecado de la masturbación estaba cerceanado mi alma de Dios porque yo sabía de las tres condiciones con las cuales un pecado era mortal: Plena participación de la voluntad, -no había sido coaccionado- conocimiento de mi pecado -yo lo sabía; y materia grave -y la masturbación ciertamente había abierto mi alma a una profunda soledad y había allanado el camino para mi búsqueda de placer pecaminoso con otros. Mirando lo que decía al respecto el Catecismo de la Iglesia Católica, leí:

> Por la masturbación se ha de entender la excitación voluntaria de los órganos genitales a fin de obtener un placer sexual. "Tanto el Magisterio de la Iglesia, de acuerdo con una tradición constante, como el sentido moral de los fieles, han afirmado sin ninguna duda que la masturbación es un acto intrínseca y gravemente desordenado". [...] Para emitir un juicio justo sobre la responsabilidad moral de los sujetos y para orientar la acción pastoral, ha de tenerse en cuenta la inmadurez afectiva, la fuerza de los hábitos contraídos, el estado de angustia u otros factores síquicos o sociales que pueden atenuar o tal vez reducir al mínimo la culpabilidad moral". (CCC #2352)

Yo era culpable. Cuán culpable exactamente, sólo Dios lo sabía. Por lo menos, pensé que sólo Dios podía saberlo. No podía imaginar que pronto yo también conocería el alcance de mi culpa. Coloqué de nuevo el Catecismo Católico en mi repisa y fui a la Iglesia de San Patricio en San Francisco. Llegando temprano, alrededor de las 10:00 de la mañana para una Misa que comenzaba a las 12:10 y era precedida por las confesiones, comencé mi rutina normal de un minucioso examen de conciencia. Alrededor de las 11 de la mañana, cuando la gente empezó a acudir al Sacramento de la Reconciliación, me puse detrás de la primera persona de la fila y me arrodillé para orar como penitencia por mis pecados, que pesaban mucho en mi corazón.

Miré en mi interior y de repente, en una fracción de segundo, pude ver a Dios dentro de mí. Me encontré con Él en el destello divino de mi ser. Mientras conservaba todos mis sentidos y era plenamente consciente de todo lo que estaba pasando, al mismo tiempo veía mi propia alma. Se me apareció como una luz blanca y pura, infundida y mezclada con la luz de Dios. Se me reveló mi verdadera naturaleza dentro de Dios: me encontraba más cerca de Dios que de mi propio interior.

Entonces vi todos esos lugares donde yo había acogido lo que estaba mal y cómo esto me había separado del Señor. Allí estaban ante mí mis pecados mortales: manchas circulares y negras que arrojaban una horrenda oscuridad sobre mi alma y causaban una completa disgregación de mi verdadera naturaleza. ¡El consentimiento a los pensamientos lujuriosos ("adulterio con el corazón"; ¡Mateo 5, 28) y la masturbación habían bloqueado completamente la luz divina de Dios dentro de mí! Mis pecados veniales también aparecieron como múltiples manchas grises, dejando pasar sólo parcialmente la luz de Dios. Al escoger las tinieblas, disfrazadas en la tierra como luz, yo me había entregado al mal del mundo. Me había adentrado demasiadas veces en el reino del engañador, el Príncipe de las Tinieblas, en una realidad ilusoria de mí mismo. Cuando hacía esto, yo no estaba bajo mi pleno control. Satanás lo estaba.

Recibí un profundo conocimiento de que incluso un solo pecado mortal nos bloquea completamente de la luz de Dios. Comenzamos a vivir en la muerte. Vivimos, pero estamos muertos, y no lo sabemos. Cuando Dios nos revele nuestras almas en esta vida, durante una Iluminación de Conciencia colectiva, que estoy seguro sucederá, o en nuestro juicio particular después de la muerte, algo a lo que con toda seguridad nos enfrentaremos, los que estemos en pecado mortal conoceremos sus efectos en cada fibra de nuestro ser. Esto es así. Es ineludible. La verdad y la realidad de todo esto será puesta ante nuestros ojos, y no tendremos más remedio que verlo.

En Su misericordia, Dios me dio el conocimiento exacto de lo que significaba cada mancha en mi alma, y cómo es que mi alma no se había ennegrecido del todo como el carbón, porque sentía verdadera contrición por mis pecados. Más claras o más oscuras, más grandes o más pequeñas, las manchas representaban una tendencia dentro de mí, una acumulación de un cierto tipo de pecado. El consentimiento a los pensamientos lujuriosos y la masturbación había causado los círculos más grandes y oscuros. Los círculos grises dispersos revelaban mis mentiras (incluso mentiras piadosas), el exceso de comida (aunque no llegara a la gula) y el consumo de alcohol (incluso cuando no llegaba a emborracharme), pensamientos poco caritativos, juicio de los demás y murmuración.

También estaban mis pecados de omisión: Dios me había dado grandes gracias, y muchas veces yo las había rechazado. Él me había inspirado a orar o a hacer una buena obra, y en cambio yo hacía lo mío. Todos mis pequeños pecados, todos mis pequeños momentos de egoísmo a lo largo del día, que parecían tan insignificantes y a los que daba poca importancia, estaban ahí a la luz de la verdad, y no tenía forma de esconderme de ellos.

Dios no sólo me dio un conocimiento directo del estado de mi alma, sino que me presentó una disyuntiva. Yo podía continuar mi camino de conversión o no. Podía elegir entre seguir a Dios o seguir a Satanás. Habiéndome hecho más consciente que nunca de las consecuencias de mis pensamientos y acciones, y mostrándome la negrísima invasión dentro de mí, Dios me invitaba a arrepentirme profundamente, especialmente por mis pecados mortales. Esos eran los más peligrosos.

En ese encuentro místico, dije rotundamente: "Te elijo a ti, Señor". Habían pasado veinte minutos mientras estaba de rodillas en la línea de confesión, mirando fijamente mi propia alma. Otros debían haber caminado a mi alrededor, preguntándose por qué no me había movido. Me levanté y entré en el pequeño confesionario, confesé los pecados que se me habían revelado, y añadí: "que todos los pecados que he olvidado, todos los pecados de mi vida, sean perdonados".

El sacerdote hizo la señal de la cruz y pronunció las palabras celestiales de absolución: "Yo te absuelvo de tus pecados, en el nombre del Padre, del Hijo y del Espíritu Santo. Amén". Conmovido y agradecido, regresé a un banco de la iglesia y me arrodillé para orar. De nuevo, Dios iluminó mi alma, pero esta vez brillaba sin mancha y de un blanco puro, sin rastro de pecado. Era mi verdadero yo inmerso en Dios, el Espíritu vivo dentro de mí. Estaba viendo la más grandiosa realidad que existe de la persona humana.

La iluminación me ayudó a sentir una gran repugnancia hacia mi propio pecado y me sumergió en un purgatorio personal, una purificación profunda y brutalmente dolorosa más allá de mi sentido normal de contrición, que fue atenuándose paulatinamente con el tiempo. Los dones especiales que el Señor me había concedido, especialmente durante mi estancia en los monasterios, me habían dado una mayor vocación y responsabilidad de fidelidad a Él. Sin embargo, yo había oscilado entre el deseo del mundo y el deseo por Él. Mis recaídas, una y otra vez, habían quebrado el corazón de Jesús y ahondado Sus heridas.

Una semana o dos después, caí de nuevo en la tentación sexual, y a la mañana siguiente también. Con dos pecados mortales en mi alma, podía sentir un distanciamiento completo de Dios. Enfermo por dentro, sentí que Su vida y gracia me abandonaban. Ese día fui a confesarme, y después de la absolución Dios bañó y limpió mi alma desfigurada con Su luz pura e inmaculada, dejándome renovado y en paz.

Mientras estaba en casa, esa tarde en mi habitación, recibí otra profunda iluminación. Esta vez, Dios me permitió ver mi pasado y me infundió un mayor conocimiento de la fealdad del pecado sexual. Yo me había considerado un verdadero Casanova. Me había sentido completamente cómodo con lo que hacía. Pero Dios me mostró lo corrupto y podrido que yo era en realidad. No sólo vi los efectos de mi pecado, sino también el escándalo y el pecado al que conduje a mis semejantes, hechos a imagen de Dios. Si yo hubiera muerto durante mi largo período de pecado sexual, habría caído en el fuego del infierno y ardido en un tormento eterno, enfurecido contra Aquel a quien había prometido ser un gran santo.

Para mí, lo peor de esta revelación fue saber que si yo hubiera continuado en mi camino, me habría convertido en un completo pervertido sexual, una manzana podrida hasta su núcleo, con el deseo de complacerme a mí mismo a expensas de los demás. Lo fácil que yo podría haber caído en esto, me mortificaba. Había nacido en este mundo para traer la luz de Dios, pero me había convertido en una escoria andante, un grotesco ser degradante, abocado a la vergüenza eterna.

La pena, el dolor y el remordimiento, aún más penetrantes que antes, se apoderaron de mi corazón, llamándome a una elección aún más profunda. Simplemente, no podía seguir cayendo más en la masturbación y los pensamientos impuros. Tomé la decisión, ese día, con cada ápice de mi voluntad, de ponerme un alto. Nunca me había comprometido tanto con mi Señor y me horrorizaba mucho caer y desconectarme de la Vida, porque la Vida es Dios. ¡No hay vida real fuera de Él!

En 2014, me jubilé después de trabajar como enfermero durante muchos años, y ahora vivo en un complejo residencial para jubilados de bajos ingresos en Ukiah, California. Aquí, paso mis días solo, como monje, muy alejado del mundo. Me confieso cada dos o cuatro semanas. Y todos los días rezo el Rosario y la Coronilla de la Divina Misericordia, voy a Misa, leo la Biblia, rezo Laudes al levantarme, y Vísperas antes de retirarme en la noche.

Mi único deseo es sufrir por Jesús para ayudarle a rescatar almas. Sé que esto es difícil de entender para cualquiera porque va en contra de la razón humana. ¿Por qué querría alguien sufrir? Tal vez pueda explicarlo. *"El mensaje de la cruz es necedad para los que se pierden; pero para los que se salvan, para nosotros, es fuerza de Dios"* (1Corintios 1, 18). Jesús nos mostró el camino perfecto. Él dijo, "Toma tu cruz y sígueme", y a través de su insoportable sufrimiento y muerte nosotros somos salvados.

Estamos llamados a ser como Jesús, y cuando elegimos unirnos al sufrimiento del Señor, le ayudamos a salvar almas. Por eso el sufrimiento, ofrecido con amor, nunca es en vano. Explica por qué hay almas víctimas en el mundo, por qué la gente recibe los estigmas, las heridas de Cristo en su propio cuerpo. San Pablo, que aceptó su propio sufrimiento sin paliativos, habló de esta realidad: *"Todo para conocerlo a Él, y la fuerza de su resurrección, y la comunión con sus padecimientos, muriendo su misma muerte"* (Filipenses 3, 10); y *"ahora me alegro de mis sufrimientos por vosotros: así completo en mi carne lo que falta a los padecimientos de Cristo, en favor de su cuerpo que es la Iglesia"* (Colosenses 1, 24).

El Diario de Santa Faustina Kowalska, la santa de la Divina Misericordia, da aún más claridad al sufrimiento redentor. En él, Jesús dice: *"Hay un solo precio con el cual se compran las almas, y éste es el sufrimiento unido a Mi sufrimiento en la cruz. El amor puro comprende estas palabras, el amor carnal no las comprenderá nunca"* (Diario #324) ... *"Cada conversión de un alma pecadora exige sacrificio"* (Diario #961) ... *"Necesito tus sufrimientos para salvar las almas"* (Diario #1612) ... *"El sufrimiento es una gran gracia. A través del sufrimiento el alma se hace semejante al Salvador, el amor se cristaliza en el sufrimiento. Cuanto más grande es el sufrimiento, tanto más puro se hace el amor"* (Diario #57).

Hoy en día, quiero ser un sacrificio vivo. Que no quede de mí nada más que el amor. Cuando deje esta vida, anhelo acercarme al trono de mi Señor en pureza y blancura, para ser esa alma brillante que Él me mostró que era realmente. "¡Te amo, Jesús! ¡Te amo! ¡Déjame ser un holocausto viviente para Ti!" Ese es el constante clamor de mi corazón. El más profundo y sincero deseo de mi corazón, ignorado durante muchos años, que se está haciendo realidad. El "Sí" que Jesús me dio en el monasterio Trapense hace mucho tiempo, cuando apareció a mi derecha, y le dije que quería llevar pesadas cruces, se ha hecho realidad. He sentido el peso aplastante de Su cruz durante muchos años, mientras mi alma se ha sumergido en la oscuridad, cada momento de cada día.

Este vacío amargo no es depresión, sino la cruz que elijo llevar. No estoy desesperado. Como bien, duermo bien, y mi mente está despierta. He sufrido momentos de depresión en el pasado, y aunque es normal esta soledad que siento, la experiencia que percibo de la ausencia de Dios es totalmente única. En estos largos años de oscuridad, Dios ha tomado el control y me está guiando por un oscuro camino de sufrimiento redentor por las dificultades que atravieso en la vida cotidiana y ordinaria (espiritual, física, financiera, social y familiar). A través de un incesante renunciamiento a una vida en la vaciedad y futilidad de una existencia mundana, me encuentro completamente desprovisto de cualquier sensación de consuelo espiritual o cercanía a Dios. ¡De verdad que es muy doloroso a veces! Dios ha retirado de mi corazón todo lo que más aprecio y considero importante, en todos los niveles de mi ser. Me encuentro ahora en un lugar que está en las antípodas de un hogar.

Deseo reunir en mis brazos a las almas perdidas, como las flores de un inmenso prado, y presentarlas a Jesús en un magnífico ramo. Por eso vivo en este vacío, en esta noche oscura, para que otros en peligro de perder sus almas puedan algún día vivir en la plenitud de la luz. Si le place al Señor, sufriré esto por toda la eternidad, sólo para saber que le he dado todo y no me he guardado nada para mí. Mi oración constante es consumirme como una ofrenda de holocausto, recibir Sus heridas, Su agonía, Su abandono, y subirme en unión con Él en la Cruz. Y cuando llegue mi hora de morir, ruego poder derramar mi sangre por Jesús en un acto definitivo de amor, tal como deseaba de pequeño, jugando en mi arenero, en el patio trasero.

Sta. Faustina Kowalska:

"Oh Dios mío, cómo es dulce sufrir por Ti, sufrir en los rincones más secretos del corazón, muy ocultamente, arder como una víctima sin ser vista por nadie, pura como el cristal, sin consolación alguna ni compasión. Mi espíritu arde con el amor activo, no pierdo tiempo en ninguna fantasía, tomo cada momento por separado, ya que esto está en mi poder; el pasado no me pertenece, el futuro no es mío, el tiempo presente trato de aprovecharlo con toda el alma".

~Diario de Santa María Faustina Kowalska, #351

MARINO RESTREPO

Un San Pablo para nuestro siglo

Nací en un pequeño pueblo colombiano llamado Anserma, en lo alto de los Andes. Tanto mis abuelos paternos como los maternos eran poderosos patriarcas que poseían grandes plantaciones de café, por lo que, tanto los miembros de mi familia más cercana como lejana, son cultivadores de café. Mis padres tuvieron diez hijos, ocho de los cuales están vivos, y yo, que soy el sexto; mis dos hermanos mayores murieron muy jóvenes. Mis tíos y tías fueron aún más prolíficos con quince o veinte hijos cada uno, por lo que tengo noventa y dos primos directos. Nuestra familia es más bien una tribu, y nuestra fe católica se remonta a muchas generaciones atrás, por lo que nunca tuve que buscar a Dios o a un amigo.

Cuando tenía catorce años fui enviado a Bogotá, la capital de Colombia, para terminar mi educación secundaria. Eran los años 60 y muchos de mis amigos se alejaron de la fe católica. Yo también. Era fácil salirse y nadie nos decía que hiciéramos otra cosa. A los dieciséis años, me junté con un grupo de jóvenes *hippies* norteamericanos que estuvieron en Colombia durante tres meses. Uno de ellos era una chica americana de ojos azules llamada Donna, quien me introdujo en la marihuana, en la "liberación" del "stablishment" (el orden establecido) y en todo lo que ella sabía sobre sexo; y dejé de creer en Dios.

De la marihuana, rápidamente pasé al LSD, mezcalina, PCP, llegando finalmente a traficar con todos ellos. También me metí de cabeza en el paganismo oriental, los gurús, el tarot, la metafísica, el ocultismo, la magia, la adivinación… todas las corrientes espiritualmente venenosas que eventualmente pasaron a ser conocidas en los años 70 como el movimiento de la Nueva Era.

Durante cuatro años, tuve relaciones con innumerables "Donnas", que me visitaban de todas partes de Estados Unidos, y con un número similar de "Marías" de mi propio país. A finales de los años 60, terminé quedándome con una chica colombiana durante un año entero sin tener otras relaciones, algo anormal para mi nuevo estilo de vida. Parecíamos estar hechos el uno para el otro. Tan solo con veinte años la dejé embarazada. La mayoría de su familia estaba metida en la política, trabajaban para el gobierno y llevaban un estilo de vida que nuestra generación más joven odiaba. Su familia, a su vez, nos consideraba la basura del mundo. Sólo porque ambos teníamos padres católicos, nos casamos en una iglesia católica en Bogotá; pero ya no creíamos en el matrimonio. Unos días después de la ceremonia, los parientes de mi novia sugirieron que nos mudáramos a Alemania, donde nos ayudarían a encontrar trabajo. La verdad era que querían mandarnos lejos de ellos para que no dañáramos su reputación.

En Alemania, estudié en la Universidad de Hamburgo y me convertí en actor y compositor musical. Vivimos allí poco más de seis años y mi esposa dio a luz a dos hijos. Al final de nuestra estancia, el único pasatiempo que mi esposa y yo compartíamos como pareja eran nuestras salidas a los costosos conciertos de rock 'n roll, a los que asistíamos después de dar de comer a nuestros bebés; lo que nos dejó sin los fondos adecuados para todo lo demás. Pero no nos importaba.

Poco a poco, aunque nos cuidábamos y nos conocíamos íntimamente, la vida y la unión entre nosotros cambió. Ella empezó a sentir nostalgia de sus raíces, y yo me involucré cada vez más en mi mundo artístico y psicodélico. En 1976, decidimos volver a Colombia. Unos meses después, nos separamos.

Me fui a los Estados Unidos y pasé un tiempo en Florida y Nueva York dedicándome a la interpretación. Con el corazón lleno de ansiedad, debido a la separación de mis hijos y mi esposa, me sumergí en un problemático y confuso mundo de bares, con cocaína y mujeres tan decadentes como yo. Dos años más tarde, mis conexiones artísticas y mis conocidos en Nueva York me llevaron a Hollywood. El mismo espíritu que me había bautizado en el mundo de Donna a través del sexo y que me entregó mi primer porro de marihuana en 1967, siguió guiando mi vida con fuerza. Durante los siguientes veintinueve años trabajé en la industria del entretenimiento como actor, director, productor y compositor, vagando dentro de la meca de las drogas, la lujuria y la Nueva Era; que es Hollywood.

A mediados de los 70, mientras vivía en Hollywood, firmé con 'CBS Records' en Nueva York y viajé a muchos países con una banda promocionando música y produciendo discos. Tenía dinero, fama y poder, y me creía el tipo más genial de la ciudad. Esclavo de la Nueva Era decoré mi casa con Feng Shui, una tradición china importada. Mi sofá estaba orientado al norte, mi cama al sur y mi espejo, junto a la puerta principal, reflejaba un cristal a la derecha para que todo pudiera canalizar de manera correcta la "energía universal". Cultivé "poderes", "conocimiento" y otras "fuerzas cósmicas" a través de velas, astrología, horóscopos, psíquicos, etc., manteniendo también todas las supersticiones que había heredado de mi cultura… así como las que adopté de los países que había visitado. A mi juicio todo era ganancia.

El maligno, el muy astuto, se aseguró de que todo lo que yo tocara se convirtiera en éxito mundano para que pensara que mis esotéricas prácticas espirituales eran correctas y buenas. Cuando visitaba a mis parientes católicos que padecían en el terreno económico, les aconsejaba: "Hagan lo que yo hago, usen estos cristales…" Su respuesta era santiguarse y correr. "Esta gente es muy divertida", pensé. "Ellos siguen viviendo en la edad de la oscuridad".

Pero era yo el que vivía en la oscuridad, solo que creía vivir en la luz más brillante. Lucifer, vestido como un ángel de luz, era imposible de detectar porque yo caminaba con él. La única persona capaz de traer una perspectiva de Dios a mi vida era mi madre. Cuando ella volaba a California cada año o dos para visitarme —compensando mis poco frecuentes visitas a Colombia— ella siempre me decía: "No me impresiona mucho tu dinero o tu éxito. Lo que me preocupa mucho es tu alma. Si mueres viviendo el tipo de vida que estás viviendo, vas a condenarte". Para mi familia era inconcebible que hubiera perdido la fe y que no creyera en Jesús, así que, al volver a casa, mi madre simplemente decía: "Recen mucho por Marino".

Esta advertencia de mi madre resonó en lo profundo de mi ser, pero no iba a obedecerla porque ya tenía suficiente con lo mío. Además, los católicos eran una raza anticuada que tenía que aprender de mí. ¿Cómo podían seguir creyendo en cosas como el infierno? ¡Qué concepto tan supersticioso, deshumanizante y absurdo! Cada vez que el tema salía en una conversación, me aseguraba de expresar mis puntos de vista en voz alta.

Unos meses después de haber firmado el contrato con CBS Records (ahora llamada Sony Music), mi esposa llegó de Colombia en una visita sorpresa para decirme que tenía cáncer. La noticia de su diagnóstico me entristeció muchísimo. A pesar de haber estado varios años separados, siempre habíamos disfrutado de una preocupación mutua y una amistad cercana porque nos conocíamos perfectamente. No había secretos entre nosotros.

Poco después de su visita decidimos que sería mejor para nuestros hijos, ya adolescentes, que vivieran conmigo de forma permanente. Mis primeros años junto a ellos fueron muy difíciles debido a mis frecuentes giras, pero esta nueva responsabilidad me obligó a abandonar muchos de mis hábitos destructivos, excepto mis prácticas ocultas, que yo veía como inofensivas. Con independencia de lo que significaran todas las supersticiones que había adoptado, mi entorno se había vuelto más hostil. Mi temor iba más allá del miedo a caminar bajo una escalera o ver un gato negro. Me había vuelto un idiota.

En 1992 entré en un período de duelo. Ese año, mi esposa murió tras mucho sufrimiento. En 1993 mi hermano menor murió en un accidente de barco cerca de la isla de Antigua (nunca se encontró su cuerpo). Seis meses después mi padre falleció por una hemorragia cerebral. En 1996 mi último hermano vivo se quitó la vida de un disparo durante una discusión con su esposa, después de haberse emborrachado en una fiesta en Bogotá. En ese momento mi madre estaba gravemente enferma, demacrada y desgastada por todas las tragedias familiares. Dos meses más tarde murió en mis brazos, después de un éxtasis de tres horas durante el cual ella revivió y narró toda su vida.

Un año más tarde, en 1997, volví a Colombia para pasar la Navidad con mis cuatro hermanas restantes, todas ellas católicas practicantes. Al ritmo al que iba nuestra familia parecía que Dios se llevaría al resto de nosotros muy pronto. Una de mis hermanas que había caído enferma estaba convencida de que sería la siguiente. Nos preguntó si podíamos ir a la iglesia a rezar la Novena de Navidad al Niño Jesús de Praga,[xii] una devoción especial que antaño se extendió por toda la Iglesia y que aún continuaba en países como Colombia y Filipinas. La Novena comenzaba el 16 de diciembre y terminaba el 24 de diciembre con el Niño Jesús colocado ceremoniosamente en el pesebre de la iglesia.

Treinta y tres años habían pasado desde la última vez que puse un pie en una iglesia católica, y no creía en nada de eso. Fui sólo para complacer a mis hermanas, especialmente a la que creía que moriría pronto. Como introducción a la Novena, el sacerdote dijo: "Para el que haga esta Novena con devoción y fe el Niño Jesús le concederá una gracia". Eso llamó mi codiciosa atención. "Tal vez pueda sacar algo de este niño", pensé para mis adentros, así que le pregunté a una hermana que estaba sentada a mi lado: "Entonces, ¿qué tan poderoso es este niño?"

Ella me compartió muchos testimonios de milagros que se dieron gracias a la Novena, así que le dije: "Me parece genial". Este Niño Jesús, en mi percepción, era como mágico, como otro "poder" que me ofrecería buena suerte y fortuna. Hacía mucho tiempo que había perdido toda comprensión de lo que era la gracia. Decidí: "Voy a pedirle al Niño Jesús que transforme mi vida".

Siguiendo mi plan, le pedí que me diera la oportunidad de retirarme con mucho dinero y vivir el resto de mi vida como un rey, con al menos tres mujeres, en una isla de Indonesia que había visto en fotos.

"Hazlo con mucha fe", dijo mi hermana.

"Te aseguro que así lo haré. Puedes apostar", respondí.

Estaba convencido de que el Niño Jesús respondería a mi petición. Poco sabía que era con Dios con quien estaba hablando y que Él respondería a mi oración para cambiar mi vida, a Su manera. Terminó la Novena en Nochebuena. El día de Navidad, después de festejar con amigos y parientes, me subí a mi Land Cruiser a medianoche con uno de mis sobrinos. Nos fuimos a la plantación de café de mi tío para pasar la noche allí. Mi tío siempre mantenía la puerta de entrada abierta cuando me esperaba, así que me sorprendió verla cerrada cuando llegué. Paré el coche y le pedí a mi sobrino que saliera para abrir la puerta.

De repente, seis hombres encapuchados con ametralladoras saltaron en la oscuridad. Abrieron bruscamente las puertas del coche, metieron a mi sobrino en la parte de atrás, me sacaron del todoterreno y me ataron las manos a la espalda. Después de cubrirme la cabeza con una capucha me empujaron al asiento de atrás con mi sobrino.

Los seis se amontonaron en el todoterreno, y el conductor salió de la ciudad a una velocidad temeraria. Cuando nos detuvimos, cuatro de los encapuchados salieron del coche llevándome con ellos. Los dos restantes se fueron con mi sobrino. Más tarde me enteraría de que abandonaron mi coche y a mi sobrino en una plantación de azúcar esa misma noche. Él estaba a salvo, pero yo seguía temiendo lo peor.

Moviéndose rápidamente me ataron una cuerda para ganado alrededor de la cintura. Uno de ellos sostenía la cuerda por delante y otro por detrás. Luego me obligaron a correr por las montañas durante toda la noche con las manos aún atadas a la espalda y con la sofocante capucha de tela sintética cubriendo mi cabeza. Cuando finalmente nos detuvimos me tiraron en lo que, por el eco, parecía una granja abandonada. Al amanecer, todavía atado y encapuchado, me metieron en un coche y pasé las siguientes horas sufriendo por los baches del camino sin manos ni vista para sujetarme a algo. "Tenemos que ir a otro sitio", los oí decir, "porque la policía y el ejército lo están buscando".

Luego me obligaron a correr de nuevo durante varias horas en la oscuridad de la noche. Esta vez pude escuchar los espantosos sonidos de la selva, lo que acentuó mi pánico. El viaje en coche había dejado mi cuerpo magullado y ensangrentado, la humedad me dificultaba la respiración a través de la capucha y la falta de circulación me causaba dolores punzantes en la espalda y los brazos. El alcohol que había consumido durante los últimos tres días de fiesta de Navidad también había mermado mi energía, y a cada paso que daba parecía estar más cerca de sufrir un ataque al corazón.

Cuando la aterradora odisea a través de la selva terminó uno de los hombres me arrojó a una cueva. Mientras mi cuerpo golpeaba el suelo escuché un revoloteo y rápidamente me di cuenta de que estaba rodeado de cientos de murciélagos. No sabía qué era peor, si el olor de la cueva o la lluvia de excrementos de murciélago que cubrían el suelo podrido. Cada vez que me movía un centímetro los murciélagos se molestaban y me tiraban sus heces encima. Por si fuera poco, miles de bichos empezaron a salir de entre los excrementos y a meterse en mi ropa, mordiéndome de pies a cabeza. Pronto todo mi cuerpo se cubrió con todo tipo de picaduras de insectos. Algunas se sentían como calambres eléctricos, otras producían grandes hematomas inflamados y otras causaban una terrible picazón que no podía rascar con las manos porque todavía estaban atadas. Al tercer día empecé a llamar a mis secuestradores pensando que tal vez me sacarían de la cueva y, una vez fuera, podría tener una oportunidad de escapar. Les grité, pero mi voz casi me fallaba por la fatiga. Tras unos instantes vino uno de los hombres, me arrastró fuera de la cueva por los pies y me quitó la capucha dejándome en el suelo como si estuviera muerto. "¿Quieres comer algo?" preguntó. No le contesté. Mis ojos, con los párpados hinchados por las picaduras de insectos y cegados por días enteros expuesto sólo a la oscuridad, tardaron en abrirse y adaptarse a la luz, y cuando lo hicieron me asusté todavía más.

Sentado miré fijamente la cueva y vi lo que parecía un macabro escenario de enormes telarañas cubiertas con un líquido verdoso. Lentamente comencé a observar las arañas más grandes y peludas que nunca había visto. Parecía que sabían que las estaba mirando. Horrorizado noté que había hecho un gran agujero en una de las telarañas más grandes y gruesas, donde había permanecido tendido durante los últimos tres días. Lo único que quería hacer era correr. No me importaba si me disparaban. Pero ni siquiera podía levantarme pues tenía una pésima circulación sanguínea. El hombre me puso la capucha y me empujó de nuevo a la cueva.

Una vez al día uno de mis secuestradores me ofrecía comida, pero me negué a comerla porque quería desesperadamente morir. Me explicó que me daban lo que encontraban en la selva porque el grupo que se suponía tenía que recogerme no había llegado todavía. No dijo a quién esperaban ni qué planeaban hacer conmigo, y yo no me atrevía a preguntar.

Cada día aumentaba mi debilidad, mi ira y mi desesperación. Sólo quería matar a esos hombres, encontrar una forma de escapar, o simplemente morir. Finalmente decidí intentar recuperar algo de energía y empecé a beber y a comer las frutas silvestres, las raíces y el agua de la selva que me daban. Al decimoquinto día me sacaron de la cueva (llevé la cuenta del tiempo hasta el vigésimo primer día de mi secuestro). Me encontré en medio de casi ochenta guerrilleros marxistas con uniformes militares, de edades que rondaban entre los catorce y los veintiún años. Eran miembros del grupo revolucionario de las FARC, que afirmaban defender una ideología, pero que eran criminales ordinarios. Inmediatamente me di cuenta de que el ejército había dejado de buscarme, al notar que estos rebeldes se movían ahora abiertamente sin necesidad de esconderse.

El comandante del campamento de las FARC, de unos treinta años, empezó a caminar en círculos haciendo ostentación de poder, declarando que yo había sido comprado a mis primeros secuestradores y que debía pagar a su grupo un alto rescate —dinero que yo no tenía. Esto, según él, era sólo una pequeña cantidad de mi fortuna. Ellos debieron de asumir que yo era rico porque había salido en televisión y en películas, y era pariente de prominentes dueños de plantaciones de café a quienes llevaban acosando durante años.

El caricaturesco comandante sabía dónde estaban mis hermanas y llegó a mostrarme una lista con sus nombres, direcciones y números de teléfono. Si me negaba a darles el dinero, mis hermanas serían asesinadas, una por una. Yo sabía que una vida humana no significaba nada para ellos y que no dudarían ni un segundo en cumplir su amenaza. Todo lo que decía el comandante era ovacionado con risas por el grupo de depredadores y desnutridos chacales que me rodeaban. En esta absurda prueba, en la noche de la selva, mis emociones oscilaban drásticamente entre la ira y el miedo, la valentía y la dolorosa desesperación.

Los que me secuestraron en primer lugar pertenecían a una conocida familia de mi pueblo que había fracasado en el negocio del narcotráfico y pagaban sus deudas secuestrando gente. El comandante de las FARC aseguró que esos secuestradores me querían muerto después de que se pagara el rescate, ya que todos procedíamos del mismo pueblo y temían que yo fuera luego tras ellos. Como les había visto la cara me sentenciaron a muerte.

El comandante ordenó que volviera a la cueva y los guerrilleros me pusieron la capucha. Esta vez me ataron las manos por delante, lo que me proporcionó un ligero alivio. De vuelta en la cueva me sentía completamente destruido, sin esperanza alguna de salir con vida. Pensaba en mis hijos que temían por mi vida y que ya se habían quedado sin madre. Pensaba en mis hermanas, en toda mi familia, que ahora estaban en peligro de muerte. Lo había perdido literalmente todo. Mi existencia se había reducido a cenizas. Había tocado más que el fondo, si es que eso era posible.

Traté desesperadamente de conjurar un poder, una guía, cualquier cosa que me sostuviera en esta agonía. Busqué a tientas la ayuda de las filosofías orientales que había apreciado como cosas tan profundas y maravillosas. Pero las fórmulas mágicas, el conocimiento metafísico de lo oculto, los mantras, los cristales, los amuletos místicos de todo el mundo —todas estas cosas para las que vivía— no me ofrecían nada y me dejaron en la bancarrota espiritual más absoluta. Mi mente viajó entonces a mis primeros años mientras intentaba recordar las oraciones. Las había dicho en la iglesia y en la escuela, pero ni siquiera podía recordar el "Padre Nuestro". Nada.

Mi iluminación de conciencia

Fue en ese momento, en el que estaba completamente destruido como ser humano, cuando Dios entró en mi vida. Durante toda la noche, durante unas ocho o nueve horas, el Señor me mantuvo en un estado místico. Fui llevado a través de una iluminación de mi conciencia, seguida por una extraordinaria infusión de Sus enseñanzas —fragmentos que incluiré al relatar lo que sucedió durante la iluminación. (Aunque usaré a menudo la expresión "el Señor me mostró" para describir la iluminación, en realidad sólo después de que esta terminara entendí que su fuente era el Señor, ya que por entonces aún no sabía quién era el Señor).

Mientras aún mantenía el control de la realidad, consciente de estar presente en la cueva, entré en un estado misterioso e infinito, sin conciencia del tiempo ni del espacio. En este reino de vívida conciencia, pasó ante mis ojos toda mi vida de pecado. De repente, me vi a mí mismo a los tres años, montando en un triciclo alrededor de la vieja terraza de la casa de mi infancia en Colombia. Palo en mano, golpeaba las plantas de ornato y dañaba las flores en las macetas. Por detrás, podía oír la voz de alguien, tal vez una sirvienta, diciéndome que parara. "Creo que me estoy volviendo loco", pensé. "A mis cuarenta y siete años, estoy reviviendo un momento de cuando tenía tres".

Petrificado, reconsideré: "Durante las tres horas previas a su muerte, mi mamá habló de toda su vida, y por eso debo estar muriendo, como mi madre". Entonces pensé: "No, tal vez estoy alucinando porque me han estado mordiendo insectos venenosos durante quince días". Algo en el fondo me decía lo contrario, pero la respuesta era demasiado misteriosa, demasiado grande. Ninguna de mis racionalizaciones podía explicar esa experiencia que estaba viviendo, así que dejé de intentar entenderla. Mi mente estaba lejos de pensar que la iluminación venía de Dios.

Mientras presenciaba momentos de mi infancia, veía, paso a paso, cómo me iba apegando cada vez más al mundo exterior, abandonando mi relación con el Espíritu Santo, que había impregnado toda mi existencia. Yo veía cuán profundamente se desarrollaban en mi vida mis apegos, tanto a las posesiones materiales como a las personas. La cultura en la que nací también me expuso a una impureza sexual desenfrenada, y pronto comencé a tener una intensa actividad sexual conmigo mismo. Perdí el sentido de la alegría, la seguridad y el amor, y gradualmente me convertí en una persona que dependía constantemente del afecto humano, con un apetito orientado hacia los sentidos y los instintos.

Mientras yo percibía cómo se desvanecía mi felicidad, veía cómo mi lengua se convertía en un arma.[xiii] Ya en primaria, cometí una terrible ofensa contra un compañero de clase al que estaban molestado otros compañeros. El peor apodo que recibió fue el que yo le puse: "gallo". Llevó este apodo toda su vida y tuvo que soportar la humillación y la persecución de casi todo el mundo, causándole gran angustia. Este niño creció sufriendo aislamiento y extrema soledad, lo que purificó su alma de gran manera. Su purificación a través del sufrimiento causó un enorme daño a las almas de todos los que contribuyeron a su santidad, incluido yo mismo. Esto puede sonar confuso, pero es exactamente como vi que sucedió.

Se podría argumentar que yo, un niño de colegio, era demasiado pequeño para pensar mejor y aún no tenía una conciencia plenamente formada. Por el contrario, esto no sería del todo cierto, porque el Señor compartió conmigo más tarde que la sabiduría resuena en el alma en el momento del nacimiento, cuando el alma se independiza perfectamente del útero de la madre. Esto nos impide fingir ignorancia para justificar la realización de tal acto. El alma siente el dolor del pecado en el momento en que se comete, o incluso al consentirlo en la mente. Por tanto, no tenía excusa.

Mientras veía mi vida a los once, doce, trece, catorce años, empecé a experimentar un dolor espiritual insoportable. Por primera vez estaba sintiendo la agonía del pecado. Este sufrimiento penetró tan profundamente en mi corazón que nunca sería capaz de describirlo, y tan sólo me estaba acercando a la adolescencia. A mis cuarenta y siete años en una cueva, yo que no creía en el pecado, de repente sentí todo el dolor del mal que había cometido ya en mis primeros años de adolescencia. Cuanto más mayor iba haciéndome en la experiencia, más devastadora era esta agonía, ya que había pasado los últimos treinta y tres años de mi vida inmerso en el pecado mortal.

No sólo fui testigo de mis pecados, sino de todas las consecuencias de cada uno de ellos. Para explicar esta realidad, compartiré una escena particular que luego afronté ante el Señor:

Me mostraron un grupo de personas haciendo cola frente a un cajero de banco, un día temprano por la mañana. Por alguna razón, el cajero funcionaba muy lento. Una de las personas en la fila se inquietó y comenzó a quejarse, maldiciendo al banco, a sus empleados, y luego al gobierno. Otras personas en la fila se agitaron y comenzaron a refunfuñar también, así que cuando finalmente se encontraron con el cajero cara a cara, también lo insultaron. En consecuencia, el cajero perdió los estribos y se comportó mal durante el resto del día. La cadena de acontecimientos que se desarrolló en el banco se extendió a otras partes de la ciudad, causando un aumento de la hostilidad y la violencia, y luego al otro lado del mar, a través del teléfono, generando un radio increíblemente largo de acciones malignas. Al final del día, se cometieron actos de extrema violencia como consecuencia de la reacción de una persona ante un cajero que no trabajaba lo suficientemente rápido.

Si fui yo el que inició el fuego del pecado, también fui el responsable de su propagación. Ver todas mis transgresiones pasar de un alma a otra, como una terrible plaga, fue más que devastador.

Vi cómo la relación entre yo mismo (una criatura) y mi Dios (el Creador) se rompió en el momento en que creí que tenía el control de mi propia vida. A los catorce años, estaba encerrado en semejante vanidad, pretensión y orgullo que abandoné el Sacramento de la Reconciliación porque pensé que era ridículo confesarme con otro ser humano.

Empecé a burlarme de la Iglesia y a llevar a otros a hacer lo mismo. Me veía a mí mismo exponiendo los argumentos más absurdos para demostrar lo innecesario que era formar parte de la Iglesia. Yo despreciaba a todos los cristianos, pero en especial a los católicos. "¡Mira a esos sacerdotes! Son un desastre. No voy a decirles nada. ¿Además, quién necesita un intermediario?" … "¿Infierno? ¡Menuda tontería! No es posible. Dios no nos crearía para ir al infierno. Nunca nos haría eso". Vi todas las almas a las que debía servir y evangelizar, si me hubiera quedado en la Iglesia. Durante los siguientes treinta y tres años, las abandonaría a todas. Había recibido la gran bendición, junto con la gran responsabilidad, de ser educado como católico, y no hice nada con estas gracias.

Dios también destacó un momento particular en 1966, cuando tenía quince años. Me vi a mí mismo en la cocina de una casa en Bogotá en compañía de una sirvienta de mi edad. Tenía una actitud machista heredada de mis antepasados, y se manifestaba a través de mis acciones crueles, arrogantes y abusivas hacia aquellos sobre los que tenía autoridad. Le hablé con dureza, mientras sostenía en mi mano un objeto que se suponía que ella había limpiado. Ella miraba al suelo, con la cara llena de miseria. No protestó ni mostró un solo gesto de resistencia o disgusto. Mi alma se desgarró cuando vi esto. Vi cómo ella se encontraba en uno de los estados más delicados de su vida espiritual y emocional, y mis acciones la llevaron a un dolor más profundo. Se la habían llevado del campo donde había nacido. Fue separada de sus padres y trasladada a la gran ciudad donde fue puesta al servicio de extraños que no sentían ningún amor o caridad hacia ella, causándole mayor sufrimiento y desesperación.

Pude ver lo espiritualmente discapacitado que me encontraba a los dieciséis años, debido a las extensas raíces que había propagado en el mundo. Como consecuencia, mi existencia era absolutamente monótona y llena de ansiedades y deseos naturales. Con infinita tristeza fui testigo de cómo mis acciones pecaminosas causaron mi separación de la gracia que me fue concedida al nacer.

Luego, a los diecisiete años entré en el territorio de los irremediablemente perdidos, descendiendo a una caverna de impureza en la consumación de mi primer acto sexual con Donna. El Señor me reveló más tarde que a través de la fornicación perdí la gracia de mi bautismo y volví a caer en el pecado original, como si nunca hubiera sido bautizado.[xiv]

No sólo entré en las consecuencias de mi propio y grave pecado, sino que recibí las iniquidades de mis antepasados que también se habían dedicado a la fornicación.[xv] En lugar de reservar la virginidad y la castidad para el matrimonio sacramental, con su abundancia de gracias cristianas, mis antepasados y mi cultura habían elegido el camino del placer carnal antes del matrimonio. Y ahora, también yo. Así que me quedé sin brújula espiritual y continué multiplicando estos pecados —esta horrible maldición— para las generaciones futuras.

Desde ese primer acto con Donna mi vida entera comenzó a depender de la carne y cada vez menos del espíritu. Vi cómo mis ojos cambiaron y tuvieron hambre de penetrar en el más profundo abismo de la sexualidad. Como esponjas, buscaban absorber cada detalle a lo largo del camino. Como resultado, perdí innumerables gracias y el tesoro de la paz.

Si tan sólo Nuestro Señor te permitiera a ti, que estás leyendo, observar por un instante lo que yo presencié sobre lo que supuso la llegada de Donna a mi vida y viceversa… Ver esto sería una intensa advertencia de la seriedad de la batalla que se está librando por nuestras almas.

Con horror, mi apetito carnal seguía creciendo, trayendo serias consecuencias tanto a mi vida como a la de los que me rodeaban. Me convencí de que el sexo era como el respirar. Pero el Señor me explicaría más tarde que la sexualidad no es una necesidad sino una función. Un humano puede sobrevivir sin vida sexual. Quizás no pueda procrear, pero con toda seguridad ni morirá ni se atrofiará física, emocional o espiritualmente. La impureza sexual, es una de las rutas más rápidas para separarnos a años luz de Su presencia, un camino que nos compromete gravemente con los reinos diabólicos. Cada acto sexual pecaminoso es una metamorfosis interna, vaciando gradualmente al ser humano de su existencia espiritual. Esto puede llevar al alma a una muerte prematura, a ser un cadáver andante, llevado por el maligno a una eterna sepultura.

Esa primera relación fue el comienzo de una larga secuencia de eventos infernales en mi vida. A través de Donna, se me inyectaron dos venenos diferentes: uno, el de drogas alucinógenas y otro, el de la promiscuidad, cuyas llamas venenosas fueron avivadas por mi herencia intergeneracional y mi historial de actividad sexual conmigo mismo. La unión con Donna encendió un fuego que no se extinguiría en décadas.

El diablo me preparó bien para la llegada de mi segundo romance con otra americana que vino de visita, llamada Cindy. Después de establecer una fuente de corrupción dentro de nosotros dos, Satanás nos usó como sus herramientas para atrapar a aquellos con los que entráramos en contacto. Cindy y yo causamos la destrucción de muchas almas. A través de nosotros, estas fueron iniciadas en el consumo de drogas como el LSD y en una vida sexual espontánea y casual. Ver todo esto fue muy doloroso. Cindy misma, murió de una sobredosis de heroína en su casa en San Francisco.

El Señor me explicó más tarde, que el maligno conoce los dones y talentos que Dios nos ha dado, y quiere arrebatar estas capacidades para su territorio desde el principio de nuestras vidas. De lo contrario, se convertirán en armas en su contra. El diablo me dio talentos inmundos para atraer al sexo opuesto, y fui cautivado con facilidad por invitaciones de mujeres a la pasión carnal. Sin esfuerzo, podía seducir a otros y podía ser seducido aún más fácilmente. Incluso vi cómo adoptaba las formas y gestos de los demonios que trabajaban a través de mí. Donna, Cindy y yo, sin embargo, no éramos simples marionetas de Satanás. Éramos plenamente conscientes de actuar en contra de la ley moral de Dios.

Después de comprobar la verdad de mi contacto con Donna y Cindy, fui testigo de que el maligno se sirvió de mí durante muchos años más, aprovechando mi vitalidad y mis inclinaciones artísticas. Desde muy joven, tuve afinidad con las artes, y cada talento que poseía era utilizado por el mal para aumentar la influencia venenosa de mis acciones.

Para mí, fue terriblemente difícil aprender en esta revelación de mi conciencia, que la clave del cielo no era el poder o la comodidad o la sensualidad, sino la renuncia. El mundo que yo había creado para mí estaba orientado a evitar el dolor y a obtener placer a cualquier precio. Mi versión de la realidad hacía que fuera imposible, a medida que pasaban los días, concebir que el camino de la purificación hacia la unión absoluta con Dios estaba pavimentado de sufrimiento, dolor y tribulación. Además, perseguía la felicidad en este mundo, una tarea imposible, porque no puede haber nunca una plena realización de lo eterno en lo que no es permanente. Es como querer construir una casa en el océano.

Durante esta iluminación de la conciencia noté, por lo menos unas mil veces, la forma en que mis ojos se fijaban en cruces en muchos lugares. Con cada mirada a un crucifijo, una llamada ardiente se agitaba en lo profundo de mi ser, pero no llegaba nunca a mi corazón porque estaba inmunizado a los movimientos del Espíritu Santo.

Cuantos más pecados cometía más atormentado me sentía, y más desesperado salía en busca de la felicidad perdida. En medio de mi angustia terminé haciendo ciertas cosas que una parte de mí detestaba. Dios también me permitió ver cómo, en medio de mi actividad más intensa en términos de pecado (cuando pensaba que estaba disfrutando del mayor placer físico), mi alma sangraba ríos de dolor interno que consumían todo mi ser. Mis ojos parecían ventanas de tristeza cubiertos de maquillaje de carnaval incapaces de engañar a nadie.

También vi los ojos de aquellos que habían pecado conmigo. Ellos también sufrían una angustia interior, a excepción de los que parecían consumidos por la oscuridad. En medio de todo este dolor, el Señor me mostró más tarde que Él estaba allí en cada acción, no importa cuán oscura fuera, para aliviar el peso del pecado de nuestras almas atormentadas, que reconocían que algo iba radicalmente mal.

No hay manera de describir la tortura espiritual que pasé en este despertar de mi conciencia. No estoy seguro de cómo sobreviví. Sé que si alguien, en un estado de pecado mortal continuado, sufriera lo que yo experimenté, lo más probable es que muriera.

Mi juicio personal

A lo largo de este repaso de mi vida de pecado era consciente, misteriosamente, de que aún me encontraba presente en la cueva. Todavía tenía control de la realidad en la que me hallaba. Pero ese control se desvaneció repentinamente. De repente fui llevado a otra dimensión. No sé si me desmayé, me morí o si me quedé dormido. Me encontré inmerso en la frescura de un campo muy agradable, boca abajo, en una hermosa hierba que cubría la meseta de lo que parecía ser una alta montaña, pero una como no la hay en la tierra. Yo estaba en medio del más increíble e inmenso silencio, lo que llamaré el silencio perfecto. También podía ver mi cuerpo en esa cueva, en otra dimensión. Mi primer pensamiento fue: "acabo de morir". Y sin embargo nunca me había sentido tan vivo. Todo mi ser estaba ingrávido, libre de toda ansiedad o dolor e impregnado de un puro sentido de alegría.

Ante mí, a lo lejos, vi otra montaña aún más alta, separada de aquella en la que me encontraba. A través de una lejana niebla que rodeaba la cima de la montaña, comenzó a aparecer lentamente una ciudad espectacularmente hermosa. Yo estaba en un perfecto estado de conocimiento, entendiendo todo lo que veía. Cuando empecé a explorar esa ciudad (podía verla por dentro y por fuera, aunque estaba muy lejos), sabía perfectamente que mi alma debía haber terminado allí, pero no lo logró.

Entonces escuché la voz del Señor que me hablaba. Sabía que era Dios. Su voz sonaba tan majestuosa, tan inmensa, que parecía venir de todas partes del universo, y al mismo tiempo, de mi interior. Ni siquiera todo lo bello en el mundo bastaría para empezar a describirla. Estaba experimentando la más magnífica, amorosa, misericordiosa y compasiva voz; pero en mi orgullo, me sentía tan avergonzado de ser quien era en presencia de este asombrosamente magnánimo Dios, que no fui capaz de aceptar su misericordia. Quería hundirme en mi vergüenza, pero el Señor seguía sosteniéndome. Él intentaba salvarme de mí mismo. Cuanta más vergüenza experimentaba yo, más misericordia y amor me mostraba Él, en un sinfónico ir y venir por mi salvación.

El amor incondicional y la exorbitante misericordia en la voz del Señor me quemaba. No quería oírlo, así que lo rechacé. A la gente le cuesta pensar que los seres humanos podamos rechazar a Dios, quien sólo quiere salvarnos. Pero podemos. Esto sucede si morimos y nos presentamos ante el Señor sin amor. Cuando rechacé la voz del Señor, al instante Él dejó de hablarme. Caí en una soledad indescriptible. El silencio ya no era perfecto, sino que se convirtió en la ausencia total de amor. Yo sabía que si esa voz no me volvía a hablar acabaría destruido, porque esa voz era mi vida.

Entonces todo se desvaneció: la hierba, las montañas, la ciudad de luz. Pasé a estar suspendido encima de un abismo aterrador, sobre lo que parecía ser un océano de niebla. Empecé a hundirme en él y, mientras descendía, noté que no era niebla en absoluto. Cada partícula era un alma condenada, una persona demonizada. Cada figura horripilante aún poseía rastros de ser humano; podía ver lo que parecía un brazo, la parte de un rostro. Pero cada ser estaba totalmente deformado por el pecado, y yo era perfectamente consciente de exactamente qué tipo de pecado había infligido, qué tipo de deformidad. Yo mismo también conocía y sentía el origen de cada una de mis aterradoras deformidades.

Al mirar más profundamente este espantoso abismo en las entrañas de la tierra, vi que se complicaba cada vez más porque había infinitos niveles de condenación, y todas las almas humanas condenadas estaban conectadas a jerarquías demoníacas muy inferiores. Esas jerarquías estaban formadas por ángeles caídos.[xvi] Cada jerarquía gobernaba un territorio de pecado diferente, y pude ver cómo las almas estaban eternamente esclavizadas a las jerarquías de demonios que correspondían a sus pecados. Era como si las almas estuvieran conectadas a ellos, y yo también estaba conectado a ellos. Mis pecados estaban perfectamente conectados a millones de espíritus malignos en diferentes dimensiones del abismo. De repente, vi los horribles rostros de los demonios con los que forniqué y cometí adulterio. Vi los malvados y retorcidos rostros de mi violencia, mi deshonestidad, mi avaricia, mi gula.

La mayoría de la gente que vive en pecado mortal, como yo, argumenta que Dios es muy misericordioso y que por tanto no hay infierno. Bueno, me equivoqué. Hay infierno. Rodeado de criaturas abominables más allá de mi imaginación más salvaje, experimenté el dolor más insoportable de toda mi existencia humana. Sentí como si me robaran el alma, la violaran y la pisotearan. Lo peor fue reconocer que yo había causado esto voluntariamente. Aunque la palabra "violación" pueda sonar exagerada, realmente sentí una violación de los recovecos interiores de mi alma. Podía ver los diferentes ángulos en los que el mal trabajaba en mí y cómo había invadido los espacios de mi vida, borrando gradualmente todos los detalles de la presencia de Dios en mí.

Este fue mi momento ante el "Tribunal del Juicio", el "Tribunal Sagrado" de Dios. La presencia espiritual del pecado ante el Santo Tribunal es el mayor dolor que un alma puede sufrir. Es indescriptible y no tiene comparación. Yo me encontraba en un territorio de maldad tan grande que perdí toda esperanza de ver de nuevo la luz. En el Santo Tribunal de Dios experimenté mi propio juicio personal, y mi sentencia fue la condenación eterna.

En Su presencia

Al morir, cuando el alma se enfrente a su propio juicio personal, no encontrará nada que le sea desconocido. El conocimiento de sí misma ya ha sido infundido en la persona por obra del Espíritu Santo. Es el pecado lo que hace que esta sabiduría quede aletargada. En presencia del Señor, el alma conoce la verdad instantáneamente. La única confusión que experimenta el alma en el momento de la muerte física es el encuentro de su relación con el mal. Esto la toma por sorpresa.

Si aquí en la tierra supiéramos con claridad cuándo nos adentramos en un territorio jerárquico de pecado, nunca permitiríamos ser engañados o manipulados y convertidos en títeres de Satanás. No existe un término medio ante el Tribunal de Dios. No podemos decir que fuimos un poco buenos o un poco malos. La línea divisoria desaparece, y quedamos a un lado o al otro, destinados al purgatorio o al cielo; o al infierno.

Yo me adentré en el campo del mal. El diablo había sido mi maestro y, encontrándome en su terreno, debía rendir cuentas a mi Señor. Ante la Divina Presencia, yo era como un hombre casado sorprendido por su esposa abrazado a su amante, infiel y en la cama con el maligno durante treinta y tres años. Asumí que me pasaría toda la eternidad en el infierno, para nunca más volver a ver la luz de Dios.

De repente, me encontré de nuevo en la montaña con mi cara en la hierba. Parecía como si nunca hubiera dejado este lugar de perfecto silencio, como si nunca hubiera experimentado el infierno; sin embargo, sabía que sí lo había vivido. Entonces el Señor comenzó a hablarme de nuevo. Mientras miraba a mi alrededor tratando de descubrir de dónde provenía Su voz, me encontré sumergido hasta la cintura en un pequeño lago. Además de ser absolutamente consciente de encontrarme presente en tres estados diferentes (en la cueva con los murciélagos, tumbado en la hierba y, ahora, en el lago), también tenía una vívida conciencia de la relación entre cada uno de ellos. Sé que esto le parecerá al lector tan difícil de entender como me lo pareció a mí.

Con mi atención puesta en la dimensión en la que me encontraba de pie en el lago, sumergido hasta la cintura, miré hacia arriba con los brazos extendidos. Allí, frente al lago apareció una inmensa y preciosa roca dorada imposible de describir. Parecía ser tan grande como el universo. Aunque de tamaño inimaginable, mi intelecto sí podía comprenderla.

En ese mismo instante me di cuenta de la presencia de incontables espíritus malignos que estaban en el lago. Entonces apareció mi ángel guardián en la cima de la roca. Estaba vestido con una túnica marfil pálida, del mismo color que su rostro, como si fuera parte de su cuerpo. Con perfecto conocimiento sabía todo lo que él decía sin "escucharlo". "Te encuentras en el territorio de todos tus pecados", dijo. "Viviste tu vida en contra de los mandamientos de Dios Todopoderoso". Mientras él miraba a los espíritus malignos a mi alrededor, sus ojos eran como antorchas de fuego.

Entonces se me mostró la presencia de mi ángel guardián durante toda mi vida, junto con la presencia de muchos otros ángeles —los guardianes de mis parientes o de personas a las que yo había herido— y vi cómo las acciones de esos ángeles habían sido anuladas por mis pecados. Vi su lucha espiritual contra los espíritus caídos. Fue devastador ver cuántas gracias había desperdiciado y cuánto de mi vida había malgastado con los demonios, ¡y siendo tan poco consciente de ellos!

Había algo aún más grande en esta enorme aparición, y yo sabía lo que era: el Señor mismo. Habiendo tan solo escuchado Su voz hasta ese momento, comprendí que estaba a punto de verlo. Avergonzado, quise desaparecer en el lago. Pero Él me dio la fuerza para mirar hacia la cima de la roca. Suavemente, Nuestro Señor Jesucristo comenzó a tomar forma de persona, transparente y sumergida en una luz majestuosa. Esta revelación me sorprendió porque durante décadas yo no había pensado en Dios como una persona divina, sólo como una "energía" universal y cósmica, o nirvana.

Me fundí en Su Presencia; Su aura me penetró tan completamente que me sentí como si estuviera unido a Él. No hay palabras que puedan describir mi encuentro con nuestro Rey. Vi toda mi vida en Él. Vi toda la creación en Él. Hubiera esperado verlo vestido con una túnica, pero sólo puedo decir que Él estaba vestido con la luz más hermosa. Al mismo tiempo, apareció dentro de Él el más espectacular abanico de colores que pueda deleitar a los ojos, presentándolo en diferentes matices de luz. Estos colores eran como criaturas vivas debido a la enorme vivacidad en que existían. No hay comparación entre la luz y los colores que vi y lo que vemos en el mundo material.

El cabello de Jesús le llegaba hasta los hombros y se veía en varios tonos de oro, desde el más oscuro al más claro. Yo lo veía mayor y joven, todo al mismo tiempo, con un rostro eternamente bello, sabio, poderoso y lleno de amor infinito. No podía más que sumergirme completamente en Sus ojos, que encarnaban un amor y una compasión infinitos. Estos cambiaban de amarillo a azul o verde, colores que traían el mayor alivio que un alma podía desear. Ver los ojos de Jesucristo es alcanzar la plena realización, el cumplimiento último de la existencia.

Nuestro Señor era la mansión resplandeciente a través de la cual podía ver el cielo. Dentro de Él, fui testigo de un asombroso e interminable océano de pureza, una vasta extensión de verde exquisito. Mientras mis ojos se concentraban en un punto en particular, me di cuenta de que, al igual que un campo verde está hecho de millones de briznas de hierba, también este océano estaba compuesto por un gran número de ángeles y santos.

Entonces, en medio de la luz más colorida, como si viniera de los corazones de todos los ángeles y santos, surgió la más espléndida de todas criaturas, la Santísima Virgen María. Era preciosa y joven y estaba tan llena de una regia soberanía de abundantísima humildad y gracia que no podía seguir mirándola. Entonces me encontré como un niño en su vientre, conectado a ella mediante un cordón umbilical espiritual. Al abrigo de su ser, sentí un alimento tan tierno que temía perderla. Juntos, ella y todas las huestes celestiales comenzaron a alabar y adorar al Señor a coro, algo que no puede ser descrito en palabras humanas. La presencia de tal perfección sólo puede producir en el alma un estado de sublime éxtasis.

Mi comprensión inicial de Jesús y María era tan pobre que cada descubrimiento era profundo. Nunca aprendí en mi catequesis, ni presté atención en las clases de religión. Para mí, la más grande de todas las revelaciones fue aprender que Jesucristo era Dios. Y más todavía, descubrir que yo tenía una Madre en el Cielo llenó un profundo vacío materno en mi alma, un vacío del que yo no era consciente hasta el momento en que la vi. Mientras estaba cobijado como un niño en su vientre, aún seguía de cintura para abajo en el lago. Ella me habló con profundo amor, con palabras que yo no "escuché" pero que entendí perfectamente: "Tienes que confiar en tu Señor Jesús. Tienes que abrir tu corazón para dejarle entrar. Jesús te ama. Te perdona". En mi corazón, sin embargo, aún parecía imposible aceptar el perdón del Señor porque yo no era capaz de perdonarme a mí mismo.

Cuando estaba con Nuestra Señora, se me mostró un gran valle de soledad, lleno de millones de almas, que parecía un gran cuerpo de fuego, pero era tan frío como el hielo. Parecía el infierno, pero mi ángel de la guarda me dijo que estaba viendo el purgatorio,[xvii] muy por debajo de la tierra. Las almas en este estado, explicó, habían llegado a la salvación, pero no a la santidad, así que debían ser purificadas.

Las almas sufrían allí porque estaban separadas de Dios, a quien amaban. En sus sentidos espirituales, ellas experimentaban las sensaciones extremas del fuego y el hielo, porque era demasiado caliente o demasiado frío. Los niveles de purificación que vi en el purgatorio eran tan grandes y numerosos que, si cien personas murieran repentinamente y fueran allí, no podrían verse unas a otras, pues probablemente acabarían en diferentes niveles, según sus mayores o menores pecados. Nuestra Señora, la Reina del purgatorio, sentía una gran compasión por cada alma y nunca dejaba de interceder por ellas. Ella, mi ángel guardián, y otros ángeles del Señor me mostraban cómo todas las almas que veía poseían una hermosa y real seguridad de que estaban salvadas. Ellas habían aceptado que aún no podían asistir al banquete del Señor porque no estaban debidamente vestidas con virtudes, y se consolaban en la promesa que Dios les hizo del Cielo. La Virgen y los ángeles querían que yo aceptara esa misma misericordia y esperanza para mí, pero no pude.

Me sentía tan indigno que aparté la cabeza y miré hacia el lago. Siguiéndome suavemente, María vino a mi encuentro en la superficie del agua. Junto a su reflejo, ella señaló los espíritus de mis pecados y dijo con la más tierna de las voces: "Ellos no son tú".

Finalmente, pude permitir que me envolviera la misericordia del Señor. Fue entonces cuando Él comenzó a guiarme a través de exhaustivas enseñanzas, parte de las cuales he incluido en el relato de mi iluminación de conciencia. Jesús habló de mi vida, de la humanidad, de la Iglesia, de los siete sacramentos, de los diez mandamientos, de la Virgen, de los santos, del Cielo, del purgatorio, del infierno, de los demonios, de los ángeles, de la escatología, de la salvación, de los pecados capitales, de lo que llamó la "economía del alma", y de muchas cosas más. El estado en el que me encontraba es muy difícil de describir. La única forma en que puedo expresar este fenómeno sería decir que todo lo que Él decía se materializó ante mis ojos y fue infundido en mi corazón.

Las palabras no me permiten ni siquiera aproximarme a la perfección, paz y sabiduría absoluta en que tuvieron lugar Sus enseñanzas, y nunca seré capaz de sopesarlas. Si viviera cien años más, no podría transmitir ni la mínima parte de todo lo que el Señor me compartió. Nunca había estudiado o leído en libros nada de lo que Él me enseñó, ni lo había escuchado de la gente que me rodeaba. Todo era nuevo.

De regreso en mi cuerpo

Mi experiencia mística duró toda la noche, fueron unas ocho o nueve horas. Luego el Señor me devolvió a mi cuerpo físico. Cuando volví a entrar en la prisión de mi carne, esta entró en convulsiones. Exteriormente, estaba de vuelta en la misma pesadilla viviente. Por dentro, era un ser humano absolutamente cambiado.

Durante los siguientes cinco meses, viví en cautiverio. Diariamente, sufría la tortura física y psicológica de los rebeldes, que intentaban sacarme dinero a mí y a mi familia. Durante esos largos meses, pasé por un gran sufrimiento y desesperación. Nunca soñé con salir vivo. Miraba a esos jóvenes, sabiendo que eran prisioneros del diablo. Me estaban atacando, física y mentalmente, y no sabían por qué. Me sentí muy mal por ellos.

Cada día, ofrecía cada sufrimiento que tenía por la reparación de mis pecados. Ahora creía plenamente en la misericordia de Dios, pero tenía miedo de mí mismo, de lo que iba a hacer en presencia del Señor cuando muriera. Le rogué que me enviara a alguien que pudiera confesarme, aunque fuera un sacerdote que hubiera sido secuestrado.

Al cuarto mes de mi cautiverio le había dado a la guerrilla de las FARC cada centavo que había ahorrado, aunque era mucho menos de lo que ellos buscaban. Entonces me informaron que estaban esperando instrucciones para mi ejecución. Durante los dos meses siguientes viví esperando que me mataran. Cada vez que veía a uno de los hombres con una cuerda, daba por sentado que me iban a colgar. Cuando veía a uno afilando un cuchillo, me preparaba para ser apuñalado hasta la muerte. Si uno estaba limpiando una ametralladora, esperaba que me mataran a tiros. Al menos dos veces al día experimentaba emocionalmente mis últimos momentos de vida.

Un día un guerrillero me dijo que le pidiera al comandante que me matara en el camino para que mi familia pudiera encontrarme. Yo seguí su sugerencia y me acerqué al comandante. "¿Podrías matarme en el camino?" Pregunté en secreto.

"No", dijo. "Tengo que matarte en la selva. No tenemos tiempo de llevarte a la carretera".

Así que esperaba ser asesinado en cualquier momento en el corazón de la selva. Un día, a las dos de la mañana, en medio de una lluvia torrencial, me desataron del árbol al que estaba atado y me ordenaron seguir a cuatro de los guerrilleros. Durante las primeras horas de la mañana y el resto del fatigoso día me llevaron por una de las selvas tropicales del oeste de Colombia, una selva oscura, montañosa y peligrosa. A esta altura de mi secuestro me había vuelto delgado como un palo, con una barba hasta el pecho y llevando la misma ropa rasgada con la que me había sentado en el excremento de murciélago seis meses antes. Durante medio año entero no había dormido en una cama ni me había duchado.

Después de que el sol se disipara con sus últimos rayos nos acercamos a un camino sin asfaltar. Se habían cumplido ya seis meses desde el día de mi secuestro. Sin más explicación, uno de los guerrilleros me dijo: "Camina recto y no mires atrás". Así que salí con dificultad con las piernas casi paralizadas por el miedo, esperando a cada paso el nefasto sonido de un disparo de rifle que me atravesara en la oscura y silenciosa noche. Le rogué a Dios que permitiera que la bala me diera en la cabeza para que me mataran al instante, en lugar de dejarme sufrir una muerte agonizante herido de muerte en un camino solitario y aislado.

Fue la caminata más larga de mi vida. Petrificado, caminé... y caminé... y caminé... y no pasó nada. Al acercarme a una curva en el camino, reuní el valor para mirar atrás. Totalmente confundido, vi a los cuatro hombres subir la montaña en dirección al bosque del que habíamos venido. ¿Podría atreverme a tener esperanza? ¿Me interceptarían más adelante en el camino? Mi corazón latía rápidamente mientras escudriñaba el horizonte bajo la tenue luz de la luna, buscando rebeldes. Pero ninguno apareció.

Había sido secuestrado durante tanto tiempo que no sabía qué hacer. Había perdido mi voluntad. De hecho, esperaba que los criminales volvieran para decirme a dónde ir y cómo arreglármelas. Después de lo que parecieron ser horas, escuché el motor de un coche lejano. A lo largo del camino de tierra llegó un viejo autobús que pasó a mi izquierda y se detuvo unos metros delante de mí. Una mujer se bajó en el camino de tierra y caminó hacia el bosque, así que me di cuenta de que era una de las guerrilleras. Lleno de adrenalina me apresuré a llegar a la puerta del autobús, que cerraron de golpe en mi cara porque parecía un cavernícola. Metiendo el codo y la rodilla en la rendija de la puerta la abrí y entré.

Todos los que iban en el autobús inmediatamente voltearon la cabeza para mirarme. Viendo el último asiento trasero vacío, cubierto de vidrios rotos y polvo, caminé hacia el final del autobús y me senté justo en el centro del asiento. A través de su espejo retrovisor el conductor me miró fijamente, sin duda esperando que yo hiciera algo terrible; y le devolví la mirada. Todos los que iban en el autobús habían girado sus cabezas y seguían mirándome. "¿Serán guerrillas?" Me preguntaba. "¿Será todo esto un montaje?" Aunque no sabía dónde estaba, no me atreví a preguntarle nada a nadie. Sin embargo, en algún lugar de mi miedo, empecé a tener esperanza.

Después de un tiempo llegué a un pueblo, y luego a otro. La policía vino y mis hermanas me recogieron. Nuestra reunión fue dramática. Ellas estaban eufóricas y, al mismo tiempo, les dolía verme porque no podía soportar sus expresiones de amor y afecto. Después de ser estrujado y golpeado, atado con una cuerda y mal alimentado durante seis meses, me volví paranoico. No tenía fuerzas para recibir un abrazo o una mirada de amor porque había sido castigado cada minuto de cada día sin otro fin imaginable que mi muerte. Todo lo que conocía era crueldad, así que cuando mis hermanas se acercaron a mí, me asusté. Cuando intentaban agarrarme mi cuerpo temblaba y se estremecía.

Mis hermanas me llevaron a casa y pasé quince días encerrado en un dormitorio. Incapaz de sentarme con nadie, me acercaba a la mesa para comer solo, cerciorándome de que no hubiese nadie alrededor. Cuando necesitaba bañarme apenas me daba tiempo a correr a la ducha y volver. Mis hermanas me ofrecieron ayuda psiquiátrica, pero no la acepté. Yo sólo, lentamente, comencé a dar pequeños pasos hacia el mundo. Sin embargo, era fácil para mí orar... y orar. Sabía que el Señor me iba a curar.

Después de recuperarme tanto física como emocionalmente lo primero que hice fue ir a confesarme a un monasterio en el pueblo de mi hermana. Después de hacer una larga fila me encontré cara a cara con el abad, un santo franciscano de larga barba que escuchó amablemente mi larga confesión. Como era un salón vacío el eco viajaba por todas partes, y las señoras que esperaban afuera podían escuchar mis pecados. Me imaginé que se quedarían petrificadas, pensando: "¡Vaya! Pues no estamos haciéndolo tan mal nosotras".

Finalmente acabé y el sacerdote dijo: "Voy a darte la absolución ahora... Dios, Padre misericordioso, que reconcilió consigo al mundo por la muerte y la resurrección de su Hijo y derramó el Espíritu Santo para la remisión de los pecados, te conceda, por el ministerio de la Iglesia, el perdón y la paz. Yo te absuelvo de tus pecados en el nombre del Padre y del Hijo y del Espíritu Santo". Sintiéndome increíblemente ligero y delirantemente feliz salí de ese confesionario saludando a todos. Podría haber confesado mis pecados delante de un millón de  personas porque el Señor me dijo que el pecado es el diablo y que todos somos pecadores. En cuanto me di cuenta de lo que justo acababa de suceder místicamente, exulté de gozo por haber llevado al diablo a la cárcel. Casi podía oírlo a él y a sus legiones quemarse, uno tras otro. No sólo eso, sino que estaba prácticamente curado de toda mi paranoia y de todas las consecuencias emocionales y psicológicas de mi trauma por el secuestro. Fue la mayor sensación de alivio y liberación de toda mi vida.

Poco después de eso volví a California, a mi casa en Los Ángeles. Allí lo primero que hice fue volver a la Iglesia. Mi primera experiencia de la

Comunión fue un vistazo al Cielo. Jesús me salvó de una manera imposible de describir. Cuán enamorado estaba del Señor y de la Iglesia, de las Escrituras, del Catecismo, la liturgia, las vidas de los santos. Todo me confirmó lo que había aprendido a través de mi experiencia mística en la cueva. Saber que estaba en la Iglesia del Señor, la Casa de Dios, me hizo sentir muy seguro. Cada día me aseguraba de asistir a Misa, y acudía con frecuencia a la Confesión. Estaba como en casa. En la Iglesia me sentía muy tímido con la gente porque era un católico que ni siquiera sabía el "Padre Nuestro". Cuando me paraba junto a la gente en una conversación sobre la Fe, me deslizaba hacia ellos para oírlos. A veces se sentían intimidados por la manera extraña en que me aproximaba para escuchar sus conversaciones y dejaban de hablar. "¡Maldición!" pensaba. Me uní a grupos de oración, pero guardé silencio sobre mi experiencia mística, sin decírselo a nadie, ni siquiera a mis hijos. Me imaginé que ese era un gran secreto entre Dios y yo, que significaba que Dios me estaba dando otra oportunidad. De todas formas, nunca pensé que alguien me creería.

Aunque espiritualmente satisfecho, me sentía agotado y devastado física y mentalmente, por el secuestro y las palizas. No pensé que viviría mucho. Todo lo que quería era mudarme a un pequeño pueblo en el norte de Italia, retirarme y vivir mis últimos días en una existencia simple, pequeña y humilde. Mi familia y amigos estaban preocupados por mi "extraño" comportamiento porque había abandonado la mayoría de mis actividades anteriores y siempre estaba en la Iglesia. "Un día volverá a su antigua vida", decían. "Sólo está traumatizado y necesita ir a un psiquiatra". Poco se imaginaban que yo ya no pertenecía a este mundo.

A los cuarenta y nueve años, después de vivir dos años en Los Ángeles hice un viaje a Colombia durante la Semana Santa. El Domingo de Ramos asistí a una Misa al mediodía que estaba tan concurrida que no pude entrar. A través de las puertas principales de la iglesia, miré por encima de un mar de gente y me concentré en un gigantesco crucifijo colgado sobre el altar. Mientras lo miraba empecé a sentirme mareado, como si me fuera a desmayar. Entonces me di cuenta de que el Señor me estaba llevando a otra experiencia mística.

Se manifestó de nuevo, esta vez desde el crucifijo, de la misma manera que se me había aparecido en la roca. Si entré en el crucifijo o el crucifijo entró en mí, no lo sé. En este estado inexplicable el Señor me mostró que mi misión en esta vida estaba a punto de comenzar. Él me dijo que me llevaría por todo el mundo y que todo el conocimiento que había infundido en mi alma era para que yo lo compartiera. Él me apoyaría y se expresaría a través de mi testimonio, usando medios naturales: mi estilo de hablar, mi cultura y los idiomas que conocía. Me dijo que ya había elegido todos los lugares a los que iría, y escogido por su nombre a cada persona que me iba a escuchar, añadiendo que ellos serían responsables de todo lo que yo les diera. La única petición inmediata del Señor para mí fue ser fiel, orar y leer la Palabra de Dios.

No entendí nada de lo que me estaba comunicando. "De ninguna manera", le dije. "Entonces, un pecador como yo que ha vivido una vida tan decadente, que persiguió a la Iglesia y se burló de los cristianos y los sacerdotes... Se supone que debo hablar a los feligreses y decir: "Mira, he pecado contra el Señor, y luego el Señor me habló..." ¡Me tirarán piedras y jitomates!"

Volviendo después de la celebración del Domingo de Ramos, pensé: "Ahora sí que me he vuelto loco". Pero el Señor tenía un plan. Recordando al santo abad del monasterio que me había escuchado en confesión dos años antes, fui a verle de nuevo para confesarme. Le dije lo que acababa de escuchar del Señor, y por primera vez revelé mi encuentro místico en la cueva. Después de compartirle toda mi experiencia me dijo: "Bueno, si todo lo que me has dicho es de Dios, no te preocupes. Tan sólo vuelve a tu casa en California y Él se encargará".

"¿Qué?" me fui de allí aún más confundido. Esperaba un manual. Pero el abad tenía razón. Ante mí se abrió paso una misteriosa misión. Aunque no tenía ni idea de cómo solía la gente dar testimonio en las iglesias, empecé a compartir mi historia en grupos de oración y en pequeñas reuniones. Eso encendió un fuego. Se corrió la voz sobre mí por todas partes, y me asusté bastante. La gente empezó a buscarme, y cuando daba charlas sacaban grabadoras y cámaras, lo que me parecía inquietante. "¿Por qué hacen eso?" me preguntaba sospechando. Me sentía un poco molesto por muchas cosas que no llegaba a entender.

Poco a poco el Señor empezó a apoderarse de todo mi tiempo. Mis dos hijos eran adultos independientes y mi distante esposa había muerto en 1992, así que no tenía excusa para no seguir la llamada de Dios. El Señor nunca me dejó hacer fortuna en Hollywood. Me mantuvo tal y como yo estaba después de mi liberación del secuestro: pobre y desposeído.

Aunque nunca me promocioné recibía invitación tras invitación. Me convertí en un misionero católico laico internacional y, a petición del Señor, fundé una misión en 1999 llamada Peregrinos del Amor, con la Archidiócesis de Bogotá. Y tengo la aprobación eclesiástica de la Iglesia, como prescribe el derecho canónico.

El primer año de mi misión fue difícil. Vivía con una maleta viajando de un lugar a otro, sumergido de cabeza en el increíble océano de la Iglesia. En cuatro años el Señor me había enviado a veintiún países. Hasta hoy he hablado en cinco continentes: en parroquias, casas de retiro, universidades, institutos, seminarios, comunidades religiosas, comunidades laicas, iglesias protestantes, etc.

Cuando me puse en camino me pregunté: "¿Cómo haré para mantenerme?" Pero nunca me ha faltado nada, ni siquiera en el último momento posible, cuando no tenía ni idea de cómo proveería el Señor. Nunca he cobrado ni cobraré por mis charlas. Vivo como San Pablo, de la generosidad de la gente. San Pablo tejía tiendas y yo elaboro materiales, escribiendo libros y grabando mis charlas. Vivo de fe.

Hasta hoy he escrito nueve libros, he desarrollado más de mil temas diferentes que abarcan pequeñas ventanas de mi experiencia mística. El Señor me condujo a través de muchas áreas diferentes de la Fe, por eso no he llegado ni siquiera a rascar la superficie de lo que Él infundió en mí. Nunca estudié teología o ciencias religiosas. Nunca me preparé para este tipo de vida. Cuando estoy a punto de dar una charla nunca me preparo lo que voy a decir, lo dejo en manos del Espíritu Santo. No hablo por mi intelecto o mi memoria. Si así fuera hace tiempo que habría acabado demasiado agotado como para continuar. Todo lo que el Señor me infundió fluye de nuevo fuera de mí.

Yo no soy especial. Usted ha leído quién soy. Yo era uno de los más aterradores pecadores. Entonces, ¿por qué me eligió el Señor? Por Su gran misericordia, y porque Él quiere asegurarse de que los que escuchen o lean mi experiencia sepan que las enseñanzas de las que hablo vienen de Él, no de mí. ¿Cómo podría hablar de estas cosas si nunca las he estudiado? Es el Espíritu Santo quien las comparte. Así de simple.

En cuanto a mí, le pido al Señor que no me deje morir hasta que camine hasta el último kilómetro tratando de reparar todo el daño que causé cuando vivía en pecado mortal. Incluso si Dios me concediera cien años más para hacer Su obra no me sentiría del todo preparado y en paz para verle. No importa cuántos obstáculos se presenten (salud, combate espiritual, etc.), seguiré con la misión que Él me ha confiado: hablar y rescatar almas para que no vayan al purgatorio y, más importante aún, para que no terminen en el infierno, un destino que no desearía ni a mi peor enemigo. Ese es mi deseo hasta el día en que el Señor me llame.

El mundo hoy

Estamos viviendo en la época espiritual más oscura que la humanidad haya experimentado jamás, y el Señor me dijo que va a oscurecerse aún más. Pero al mismo tiempo el mundo nunca había sido tan brillante como lo es ahora, y va a volverse aún más brillante. El Señor está irradiando su Luz sobre nosotros más que nunca, porque nuestro mundo se está quedando sin luz.[xviii] Aun así, no entendemos ese amor.

Gracias a los avances en medicina y ciencias de la salud, nunca había habido tantas personas físicamente bellas como hoy en día; pero nunca había habido tantas almas espantosas. El Señor dijo que el mundo está habitado por billones de almas desnutridas que están tan preocupadas por alimentar la carne que se olvidaron de alimentar el espíritu. Las almas desnutridas no son capaces de amar, de tener compasión. No pueden perdonar y están llenas de tal egocentrismo que cuando mueren, rechazan el amor de Dios.

Incluso la fe se ha vuelto superficial. "No hay infierno", dicen algunos cristianos hoy en día. "No hay juicio". Así que es vital que vivamos de acuerdo con lo que se nos ha dado. Si se nos ha dado la Fe católica, tenemos que ser católicos de verdad. ¿Cómo podemos hacer esto? Además de vivir los mandamientos y las enseñanzas de la Iglesia, debemos estudiar nuestra Fe, aprender el Catecismo de la Iglesia Católica, y leer sobre los santos y místicos, lo que nos prepara para hablar con nuestro prójimo. La falta de conocimiento, de fidelidad, de coraje y de amor es la razón por la que mucha gente se aleja de la Iglesia. Tenemos que vivir la verdad y morir diciendo la verdad. El Señor compartió conmigo que, aunque nunca ha habido un mayor riesgo en la tierra para que un alma vaya al infierno como hoy, tampoco ha habido una mayor oportunidad para que un alma alcance la santidad mientras está en la carne. Estamos viviendo en un tiempo glorioso para los que obedecen a Dios.

Hoy estamos en el apostolado del fin de los tiempos. El Señor me dijo que estamos justo en el fin del verdadero final del fin de los tiempos. Sin embargo, como dijo San Pedro, un día para el Señor es como mil años.[xix] No presten atención a todos estos "profetas" que dicen, "¡El fin del mundo será el mes que viene! ¡Será en mayo!" Luego viene mayo y no pasa nada, así que el "profeta" dice: "Gracias por sus oraciones. Será en mayo del año que viene". No podemos dejarnos engañar. El diablo es el único que hace que nos preocupemos por el futuro.

Podemos ver signos de apostasía incluso ahora. Si tú hoy le dices a alguien: "He decidido ser santo", probablemente se reirán de ti. La gente piensa que leer la vida de un santo es como leer la de un extraterrestre. Pero todos estamos llamados a la santidad.

Vemos a gente estudiando durante ocho, diez, quince años para ser médicos o especialistas en su campo, sacrifican su tiempo, su familia. Sufren y luchan por lograr cosas increíbles, por lograr algo que va a morir con ellos. Pero ¿a cuántos ves trabajando duro de verdad para estar con Dios eternamente, para ser santo? ¿Cuántos aman verdaderamente a Dios y aman a su prójimo: al extranjero, al pobre, a sus enemigos? Muy pocos.

Especialmente en este período de la historia de la humanidad el maligno está desarrollando rápidamente y al máximo nivel los talentos artísticos de personas ambiciosas. De esta manera, él puede cautivar y capturar a millones de almas en una cultura como la nuestra que está enfocada en la carne. El Señor me dijo que no hay talentos que atraigan tanto a Lucifer como el arte. Como nunca antes, vemos a un número cada vez mayor de jóvenes estrellas que llegan al estrellato revistiéndose de poder, riqueza y fama humanas. Su alto perfil e influencia proporcionan al diablo una plataforma desde la cual corromper a las masas, porque sabe que la gente imita el comportamiento decadente y mundano de las estrellas. En cuanto al mundo y su futuro el Señor dijo que se industrializará aún más; un mundo sin Dios enfocado en el materialismo. La religión será una actividad privada que no podrá ser expresada públicamente y será vigilada y controlada por los gobiernos. La verdadera Iglesia vivirá prácticamente bajo tierra, como en los comienzos del cristianismo.

El Señor me dijo que la conversión de Israel debe darse antes de que Jesús vuelva. Él me explicó cómo los judíos son los elegidos del Señor. Los católicos estamos injertados en el árbol de los elegidos, como hijos adoptivos, y los judíos son nuestros hermanos mayores. Tenemos que reconocer a los judíos, incluso aunque no crean todavía. Él dijo que, así como el pueblo judío fue elegido para la encarnación de Jesús, también ha sido elegido para la Segunda Venida. Los judíos son los que prepararán el camino para que el Señor venga de nuevo.

Al final los judíos se convertirán masivamente al catolicismo. Una unción del Espíritu Santo los recuperará. Esto sucederá casi de la noche a la mañana, muy parecido a la caída del Muro de Berlín. En cuanto comience la conversión habrá mucha confusión entre los judíos, y muchos de ellos se matarán entre sí. Cuando el pueblo judío se vuelva hacia el catolicismo, será la campana final que anuncia: "Jesús viene". Ellos rescatarán a la Iglesia Católica de una gran apostasía. Estas son las señales que dijo el Señor que daría.

Sin embargo, en los próximos años mucha gente se alejará de la fe católica. El Señor está limpiando Su casa y se destapará mucha suciedad, lo que estaba escondido saldrá a la luz. La Iglesia será más pequeña, pero se convertirá en una Iglesia de verdaderos creyentes. No será posible soportar los tiempos que estamos enfrentando sin una fe radicalmente enfocada en el amor y la obediencia perfecta.

Es absolutamente vital en nuestros tiempos que aprendamos a amar de verdad. Debemos mirar a nuestro alrededor y preguntarnos si realmente nos importa la salvación de los que nos rodean, ¿o son simplemente sombras? Antes de dar una charla le ruego al Señor que me dé Su amor para todos los que vienen a escuchar, y que me ayude a hablarles sin ninguna otra pretensión más que el puro deseo de su salvación. Quiero que todos lleguen a casa. Cada uno de nosotros en la tierra es extremadamente importante. Si yo no me preocupo por mi prójimo, entonces mis obras y oraciones estarán vacías.

Cuando nos preocupamos profundamente por los extraños y permitimos que su presencia toque nuestro corazón, aunque sólo sea por un instante, entonces somos realmente capaces de amar. Si cuando estamos parados en una esquina concurrida, sonriendo a la gente en los supermercados, o rebasados por otros en la autopista, sabemos en nuestro corazón que ellos son criaturas inmensamente importantes nacidas del amor de Dios, y no podemos evitar preocuparnos profundamente por ellos y su salvación —sin importar su apariencia, creencias o comportamiento—, entonces sabremos cómo amar.

Si no aprendemos a amar así, si no oramos con el corazón por la conversión de todos los pecadores, porque todos ellos nos preocupan, entonces tendremos que aprender esta lección en el purgatorio. El Señor tal vez nos pregunte cuando le veamos: "¿recuerdas a esta persona que estuvo a tu lado durante una hora... durante treinta minutos... durante cinco minutos? Esta persona necesitaba de tu amor y tus oraciones. ¿Te fijaste en ella, o era otra sombra pasajera? ¿Ella no significaba nada para ti porque tú estabas muy metido en ti mismo?"

Nuestra vida no es un juego. Es algo muy serio, y sólo sucede una vez. ¿Qué importa ganar en esta vida si perdemos nuestra alma?[xx] Tenemos que estar despiertos. Tenemos que preocuparnos por cada pequeña cosa que hacemos: lo que pensamos, decimos, tocamos, sentimos y deseamos. Tenemos que ser conscientes de todo lo que estamos escuchando y en lo que participamos. La verdad es que la vida eterna comienza cuando estamos en el vientre de nuestra madre biológica. Nos encontramos en la eternidad ahora mismo, y todo lo que hacemos se refleja y se verá en la eternidad.

Nuestra vida es un viaje que nunca acabará. Es importante para nosotros pensar más allá de la carne y los huesos. Estar en este cuerpo es sólo el comienzo. Estamos en el primer paso y las cosas mejorarán mucho si somos fieles al Señor. Si supiéramos lo que nos espera, estaríamos sonrientes, incluso aunque estemos sufriendo y nuestras vidas sean un caos. Todo esto terminará muy pronto, y la alegría que nos espera supera con creces nuestras más grandes expectativas de felicidad.

La gente me pregunta: "¿desearía que nunca le hubieran secuestrado?" Les digo que yo no cambiaría nada. Volvería a vivir cada insoportable momento, si ello significara que pudiera estar en el Cielo por la eternidad. He estado con Jesús, y Él es el cumplimiento de todos los deseos humanos.

Al elegir como portavoz de Su gracia a un tremendo pecador como yo, el Señor nos invita a confiar en Su misericordia más que en los méritos que buscamos. Mi vida es un testimonio de Su perdón y compasión. Tenemos un Dios poderoso, un Dios increíblemente amoroso, un Dios que es todo bueno y todo justo. Deberíamos estar muy, muy contentos, pero deberíamos ser muy, muy santos.

No hay otra manera.[84]

Hermanos y hermanas:
Estamos siempre llenos de buen ánimo
sabiendo que, mientras habitamos en el cuerpo,
estamos desterrados lejos del Señor,
caminamos en fe y no en visión.
Pero estamos de buen ánimo
y preferimos ser desterrados del cuerpo
y vivir junto al Señor.
Por lo cual, en destierro o en patria,
nos esforzamos en agradarlo.
Porque todos tenemos que comparecer
ante el tribunal de Cristo para recibir cada cual
por lo que haya hecho mientras tenía este cuerpo,
sea el bien o el mal.

~2 Corintios 5, 6-10

---

[84] Hoy, Marino Restrepo es reconocido como un nuevo San Pablo para este siglo. Desde 1999, ha viajado por todo el mundo como misionero laico católico, predicando el mensaje del Evangelio. Marino ha producido muchos DVDs, CDs y libros importantísimos e inspiradores, y sus charlas se pueden encontrar en YouTube en inglés y español. Es el fundador de la asociación de laicos misioneros *Peregrinos del Amor* (The Pilgrims of Love), aprobada por la Iglesia. Ver: www.marinorestrepo.com.

Sta. Faustina Kowalska:

Hoy el Señor me dijo: "Cuando te acercas a la confesión, a esta Fuente de Mi Misericordia, siempre fluye sobre tu alma la Sangre y el Agua que brotó de Mi Corazón y ennoblece tu alma. Cada vez que vas a confesarte, sumérgete toda en Mi misericordia con gran confianza para que pueda derramar sobre tu alma la generosidad de Mi gracia. Cuando te acercas a la confesión debes saber que Yo Mismo te espero en el confesionario, sólo que estoy oculto en el sacerdote, pero Yo Mismo actúo en tu alma. Aquí la miseria del alma se encuentra con Dios de la misericordia. Di a las almas que de esta Fuente de la Misericordia las almas sacan gracias exclusivamente con el recipiente de confianza. Si su confianza es grande, Mi generosidad no conocerá límites. Los torrentes de Mi gracia inundan las almas humildes. Los soberbios permanecen siempre en pobreza y miseria, porque Mi gracia se aleja de ellos dirigiéndose hacia los humildes".

~Diario de Santa Maria Faustina Kowalska, #1602

APÉNDICE

BIOGRAFÍAS Y PALABRAS
DE LOS PROFETAS DEL AVISO

SAN EDMUNDO CAMPION, SJ
INGLATERRA (1540 – 1581)
Sacerdote y mártir

San Edmundo Campion nació en 1540, fue educado como católico en una época de gran persecución a los católicos en Inglaterra. Bajo el Rey Enrique VII, y más tarde bajo Isabel I, la Iglesia Católica había sido usurpada por la Iglesia de Inglaterra, y los sacerdotes y laicos católicos estaban siendo arrestados y asesinados por su fe.

Edmundo, hijo de un vendedor de libros, poseía un intelecto tan poderoso y llamativo que a la edad de quince años se le concedió una beca para el St. John's College, Oxford, y a los diecisiete fue admitido como miembro y alumno. En 1566 la Reina Isabel I visitó Oxford con sus consejeros, Robert Dudley, el Conde de Leicester, y Sir William Cecil, uno de los principales arquitectos de la Reforma en Inglaterra. A Edmundo se le encargó dar un discurso de bienvenida a la Reina explicando los movimientos de las mareas, la luna y los planetas, lo que hizo (en latín) después de elogiar a la Reina. La Reina llevaba tiempo esperando encontrar eruditos con talento que aceptaran ser ordenados como sacerdotes anglicanos y lideraran la nueva iglesia. Entusiasmada, recomendó Edmundo a un Dudley igualmente impresionado que se ofreció a ser el mecenas político de Campion y ayudarle a desarrollar una poderosa carrera. Así, un elogiado Edmundo se convirtió en diácono anglicano en 1564 y prestó el Juramento de Supremacía requerido, reconociendo a Isabel como cabeza de la iglesia en Inglaterra.

Sin embargo, las dudas sobre el protestantismo atormentaban cada vez más la mente de Edmundo, y en 1569 fue a Irlanda a ampliar estudios donde quedó convencido de que estaba equivocado. A su tiempo regresó a sus raíces católicas y a Inglaterra, donde estaba en peligro de ser capturado. Campion huyó a Francia, y cuando Cecil se enteró declaró: "Es una gran pena ver a un hombre tan notable dejar su país, porque de hecho era uno de los diamantes de Inglaterra".[xxi]

Edmundo sintió la llamada a ser sacerdote católico e ingresó en un seminario en Francia. Luego partió a Roma, descalzo en peregrinación, donde ingresó en la Compañía de Jesús en 1573. Siendo novicio fue enviado a estudiar a Brunn, en ese entonces parte de Austria, y más tarde a Praga. En Brunn, mientras estaba en un jardín, Campion tuvo una visión de la Santísima Virgen María quien le dijo que él sería un mártir de la fe. Fue ordenado sacerdote jesuita en 1578, y en 1580 sus superiores le pidieron que se uniera a su compañero jesuita, Robert Parsons, para dirigir una peligrosa misión en Inglaterra. Él aceptó el encargo con alegría. La noche antes de su partida de Praga, uno de los padres jesuitas escribió en la puerta de Campion: "P. Edmundus Campianus, Martir".

En Inglaterra, el Padre Campion disfrazado predicaba de una a tres veces al día, preparando mentalmente sus homilías mientras viajaba a caballo por la campiña inglesa, administrando los sacramentos y ganando muchos conversos. La Reina Isabel tenía espías por todas partes en busca de sacerdotes. La notoriedad del Padre Campion y la publicación de su panfleto donde exponía sus argumentos por si era capturado, titulado Rationes Decem (Diez Razones), pero etiquetado por los discrepantes protestantes como "La Fanfarronada de Campion", le hizo objeto de una de las más intensas cazas de hombres en la historia inglesa.

Poco después del amanecer del 18 de julio de 1581, Edmundo Campion fue encontrado en un hogar católico acurrucado detrás de un muro secreto con dos compañeros. Se escuchó el grito: "¡He encontrado a los traidores!" El Padre Campion fue arrojado por orden de la Reina en un calabozo de la Torre de Londres, y cuando se negó a renunciar públicamente al catolicismo, Cecil y Dudley ordenaron que Campion fuera torturado en el potro. Fue atado por sus muñecas y tobillos a un marco que luego fue estirado hasta que sus miembros se descoyuntaron. Con intenso dolor, Campion reveló los nombres de algunas personas que lo habían protegido. Fue obligado a participar en cuatro reuniones formales para debatir con seis eclesiásticos anglicanos de alto rango que exigían respuestas sobre su panfleto. Sin notas ni preparación, debilitado por la tortura, refutó brillantemente sus acusaciones. Luego fue llevado a juicio en Westminster Hall acusado falsamente de complot para asesinar a la Reina. Terriblemente debilitado después de meses de prisión y tortura no pudo ni siquiera levantar su brazo derecho para jurar en el juicio. Un compañero de prisión besó el brazo de Campion y se lo sostuvo.

A la edad de 41 años el Padre Campion fue declarado culpable y enviado a la horca. Las ejecuciones en la Inglaterra isabelina eran espectáculos espantosos que atraían a grandes multitudes de curiosos. Los condenados por alta traición eran sentenciados a ser colgados, arrastrados y descuartizados. El Padre Edmundo Campion fue primero colgado hasta casi morir, luego mutilado mientras aún estaba consciente y destripado. Finalmente, sus miembros y cabeza fueron seccionados. Dirigiéndose a la multitud justo antes de su muerte, Campion perdonó al consejo por condenarle. También pidió perdón por cualquier daño que pudiera haber causado al dar nombres bajo tortura. Con sus últimas palabras, oró por la Reina y le deseó un largo y próspero reinado.

Aunque Isabel y sus consejeros esperaban que la muerte de Campion lograra el fin del catolicismo en Inglaterra, tuvo el efecto contrario. Su martirio el 1 de diciembre de 1581 desató una ola de conversiones al catolicismo y fortaleció a muchos sacerdotes jesuitas para que siguieran sus valientes pasos. Edmund Campion SJ fue declarado santo por el Papa Pablo VI en 1970.[xxii]

PALABRAS SOBRE EL AVISO:

"Yo he anunciado un gran día, no en el que vaya a actuar alguna máxima autoridad temporal, sino en el que el Terrible Juez revelará las conciencias de todos los hombres y probará a cada hombre de cualquier religión. Este es el día del cambio".[xxiii]

~San Edmund Campion, SJ

BEATA ANA MARÍA TAIGI
ITALIA (1769–1837)
Esposa, madre y mística

La beata Ana María Taigi nació en Siena, Italia, el 29 de mayo de 1769. Físicamente hermosa, llamó la atención de un apuesto portero de pelo rizado oscuro llamado Domenico, y se casaron el 7 de enero de 1790. En los primeros años de su matrimonio Ana María, de clase obrera, era más mundana que divina. Dada su vanidad le gustaba adornarse con bonitos vestidos y joyas, y un día, mientras paseaba con su atuendo de moda por la Plaza de San Pedro, se encontró accidentalmente con el Padre Angelo Verandi, un sacerdote Servita (de la Orden de los Siervos de María) que al instante recibió una locución interior: "Ten en cuenta a esa mujer, porque un día la confiaré a tu cuidado y trabajarás para su transformación. Ella se santificará porque Yo la he elegido para que sea santa".

Poco después Ana María sintió arrepentimiento por su forma de vida y se confesó con un sacerdote que desconocía: el Padre Angelo Verandi. Salió del confesionario abrumada por el remordimiento y, una vez en casa, se golpeó la cabeza contra el suelo con tal fuerza que se hizo sangrar. A partir de ese momento sus elegantes ropas y complementos fueron reemplazados por vestidos sencillos y vivió con un gran espíritu de penitencia y renuncia. Con el tiempo experimentaría éxtasis y locuciones, y le dijo al Padre Verandi que "ella sería víctima de expiación por los pecados del mundo". A menudo recibía consejos personales del Señor y de la Santísima Virgen, la cual le dijo: "Sé consciente, mi querida hija, que aquí abajo tendrás, por cada día bueno, cien días malos, porque debes ser como mi Hijo Jesús. Debes dedicarte sobre todo a hacer Su voluntad y a someterte constantemente a Él".

La santidad de Ana María radicaba en su diaria y difícil labor de esposa, madre y administradora de un hogar con más de una docena de diversos personajes familiares, incluidos sus difíciles padres y un sacerdote de cierta importancia, monseñor Raffaele Natali, que actuaba como su confidente y secretario. Además de estas cargas, su marido Domenico tenía un temperamento volcánico, y mientras Ana María se aseguraba de que la cena estuviera lista para él cuando llegara a casa, éste una vez tiró del mantel haciendo volar los platos ya servidos. Sin embargo, ella nunca se arrepintió de haberse casado con él. Con frecuencia se quedaba orando y trabajando hasta la madrugada y se levantaba temprano para la Misa. Sin sobrecargar a sus hijos, los mantenía ocupados sabiendo que "la ociosidad es la madre de todos los vicios". Ella se aseguraba de que se rezara todas las mañanas y noches, y se rezaba el Rosario de rodillas antes de la cena. Sus cruces eran numerosas: enfermedades constantes, ataques diabólicos, chismes maliciosos, penitencias y un ayuno continuo. Lamentablemente tuvo que enterrar a cuatro de sus siete amados hijos.

Ana María pronto fue conocida como una santa en vida y recibía un flujo continuo de visitantes que buscaban su consejo. Jesús le había dicho: "Te designo para convertir a los pecadores, consolar a gente de toda clase y condición: sacerdotes, prelados, incluso mi propio Vicario. A todos los que escuchen tus palabras se les concederán importantes gracias por Mis manos". También se le dieron dones de curación y profecía. Monseñor Natali, secretario del Papa Pío VII y confidente íntimo suyo, dijo que ella habló de un futuro tiempo de tremendas luchas en la Iglesia y el mundo. "Entonces, naciones enteras volverán a la unidad de la Iglesia, y muchos turcos [¿musulmanes?], paganos y judíos se convertirían y su fervor llenará de confusión a los ya cristianos. En una palabra, ella me dijo que Nuestro Señor tenía la intención de limpiar el mundo y Su Iglesia, para lo cual estaba preparando un renacimiento milagroso que sería el triunfo de Su misericordia".

El don espiritual más notable de Ana María fue uno que nunca más se ha repetido: una luz brillante, como un pequeño sol, que permanecía siempre a su lado. El cardenal Carlo Maria Pedicini que la conocía desde hacía treinta años dijo en su declaración para la causa de santidad:

Durante 47 años, día y noche, en su habitación, en la iglesia, en la calle, ella vio en ese sol cada vez más brillante todas las cosas físicas y morales de esta tierra; penetraba en los abismos y se elevaba al cielo, donde veía la suerte de los difuntos. Veía los pensamientos más secretos de personas presentes o lejanas, los acontecimientos y los personajes de siglos pasados [...] El objeto en que pensaba se presentaba de una manera clara y completa [...] Con una sola mirada a ese sol místico entraba cuando quería en las salas de consejo más secretas de los soberanos [...] penetraba en los calabozos de China o de Arabia, en los que agonizaban confesores de la fe, esclavos y prisioneros [...] De este modo ejerció un apostolado sin límites, conquistó almas en todos los puntos del globo, preparó el terreno a los misioneros; el mundo entero fue el escenario de sus trabajos.

El 9 de junio de 1837 Ana María, casi ciega, murió a la edad de 68 años. Después de su muerte se encontraron en su cuerpo marcas de instrumentos de penitencia y una camisa de pelo áspero. Cuando su ataúd, sellado durante dieciocho años, fue reabierto, su cuerpo fue encontrado incorrupto. Más tarde en 1920, cuando sus restos sagrados fueron examinados de nuevo, se encontraron sometidos a los procesos normales de descomposición. El cuerpo de la Beata Ana María Taigi se encuentra aún hoy en la Capilla de la Virgen en la basílica de San Crisógono en Roma, con una máscara de cera colocada sobre su rostro y sus manos para preservar su parecido. Su conmemoración se celebra en la Iglesia el 9 de junio.[xxiv]

PALABRAS SOBRE EL AVISO:

"Una gran purificación vendrá sobre el mundo, precedida por una Iluminación de la Conciencia en la que todos se verán a sí mismos como Dios los ve".[xxv]
~Beata Ana María Taigi

La Beata Ana María también indicó que esta Iluminación de la Conciencia salvaría a muchas almas porque muchos, como consecuencia, se arrepentirán.[xxvi]

BEATO PÍO IX, PAPA
ESTADOS PONTIFICIOS (1792-1878)

El Papa Pío IX nació en Senigallia, Italia, en 1792. Era el noveno hijo nacido en una familia de la nobleza. Padecía una enfermedad no bien diagnosticada, que algunos llamaron epilepsia, y su infancia estuvo marcada por pequeñas mortificaciones voluntarias y una intensa vida religiosa. En 1815 San Vicente Pallotti predijo que él se convertiría en Papa y que con el tiempo la Virgen de Loreto lo liberaría de la enfermedad.

Sirviendo de 1846 a 1878, tuvo el pontificado más largo y uno de los más difíciles de la historia de la Iglesia. (El pontificado de San Pedro se considera tradicionalmente de 25 años). Gobernó los Estados Pontificios en un momento de la historia en el que el Papa no sólo actuaba como cabeza de la Iglesia sino como monarca de una serie de territorios de la Península Italiana (desde el siglo VIII hasta 1870). Poco después de su elección comenzó algunas rudimentarias reformas políticas en los Estados Pontificios. Liberó a los prisioneros políticos, eliminó muchas de las restricciones a los judíos y abrió las puertas del gueto judío en Roma.

El Beato Pío IX fue inmensamente popular en gran parte del mundo católico, y cariñosamente llamado Pío Nono —un juego de palabras con Pío Nove ("Pío el Noveno") que también significa "Abuelo Pío". También se ganó los apodos de "El Papa de la Oración" y "El Papa de la Cruz" por su espiritualidad,

Francis Newman dijo que Pío IX era muy popular porque "nadie podía resistirse a su presencia personal... la causa principal de su popularidad era el encanto de su presencia... A diferencia de la mayoría de sus predecesores, Pío tenía una vibrante vida social, dando frecuentes paseos por Roma, concediendo un número de audiencias sin precedentes, organizando fiestas semanales en los jardines del Quirinal y hablando diariamente a las multitudes en la Plaza".[xxvii] Él fue el primer Papa en ser fotografiado, ninguna rectoría se quedó sin su foto. Con su característico y agudo sentido del humor una vez dijo que él era la atracción número uno de los turistas en Roma. Antes de él la gente corriente no sabía cómo eran los papas, que con frecuencia estaban envueltos en el misterio.[xxviii]

El beato Pío IX era un papa mariano que describió a María como Mediadora de la Salvación, en su encíclica "Ubi Primum". En 1854 promulgó el dogma de la Inmaculada Concepción articulando una creencia sostenida durante siglos por los fieles católicos de que la Madre de Dios fue concebida en el vientre de su madre sin pecado original. Su pontificado representó el punto culminante del trabajo misionero hasta ese momento, y en 1862 convocó a 300 obispos al Vaticano para la canonización de veintiséis mártires japoneses. Su *Syllabus Errorum* de 1864 representó una fuerte condena contra el liberalismo, el modernismo, el relativismo moral, la secularización y la separación de la iglesia y el estado.

Los estados pontificios corrían el peligro de ser absorbidos por Giuseppe Garibaldi, quien deseaba marchar bajo el lema *Roma o Morte* ("Roma o Muerte"). En una sorprendente expresión de amor por este revolucionario anticlerical italiano, el Papa dijo una vez: "si veis a Garibaldi decidle que sé que me maldice a diario, pero que yo siempre lo bendigo". Y una vez se ganó tanto a las tropas de Garibaldi encarceladas en sus propias cárceles, que lloraban y le besaban las manos".[xxix]

El legado principal de Pío IX es el Concilio Vaticano I que convocó en 1869, por mucho el mayor Concilio de la historia. El Concilio condenó formalmente el panteísmo, materialismo y ateísmo de la época, y declaró la doctrina de la "infalibilidad papal".[xxx] Cuando Antonelli, el tesorero, advirtió al Papa que la infalibilidad alejaría a mucha gente, él replicó: "tengo a la Santísima Virgen de mi parte".[xxx]

Este decreto fue promulgado el 18 de julio de 1870, en el momento oportuno. Justo al día siguiente se declaró la guerra franco-prusiana y la retirada inmediata de las tropas francesas de Roma seguida de la ocupación italiana de la ciudad, lo que llevó al Concilio a un final algo abrupto. El Concilio Vaticano terminó. La Italia liberal engulló Roma y los restantes Estados Pontificios dejando una Ciudad del Vaticano del tamaño de una pequeña ciudad. Mientras se agravaban los problemas financieros del papado, Pío Nono declaró: "Podré ser infalible, pero ciertamente estoy en bancarrota".[xxxi]

Sin embargo, la idea de la infalibilidad papal poseía una trascendencia con la que ningún presidente, primer ministro o dictador podía rivalizar. Su llamamiento al sostenimiento público mundial de la Santa Sede después de que él se convirtiera en lo que llamó "el prisionero del Vaticano", dio lugar al resurgimiento y la difusión en toda la Iglesia Católica del Óbolo de San Pedro, que se utiliza hoy en día para permitir al Papa "responder a los que están sufriendo como resultado de la guerra, la opresión, los desastres naturales y las enfermedades".[xxxii] El Papa Pío IX fue declarado beato por el Papa Juan Pablo II el 3 de septiembre de 2000.

PALABRAS SOBRE EL AVISO:

"Puesto que el mundo entero está en contra de Dios y de Su Iglesia, es evidente que Él se ha reservado para Sí la victoria sobre Sus enemigos. Esto será más evidente si consideramos que la raíz de todos nuestros males actuales se encuentra en el hecho de que quienes tienen talentos y vigor ansían los placeres terrenales, y no sólo abandonan a Dios, sino que lo repudian por completo. Por tanto, parece que no podrán ser recuperados de ninguna otra manera, excepto a través de un acto que no pueda ser atribuido a ninguna causa secundaria, y así todos se verán obligados a mirar hacia lo sobrenatural [...] Sobrevendrá un gran prodigio que llenará al mundo de asombro. Este prodigio será precedido por el triunfo de la revolución. La iglesia sufrirá en extremo. Sus servidores y su caudillo serán denigrados, flagelados y martirizados".[xxxiii]

~ Beato Papa Pío IX

SANTA FAUSTINA KOWALSKA
POLONIA (1905–1938)
Monja, mística y apóstol de la Divina Misericordia

Santa Faustina Kowalska es una de las más grandes místicas de la Iglesia. Fue la tercera de diez hijos nacidos en una familia campesina católica pobre en Głogowiec, Polonia. Su infancia se distinguió por el trabajo duro, la obediencia, los actos de devoción, el amor a la oración y una enorme sensibilidad a la miseria humana. En su famosa obra, el *Diario de Santa María Faustina Kowalska: La Divina Misericordia en mi Alma*, escribió: *"Desde los siete años sentía la suprema llamada de Dios, la gracia de la vocación a la vida consagrada. A los siete años por primera vez oí la voz de Dios en mi alma, es decir, la invitación a una vida más perfecta"*.

Después de tres años de escuela —toda la educación que recibiría— dijo a sus padres que deseaba entrar en un convento, pero ellos se negaron. A los dieciséis años, trabajó como ama de llaves para ayudarles y mantenerse. Luego, a los diecinueve años, sucedió lo siguiente: *"Una vez, junto con una de mis hermanas fuimos a un baile. Cuando todos se divertían mucho, mi alma sufría [tormentos] interiores. En el momento en que empecé a bailar, de repente vi a Jesús junto a mí. A Jesús martirizado, despojado de Sus vestiduras, cubierto de heridas, diciéndome esas palabras: "¿Hasta cuándo Me harás sufrir, hasta cuándo Me engañarás?" En aquel momento dejaron de sonar los alegres tonos de la música, desapareció de mis ojos la compañía en que me encontraba, nos quedamos Jesús y yo. Me senté junto a mi querida hermana, disimulando lo que ocurrió en mi alma con un dolor de cabeza. Un momento después abandoné discretamente a todos los que me acompañaban y a mi hermana y fui a la catedral de San Estanislao Kostka. Estaba anocheciendo, había poca gente en la catedral. Sin hacer caso a lo que pasaba alrededor, me postré en cruz delante del Santísimo Sacramento, y pedí al Señor que se dignara hacerme conocer qué había de hacer en adelante. Entonces oí esas palabras: "Ve inmediatamente a Varsovia, allí entrarás en un convento". Me levanté de la oración, fui a casa y resolví pendientes. Como pude, le confesé a mi hermana lo que había ocurrido en mi alma, le dije que me despidiera de mis padres, y con un solo vestido, sin nada más, llegué a Varsovia"* (Diario, #9-10).

En Varsovia, llamó a numerosas puertas de conventos, pero en ninguna fue aceptada. Finalmente, en agosto de 1925, fue aceptada por la Congregación de las Hermanas de Nuestra Señora de la Misericordia y entró en la Orden poco después: *"me pareció que entré en la vida del paraíso. De mi corazón brotó una sola oración, la de acción de gracias"* (Diario, #17).

En sus años en el convento, trabajó como cocinera, jardinera y portera, y ayudaba a las prostitutas de la calle a dejar su profesión y a comenzar una nueva vida. Sor Faustina poseía un corazón lleno de misericordia por las almas, una misericordia que pronto sería llamada a propagar. Su estilo de vida riguroso y su agotador ayuno por los demás la dejaron débil, y tuvo grandes sufrimientos espirituales, morales y físicos en su vida religiosa. Sacrificó su vida por los pecadores.

Mientras profundizaba en su vida de oración, el alma de Sor Faustina se llenaba de dones extraordinarios: revelaciones, visiones, estigmas ocultos, participación en la Pasión, bilocación, lectura de almas, profecía, desposorios místicos y matrimonio con el Señor. A pesar de estar tan ricamente dotada de gracias, sabía que en sí éstas no constituían la santidad. Escribió en su Diario: *Ni gracias, ni revelaciones, ni éxtasis, ni ningún otro don concedido al alma la hace perfecta, sino la comunión interior de mi alma con Dios. Estos dones son solamente un adorno del alma, pero no constituyen ni la sustancia ni la perfección. Mi santidad y perfección consisten en una estrecha unión de mi voluntad con la voluntad de Dios (Diario #1107).*

El 22 de febrero de 1931, al regresar de la oración, recibió su más intensa visión, que cambiaría para siempre su vida y la del mundo. Jesús se le apareció con una deslumbrante túnica blanca. Levantó una mano para bendecir y con la otra tocaba Su vestido en el pecho. Dos grandes rayos de luz, uno rojo y otro blanco pálido, emanaban de Su corazón.

Al Padre Michael Sopoćko, director espiritual de Santa Faustina y elegido por el Señor para propagar su mensaje de la Divina Misericordia, le inspiraba la santidad de Sor Faustina, pero no estaba seguro de si creía o no en sus visiones. Las dudas le asaltaron cuando Jesús persistió en su petición de que se pintára una imagen de la Divina Misericordia, a partir de Su imagen en la visión, y que se celebrára una nueva Fiesta de la Divina Misericordia el domingo posterior al de Pascua, acompañada de promesas extraordinarias: *"Ese día [...] el alma que se confiese y reciba la Santa Comunión obtendrá el perdón total de las culpas y de las penas".* (Diario #699)

El Padre Sopoćko diría más tarde: *"Llevado más por la curiosidad de cómo se veía el cuadro, que, por la creencia en la autenticidad de las visiones de la Hermana Faustina, decidí hacerme cargo para que la pintura se hiciera [...] La hermana Faustina se quejó de que el cuadro no era tan bello como lo veía ella, pero el Señor Jesús la consoló y le dijo que ya era suficiente, y añadió: 'Le estoy dando a la gente un recipiente con el cual venir a Mí en busca de gracias. Ese recipiente es esta imagen con la inscripción: Jesús, en Ti confío'".* Con el tiempo, el P. Sopoćko creyó en Sor Faustina, especialmente cuando se cumplieron sus profecías acerca de él: *"Ella predijo al detalle las dificultades e incluso las persecuciones que yo iba a encontrar por difundir la devoción de la Divina Misericordia y tratar de establecer la Fiesta con este nombre en el Domingo siguiente a la Pascua. Fue más fácil de soportar, sabiendo desde el principio que era voluntad de Dios".*[xxxiv]

El 19 de abril de 1935, Viernes Santo, Jesús le dijo a Sor Faustina que Él deseaba que Su imagen fuera venerada públicamente, y a la semana siguiente el Padre Sopoćko dio el primer sermón sobre la Divina Misericordia. Ese mismo año, Jesús le enseñó a Sor Faustina la Coronilla de la Divina Misericordia, una oración especial con las cuentas del Rosario: *"Oh, qué gracias más grandes concederé a las almas que recen esta coronilla; las entrañas de Mi misericordia se enternecen por quienes rezan esta coronilla. Anota estas palabras, hija Mía, habla al mundo de Mi misericordia para que toda la humanidad reconozca Mi infinita misericordia. Es una señal de los últimos tiempos, después de ella vendrá el día de la justicia. Todavía queda tiempo, que recurran, pues, a la Fuente de Mi Misericordia, se beneficien de la Sangre y del Agua que brotó para ellos".* (Diario #848)

En julio de 1937, se crearon las primeras estampas con la imagen de la Divina Misericordia y la inscripción *"Jesús, en Ti confío"*, y Faustina proporcionó instrucciones para orar la Novena de la Divina Misericordia, que el Señor también le dictó.

Durante los últimos años de su vida, la salud de Sor Faustina se deterioró significativamente: desarrolló tuberculosis, que atacó sus pulmones y el tracto gastrointestinal. Como resultado, sufrió dos períodos de tratamiento en el hospital, ambos de unos pocos meses de duración. El P. Sopoćko escribió: *"El 26 de septiembre [1938], ella me predijo su propia muerte, y que moriría en diez días, y murió el 5 de octubre".* Físicamente devastada, pero espiritualmente unida a Dios, la Hermana Faustina falleció a la edad de treinta y tres años, en olor de santidad. El 30 de abril de 2000, el Papa Juan Pablo II canonizó a Sor Faustina Kowalska, llamándola *"La gran apóstol de la Divina Misericordia para nuestro tiempo"*. La ceremonia tuvo lugar el Domingo después de Pascua, Domingo que fue instituida por el Papa, a petición de Jesucristo, como la Fiesta de la Divina Misericordia para toda la Iglesia.[xxxv]

PALABRAS SOBRE EL AVISO:

Sta. Faustina Kowalska experimentó la iluminación de conciencia y describe ese momento en du Diario:

"Una vez fui llamada a ser enjuiciada por Dios. Me presenté delante del Señor, a solas. Jesús se veía como durante la Pasión. Después de un momento, estas heridas desaparecieron y quedaron sólo cinco: en las manos, en los pies y en el costado. Inmediatamente vi todo el estado de mi alma tal y como Dios la ve. Vi claramente todo lo que no agrada a Dios. No sabía que hay que rendir cuentas ante el Señor, incluso de las faltas más pequeñas. ¡Qué momento! ¿Quién podrá describirlo? ¡Presentarse delante del tres veces Santo!"[xxxvi]

~ Santa Faustina Kowalska

EL AVISO

Mensaje de Jesucristo a Santa Faustina Kowalska sobre la Iluminación de Conciencia universal:

"Escribe esto: Antes de venir como el Juez Justo, vengo como el Rey de Misericordia. Antes de que llegue el día de la justicia, les será dado a los hombres este signo en el cielo. Se apagará toda luz en el cielo y habrá una gran oscuridad en toda la Tierra. Entonces, en el cielo aparecerá el signo de la cruz y de los orificios donde fueron clavadas las manos y los pies del Salvador, saldrán grandes luces que durante algún tiempo iluminarán la tierra. Eso sucederá poco tiempo antes del último día". [xxxvii]

~ Entrada de su *Diario*, 2 de agosto de 1934

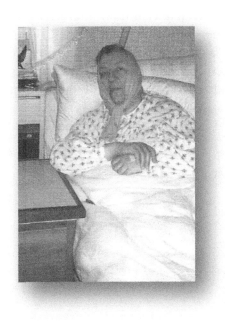

APARICIONES DE NUESTRO SEÑOR Y NUESTRA SEÑORA

EN HEEDE, ALEMANIA (1937–1940, 1945)

GRETE GANSEFORTH
Mística y estigmatizada (¿1924?–1996)

En la noche del 1 de noviembre de 1937, cuatro niñas, Anna Schulte, las hermanas María y Grete Ganseforth, y Susanna Bruns, de doce a catorce años, informaron que la Santísima Virgen María se les había aparecido mientras pasaban cerca del cementerio de la iglesia para celebrar el Día de Todos los Santos. La noticia fue recibida en su pequeño pueblo alemán de Heede con escepticismo y burla, hasta que las chicas, antes ocupadas con placeres y diversiones mundanas, comenzaron a llevar una vida de prolongada y ferviente oración. El 7 de noviembre, entre 4.000 y 5.000 aldeanos rodeaban a las niñas durante su aparición y varios sacerdotes también afirmaron ser testigos de Nuestra Señora. Al día siguiente, una multitud de más de 7.000 personas se reunieron en el lugar.

Nuestra Señora levitaba a un metro del suelo, con una pequeña nube azul claro bajo sus pies. Aparentaba unos dieciocho años, era muy hermosa, con ojos azul claro y llevaba una corona dorada decorada y un largo vestido blanco. En su mano izquierda estaba sentado el Niño Jesús con un globo dorado coronado por una cruz en su mano derecha.

Margaret (Grete), Susana, Ana y María en 1938

Era la víspera de la Segunda Guerra Mundial. Hitler gobernaba Alemania y prohibió la participación en esta "tontería supersticiosa". En 1939, la Gestapo se llevó a las niñas al manicomio de Göttingen. Allí fueron examinadas por psiquiatras durante cuatro semanas y se les encontró perfectamente sanas y normales. Las niñas fueron liberadas, pero se les prohibió acercarse al lugar de las apariciones, al igual que a los peregrinos, por lo que la Virgen comenzó a aparecerse a las niñas en otro lugar.

Nuestra Señora pidió ser invocada bajo los títulos de "Reina del Universo" y "Reina de las Almas del Purgatorio". Dio más de 100 mensajes, principalmente llamamientos urgentes (a veces con lágrimas), a la conversión, la penitencia y la oración. Cinco años después de la última aparición, el 3 de noviembre de 1940, Grete comenzó a ver a Nuestro Señor y a su ángel de la guarda y, aunque no veía a Nuestra Señora, escuchó su voz en numerosas ocasiones desde una luz brillante. Por orden de su director espiritual, ella escribió un diario de sus experiencias místicas. Nuestro Señor le dijo a Grete que la había escogido como Su esposa, convirtiéndose en una alma víctima para la conversión de los pecadores obstinados. Cuando ella aceptó, Nuestro Señor le comunicó las llagas de los estigmas, y ella participó en la Pasión de Cristo hasta su muerte en 1996. Hoy en día, su tumba es visitada por peregrinos, varios de los cuales han manifestado importantes favores recibidos por la intercesión de la vidente.[xxxviii]

246

Después de años de investigación, el obispo de Osnabrück, Helmut Hermann Wittler, declaró lo siguiente el 3 de junio de 1959, en una carta circular al clero de la diócesis:

"Las apariciones son una prueba innegable de la seriedad y autenticidad de estas manifestaciones [...] En las apariciones y mensajes de Heede, no encontramos nada contrario a la Fe. De hecho, su similitud con las apariciones aprobadas de Fátima, Lourdes y La Salette dan buenos indicios de su autenticidad". [xxxix]

La aprobación de las apariciones ha sido gentilmente ratificada con la toma de posesión de cada uno de los sucesivos obispos de Osnabrück, sin que se haya hecho un juicio formal. El 22 de agosto de 1977, se consagró una nueva capilla, dedicada a "María Reina del Universo", en el cementerio donde María se apareció por primera vez. Treinta y un años antes, una estatua con la misma advocación había sido colocada en el cementerio por orden del obispo Hermann Wilhelm Berning, según lo pidió Nuestra Señora a través de las videntes. En el año 2000, el obispo Franz Josef Bode, elevó la iglesia y capilla de Heede al rango de Santuario Diocesano. El mensaje que contiene el Juicio Menor fue dado a Grete Ganseforth en 1945. Fue publicado en italiano en 1949 en un folleto de Don Alfonso Cenni que recibió el Nihil Obstat y el Imprimátur. [xl]

PALABRAS SOBRE EL AVISO:

Mensaje de Jesús a Grete Ganseforth en 1945:

La humanidad no ha escuchado a mi Santa Madre, que se apareció en Fátima para suplicar a la humanidad a que haga penitencia. Ahora, soy Yo mismo el que viene a advertir al mundo en esta última hora: ¡los tiempos son serios! Que la gente haga finalmente penitencia por sus pecados; que se aparten con todo su corazón del mal y oren, oren mucho, para calmar la indignación de Dios. Que oren con frecuencia el Santo Rosario, en particular: esta oración es poderosa ante Dios. ¡Menos entretenimientos y diversiones!
Estoy muy cerca. La Tierra temblará y sufrirá. Será terrible, un juicio en pequeño, pero no temáis. Yo estoy con vosotros. Os regocijaréis y Me

lo agradeceréis. Los que Me esperan contarán con Mi ayuda, Mi gracia y Mi amor. Para los que no estén en estado de gracia, será aterrador. Los ángeles de justicia están ahora dispersos por todo el mundo. Me daré a conocer a la humanidad. Cada alma me reconocerá como su Dios. ¡Ya llego! Estoy a la puerta. La Tierra se sacudirá y gemirá.

Mi amor ha preparado esta acción antes de la creación del mundo. La gente no escucha mis llamados: cierran sus oídos; se resisten a la gracia y rechazan Mi misericordia, Mi amor, Mis méritos. El mundo está peor que antes del diluvio. Agoniza en una ciénaga de pecado. El odio y la codicia se han infiltrado en los corazones humanos. Todo esto es obra de Satanás. El mundo yace en una densa oscuridad. Esta generación merece ser aniquilada, pero quiero mostrarle Mi misericordia. La copa de la ira de Dios ya se está derramando sobre las naciones. El ángel de la paz no tardará en bajar a la Tierra. Quiero sanar y salvar. A través de las heridas que sangran ahora, la misericordia ganará y la justicia triunfará.

Pero Mis fieles no duermen, como los discípulos en el Huerto de los Olivos, sino que sacan constantemente para sí mismos y para los demás del tesoro de Mis méritos y de Mi abundancia. Grandes prodigios se están preparando. Lo que viene será terrible, como nunca antes desde el principio del mundo. Vengo Yo mismo, y manifestaré Mi voluntad.

Todos los que han sufrido en estos últimos tiempos son Mis mártires, y están preparando Mi cosecha para la Iglesia. Han participado en mi Vía Dolorosa. Lo que está a punto de ocurrir superará en gran medida todo lo ocurrido antes. La Madre de Dios y los ángeles tendrán parte en ello. El infierno cree que su victoria está asegurada, pero Yo se la arrebataré de la mano. Muchos Me maldicen, y por eso debo permitir que caigan en un mundo de desgracia; pero muchos se salvarán por este medio. Bienaventurados los que sufren todo en reparación de los que Me ofenden.

Vendré con Mi paz. Construiré Mi Reino con un pequeño número de elegidos. Este Reino vendrá de repente, antes de lo que se piensa [...] Haré brillar Mi luz: una luz que para algunos será una bendición, y para otros, oscuridad. La humanidad reconocerá Mi amor y Mi poder.

Mis queridos hijos, la hora está cerca. Orad sin cesar, y no seréis confundidos. Estoy convocando a Mis elegidos. Se reunirán de todas partes del mundo, y Me glorificarán. ¡Ya estoy llegando! Bienaventurados los que estén preparados. Bienaventurados los que Me esperan.[xli]

ELIZABETH KINDELMANN
(1913–1985)
Esposa, madre, mística y fundadora del Movimiento de la Llama de Amor

Elizabeth Szántò fue una mística húngara nacida en Budapest en 1913, que vivió una vida de pobreza y penurias. Era la hija mayor, y la única, entre sus seis pares de hermanos gemelos, que sobrevivió hasta la edad adulta. A los cinco años, su padre murió, y a los diez, Elizabeth fue enviada a vivir con una familia acomodada en Willisau, Suiza. Regresó temporalmente a Budapest a los once años para estar con su madre, y cuidarla ya que ella estaba gravemente enferma y confinada en una cama. Un mes más tarde, Elizabeth tenía previsto tomar un tren desde Austria a las 10 de la mañana para volver con la familia suiza que había decidido adoptarla. Estaba sola, y llegó a la estación por equivocación a las 10 de la noche. Una joven pareja se la llevó de vuelta a Budapest donde pasó el resto de su vida hasta que murió en 1985.

Viviendo como huérfana y al borde de la inanición, Elizabeth trabajaba duro para sobrevivir. En dos ocasiones, intentó entrar en congregaciones religiosas, pero fue rechazada. En agosto de 1929 su vida llega a un punto de inflexión, cuando fue aceptada en el coro de la parroquia donde conoció a Karoly Kindlemann, un instructor de deshollinadores. Se casaron el 25 de mayo de 1930, cuando ella tenía dieciséis años y él treinta. Juntos tuvieron seis hijos, y después de dieciséis años de matrimonio, su marido murió.

Durante muchos años, Isabel luchó por sacar adelante a ella y a su familia. En 1948, el Nacionalismo Comunista de Hungría fue un amo hostil, y ella fue despedida de su primer trabajo por tener una estatua de la Virgen en casa. Aun siendo una trabajadora diligente, Isabel nunca tuvo buena suerte en su larga serie de trabajos de corta duración, y pasaba dificultades para alimentar a su familia. Con el tiempo, todos sus hijos se fueron casando y, más tarde, regresaron a vivir con ella, trayendo a sus hijos.

La profunda vida de oración de Elizabeth la llevó a convertirse en una Carmelita laica, y en 1958, a la edad de cuarenta y cinco años, entró en un período de tres años de oscuridad espiritual. En ese tiempo, también comenzó a tener conversaciones íntimas con el Señor a través de locuciones internas, seguidas de conversaciones con la Virgen María y su ángel de la guarda. El 13 de julio de 1960, Isabel comenzó un diario a petición del Señor. Dos años después de este proceso, escribió:

"Antes de recibir los mensajes de Jesús y la Virgen María, recibí la siguiente inspiración: "Debes renunciar a ti misma, porque te confiaremos una gran misión, y estarás a la altura de la tarea. Sin embargo, esto sólo es posible si tú te mantienes totalmente abnegada, renunciando a ti misma. Esa misión sólo te puede ser otorgada si tú también la quieres por tu libre voluntad".

La respuesta de Isabel fue "Sí", y por medio de ella, Jesús y María comenzaron un movimiento eclesial bajo un nuevo nombre dado por ese inmenso y eterno amor que María tiene por todos sus hijos: "La Llama de Amor".

A través de lo que se convirtió en *El Diario Espiritual*, Jesús y María enseñaron a Isabel, y continúan instruyendo a los fieles en el arte divino del sufrimiento para la salvación de las almas. Se asignan tareas para cada día de la semana, que incluyen oración, ayuno y vigilias nocturnas, vinculadas a bellas promesas, y unidas a gracias especiales para los sacerdotes y las almas del purgatorio. En sus mensajes, Jesús y María dicen que la Llama de Amor del Inmaculado Corazón de María es la mayor gracia dada a la humanidad desde la Encarnación. Y en un futuro no muy lejano, su llama envolverá al mundo entero.

El Cardenal Péter Erdő de Esztergom-Budapest, Primado de Hungría, estableció una comisión para estudiar *El Diario Espiritual* y los diversos reconocimientos que los Obispos locales de todo el mundo habían dado al movimiento de La Llama de Amor, como una asociación privada de fieles. En 2009, el Cardenal no sólo dio el Imprimátur a *El Diario Espiritual*, sino que reconoció las locuciones y escritos místicos de Isabel como auténticos, un "regalo para la Iglesia". Además, dio su aprobación episcopal al movimiento de la Llama de Amor, que ha funcionado formalmente dentro de la Iglesia durante más de veinte años. Actualmente, el movimiento está buscando mayor aprobación como una Asociación Pública de Fieles. El 19 de junio de 2013, el Papa Francisco le dio su bendición apostólica.

PALABRAS SOBRE EL AVISO:

Del diario de Elizabeth Kindelmann, titulado *La Llama de Amor del Inmaculado Corazón de María: El Diario Espiritual* (canadiense) y la versión abreviada, titulada *La Llama de Amor* (Estados Unidos)

Anotación en el diario del 15 de enero de 1963:
«Vi de nuevo la mirada penetrante del Señor. Mis ojos corporales no pueden soportar su mirada. Cerré mis ojos firmemente. La mirada de sus ojos es como relámpago que ilumina todo. Vi todos mis pecados. Mis lágrimas brotaron abundantemente durante horas sin parar. Jesús dijo, *"¡Que nuestras miradas se compenetren profundamente, fundiéndose la una en la otra!"* Mis ojos pecadores serán uno con Sus ojos divinos. Él quiere esto para todos. Él dijo, *"Quien camine conmigo se unirá a Mí en una sola mirada"*».

EL AVISO

[El 15 de agosto de 1980] «El Señor dijo, *"La Iglesia y el mundo entero están en peligro. No se puede cambiar esta situación. Sólo la Santísima Trinidad, por la intercesión unificada de la Santísima Virgen, los ángeles, los santos y las almas del purgatorio, puede ayudaros"*».

«El 27 de marzo [1963], el Señor dijo que el Espíritu de Pentecostés "inundará con su fuerza la Tierra, y éste será el gran milagro que llamará la atención de toda la humanidad. Todo esto es la efusión del efecto de gracia de la Llama de Amor.

La Tierra, que se está oscureciendo a causa de la falta de fe en el alma de la humanidad, pasará por una gran sacudida. Después creerán, y esa sacudida, a través de la fuerza de la fe, creará un mundo nuevo. Por medio de la Llama del Amor de la Santísima Virgen, la fe echará raíces en las almas y se renovará la faz de la Tierra, porque *"algo así no ha sucedido desde que el Verbo se encarnó"*. La Tierra, aunque anegada de sufrimientos, será renovada por la intercesión de la Santísima Virgen.

El Señor me pidió que llevara los mensajes al obispo. Como el obispo estaba confirmando cerca, fui a pedir una cita. Él me dijo que fuera a su casa. Hablé con él durante una hora y le di los mensajes».

[El 24 de julio de 1963] «Nuestra Señora habló, *"No abandones la batalla. A través de mi Llama de Amor, comenzará una nueva era de gracia, nunca antes conocida en la Tierra"*».

«El 1 de agosto (1963), Nuestro Señor dijo, *"Cuando el efecto de gracia de la Llama de Amor de mi Madre se derrame en todos los corazones, Ella será venerada como nunca antes. Todos se unirán en una gigantesca oración. Da mis mensajes a los que tienen autoridad y diles que no obstaculicen a mi Madre, que quiere derramar la Llama de Amor"*».

«El 12 de marzo de 1964, Jesús dijo con voz atronadora, *"Antes de que lleguen los tiempos difíciles, prepárense con renovado empeño y con decisión firme, a la vocación para la cual les he llamado. No vivan en una ociosidad aburrida e indiferente, porque ya se está preparando la gran tempestad. Cuyas ráfagas arrastrarán a los indiferentes sumidos en la ociosidad. Frente a ello solamente sobrevivirán las almas con verdadera vocación. El gran peligro que pronto hará erupción comenzará cuando levante Mi Mano. Transmitan mis palabras de advertencia para que lleguen a todas las almas sacerdotales. Que les sacudan mis palabras que de antemano les advierte a ustedes".*[xlii]

Nuestra Señora dijo, *"La Tierra se encuentra ahora en calma como la naturaleza antes de la tempestad. También se parece a un volcán a punto de explotar. Esta es ahora la terrible situación de la Tierra. Está hirviendo el cráter del odio. Y Yo, el Rayo hermoso de la Aurora, cegaré a Satanás. Ningún moribundo debe condenarse. Mi Llama de Amor ya comienza a encenderse. Esto será una terrible tormenta, un huracán que querrá destruir la fe. En esa noche oscura, el cielo y la tierra se iluminarán con la Llama de Amor que ofrezco a las almas".*

Nuestra Señora habló, *"Mi Llama de Amor está ardiendo. Es tan grande que no puedo retenerla por más tiempo dentro de Mí. Con fuerza explosiva salta hacia ustedes. Mi amor se derrama, y hará explotar el odio satánico que contamina el mundo, a fin de que el mayor número de almas se libren de la condenación. Nada parecido a esto ha existido antes. Este es el mayor milagro mío que ahora hago con ustedes [...] No necesita ser autentificado. Yo voy a autentificarlo en cada alma para que conozcan la efusión de gracia de mi Llama de Amor"».*[xliii]

[Nuestra Señora dijo:] *'Ya está cerca el momento en que mi Llama de Amor se encenderá. En aquel momento Satanás se quedará ciego. [...] Todos los que reciban esta Llama la sentirán porque se encenderá y llegará a todo el mundo, no sólo a las naciones que me han sido encomendadas, sino a toda la Tierra. Aun en los lugares más inaccesibles, porque para Satanás no hay lugar inaccesible.*[xliv]

"Una vez que Satanás sea cegado", Nuestro Señor también prometió, *"los decretos del Concilio Vaticano II se cumplirán de manera extraordinaria.* [Mensaje de Jesús del 25 de octubre de 1964. El concilio había comenzado dos años antes.][xlv] *Que los sacerdotes y sus fieles se congreguen en unidad espiritual. Esta efusión alcanzará incluso a las almas de los no bautizados"».*[xlvi]

APARICIONES DE NUESTRA SEÑORA
EN GARABANDAL, ESPAÑA (1961–1965)
Videntes: CONCHITA GONZÁLEZ, MARI LOLI MAZÓN, MARI CRUZ GONZÁLEZ, Y JACINTA GONZÁLEZ

En la tarde del 18 de junio de 1961, cuatro niñas de once y doce años jugaban juntas en el borde sur de un pequeño pueblo español de unas ochenta viviendas humildes, llamado Garabandal. La aldea era pobre, católica, y no contaba con comodidades modernas, ni siquiera teléfonos. Conchita, Mari Loli, Mari Cruz y Jacinta estaban haciendo travesuras para robar manzanas del árbol de su maestra, cuando oyeron un fuerte estruendo, como un trueno, pero no había ni una nube en el cielo. "¡Qué gran falta hemos cometido!" se lamentó Conchita. "Ahora que hemos cogido las manzanas que no nos pertenecen, el diablo está feliz y nuestro pobre ángel de la guarda está triste".[xlvii] Unos minutos más tarde, un ángel deslumbrante se apareció delante de ellas. No dijo nada, y después de unos pocos minutos, desapareció. El ángel se les aparecería a las cuatro chicas ocho veces más en los días siguientes, sin decir una palabra. Entonces, finalmente, el primero de julio, habló: *He venido a anunciar la visita de la Santísima Virgen María del Carmelo. Se aparecerá mañana, domingo".*

Las niñas estaban rebosantes de alegría. "¡Que venga pronto!" le dijeron.[xlviii] La noticia se difundió rápidamente, y al día siguiente, muchos aldeanos y curiosos de las aldeas cercanas, incluyendo sacerdotes, fueron al lugar donde las niñas dijeron que el ángel se había aparecido. El 2 de julio, la Virgen María se les apareció con el Niño Jesús y dos ángeles —uno de los cuales era el que ellas habían visto, al que ahora reconocían como San Miguel. Las niñas hablaron abierta y familiarmente con Nuestra Señora mientras ella les sonreía. Así comenzó una hermosa relación materno-filial en las apariciones que continuaría aproximadamente unas 2 mil veces durante los siguientes cuatro años, en ocasiones varias veces en un día.

Las visitas atrajeron a miles de testigos en grandes multitudes y se presentaron fenómenos místicos, muchos de los cuales fueron filmados o fotografiados. A estas interacciones entre Nuestra Señora y las niñas se las denominó como éxtasis; cuando las niñas caían de rodillas y miraban hacia arriba, se volvían pesadas como rocas e insensibles a la luz y al dolor. También había paseos extáticos, cuando las niñas se movían, por ejemplo, caminando hacia atrás rápidamente por un terreno accidentado con la cabeza y los ojos fijos mirando al cielo; y la devolución de rosarios y medallas a sus mismísimos dueños, cuando las niñas, aun mirando hacia arriba, entregaban objetos bendecidos por Nuestra Señora a sus legítimos propietarios en medio de la multitud, sin saber de quién eran.

El primer mensaje de la Virgen María al mundo, el 18 de octubre de 1961, fue un llamado a una conversión radical del corazón. En palabras de las cuatro videntes: *"Hay que hacer muchos sacrificios y mucha penitencia; visitar al Santísimo; pero antes tenemos que ser muy buenos. Y si no lo hacemos, nos vendrá un castigo. Ya se está llenando la copa, y si no cambiamos, nos vendrá un castigo muy grande".* En un segundo mensaje dado al mundo ocho meses después, el 19 de junio de 1962, Jacinta informó: *"...el mundo es peor. El mundo debe cambiar mucho y no ha cambiado en absoluto [...] ¡Qué pena que no cambie!".* En un tercer mensaje del 23 de junio de 1962, Nuestra Señora dijo, según palabras de Mari Loli y Jacinta, que tenían entonces trece años:

"La Virgen nos ha dicho que el mundo no cambia, que no ha cambiado en nada, que pocos verán a Dios. Son tan pocos que a la Virgen le da pena. ¡Qué pena que no cambie! La Virgen nos ha dicho que el castigo llega. Como el mundo no cambia, la Copa se

llena. ¡Qué triste estaba la Virgen! Aunque no nos lo muestre, pues ¡nos quiere tanto! Ella lo soporta sola, porque es buena. ¡Sed buenos todos, para que la Virgen sea feliz! Ella ha pedido que los buenos recen por los malos. Sí, recemos por el mundo, por los que no Le conocen. Sed buenos, sed todos muy buenos".[xlix]

El 18 de junio de 1965, Nuestra Señora le dio su último mensaje público en Garabandal a Conchita. Fue transmitido en directo por la televisión española. Puede verse en YouTube un video de Conchita en éxtasis junto con los acontecimientos que precedieron a la aparición, llamado "Garabandal Film 08-Second Message June 18th, 1965".[l] Las palabras de Nuestra Señora eran de tristeza y advertencia:

"Como no se ha cumplido y no se ha hecho conocer al mundo mi mensaje del 18 de octubre [1961] os diré que este es el último. Antes, la Copa se estaba llenando, ahora está rebosando. Muchos cardenales, obispos y sacerdotes van por el camino de la perdición, y con ellos llevan a muchas más almas. A la Eucaristía cada vez se le da menos importancia. Debéis evitar la ira del buen Dios sobre vosotros con vuestros esfuerzos. Si le pedís perdón con alma sincera, Él os perdonará. Yo, vuestra Madre, por intercesión del Ángel San Miguel, os quiero decir que os enmendéis. ¡Ya estáis en los últimos avisos! Os quiero mucho y no quiero vuestra condenación. Pedidnos sinceramente y nosotros os lo daremos. Debéis sacrificaros más. Pensad en la Pasión de Jesús".

El segundo mensaje causó particular controversia por las palabras "muchos cardenales, obispos y sacerdotes van por el camino de la perdición". A Conchita se le pidió muchas veces que verificara esta información y ella respondió otras tantas que María subrayaba la importancia del sacerdocio, centrando la atención en los sacerdotes por encima de los demás.[li]

Además de estos mensajes, las videntes pronosticaron un "Aviso", un "Milagro" y un "Castigo". En un periodo de un año después del Aviso, tendrá lugar un gran Milagro, durante un cuarto de hora, y dejará una señal permanente en Garabandal, que podrá ser vista y fotografiada, pero no tocada. Conchita anunciará al mundo la próxima llegada del Milagro, con ocho días de antelación. Los enfermos que vayan a Garabandal ese día serán curados, los incrédulos se convertirán. "La señal que quedará", dice Conchita, "podrá ser vista, fotografiada y televisada pero no podrá ser tocada. Parecerá claramente que es algo que no es de este mundo, sino de Dios".

La última aparición fue en privado, a Conchita el 13 de noviembre de 1965. *"Dime, Conchita"*, dijo Nuestra Señora con cuidado maternal, *"dime cosas de mis hijos; a todos los tengo bajo mi manto. Os quiero mucho y deseo vuestra salvación"*. Recordándole a Conchita la importancia de la oración, dijo: *"¿Por qué no vas menudo a visitar a mi Hijo en el Santísimo? ¿Por qué te dejas llevar por la pereza no yendo a visitarle cuando os está esperando de día y de noche?"*

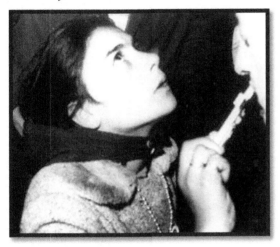

Hacia el final de su conversación, Conchita exclamó: "¡Ay qué feliz soy cuando os veo! ¿Por qué no me llevas contigo ahora?" Nuestra Señora respondió: *"Acuérdate de lo que te dije el día de tu santo. Al presentarte delante de Dios tienes que mostrarle tus manos llenas de obras hechas por ti en favor de tus hermanos y para la gloria de Dios y ahora las tienes vacías"*.

El día después de esta última aparición, un escritor sobre los acontecimientos de Garabandal, Albrecht Weber, tuvo una larga conversación con Conchita, quien le preguntó: "¿Te imaginas cómo alguien puede matar a los niños en el útero sin matar por ello a la madre?"

Albrecht respondió, "¡No! ¿Qué te dio esa idea, Conchita?"

"Bueno, la Santísima Virgen habló de esto, y me dijo que esto sucederá con el desbordamiento de la Copa". Conchita dijo esto, temblorosa y perturbada, sin poder visualizar lo que realmente significaba o cómo se podía efectuar el asesinato. Ella lo sabría bastante pronto.[lii]

¿Dónde están las videntes ahora? Conchita González se mudó a Nueva York donde conoció a su esposo y tuvo cuatro hijos. Quedó viuda el 31 de octubre de 2013.[liii]

Mari Loli Mazón se mudó a Brockton, Massachusetts, donde se casó, tuvo cuatro hijos (el cuarto murió joven) y viviría los siguientes veintisiete años hasta su muerte en New Hampshire en 2009. Jacinta González pasó a ser Jacinta Moynihan y vive en Oxnard, California, con su marido y su hija. Mari Cruz González vive en Avilés, España, está casada y tiene cuatro hijos.

La situación actual del juicio eclesiástico sobre las apariciones de Garabandal es "Non-constat de supernaturalitate", que significa "No se ha establecido el origen sobrenatural", y está abierto a nuevas evaluaciones.[liv] En una "Nota Oficial" del 8 de julio de 1965, el Obispo Eugenio Beitia de Santander (la diócesis a la que pertenece Garabandal) escribió:

> *"...Haciendo, sin embargo, constar que no hemos encontrado materia de censura eclesiástica condenatoria, ni en la doctrina ni en las recomendaciones espirituales, que se han divulgado tal como se han dirigido a los fieles cristianos, ya que contienen una exhortación a la oración y al sacrificio, a la devoción eucarística, al culto de Nuestra Señora en formas tradicionalmente dignas de alabanza, y al santo temor de Dios, ofendido por nuestros pecados. Simplemente repiten la doctrina común de la Iglesia en estos asuntos".[lv]*

Un número importante de santos contemporáneos han creído en las apariciones de Garabandal, como Santa Teresa de Calcuta,[lvi] San Pablo VI,[lvii] San Josemaría Escrivá de Balaguer,[lviii] y San Pío de Pietrelcina,[lix] entre otros. El Padre Pío animó a la gente a visitar Garabandal; cuando se le preguntó sobre su autenticidad, una vez respondió con brusquedad: "¿Cuántas veces se debe aparecer allí para que le crean?"[lx]

El Papa San Juan Pablo II también fue aparentemente un defensor de las apariciones de Nuestra Señora en Garabandal. Cuando se le presentó una copia de la versión de 1993 del libro de Albrecht Weber, Garabandal Der Zeigefinger Gottes (Garabandal: El dedo de Dios), pidió más tarde a su secretario, el Padre (ahora Arzobispo) Stanislaus Dziwisz, que escribiera al autor. En una edición posterior del libro en el 2000, se recoge una parte del mensaje del Papa en la página 19:

> *"Que Dios te recompense por todo. Especialmente por el profundo amor con el que estáis dando a conocer los acontecimientos relacionados con Garabandal. Que el mensaje de la Madre de Dios encuentre una entrada en los corazones antes de que sea demasiado tarde. Como expresión de alegría y gratitud, el Santo Padre os da su bendición apostólica".*

PALABRAS SOBRE EL AVISO:

Desde la última aparición de Nuestra Señora del Carmen en Garabandal, tres de las videntes, Conchita, Mari Loli y Jacinta, han concedido ocasionalmente algunas entrevistas. Cuando hablan del Aviso, con frecuencia se revela información nueva o complementaria, o una perspectiva diferente. Para dar una imagen más completa de lo que ellas aprendieron de la Santísima Virgen con respecto a este acontecimiento, se presentan a continuación algunos extractos cronológicos de varias entrevistas.

Conchita el 13 y 14 de septiembre, y 22 de octubre de 1965:
"Si yo no supiera del otro castigo que vendrá, diría que no hay mayor castigo que El Aviso. Todos tendrán miedo, pero los católicos lo soportarán con más resignación que otros. Durará poco tiempo. El Aviso viene directamente de Dios. Será visible en cada parte del mundo, no importa dónde estemos. Será como la revelación interior de nuestros pecados. Los creyentes, así como los no creyentes y gente de cualquier otra religión, donde quiera que estén en ese momento, lo verán y sentirán. ¡Oh! ¡Sí, El Aviso será muy intimidante! Mil veces peor que los terremotos… Será como fuego; no quemará nuestra carne, pero la sentiremos corporal e interiormente. Todas y cada una de las naciones y personas en la Tierra lo sentirán. Ninguno se librará. Y los no creyentes sentirán el temor de Dios.

Podremos sufrirlo tanto de día como de noche, estemos o no en la cama. Si morimos en ese momento, será de miedo […] ¡Si tan solo pudiera contarlo tal como me lo describió la Virgen! Pero el castigo, será peor.

Sabremos que El Aviso nos llega por nuestros pecados. Estoy cansada de anunciarlo, y el mundo no hace ningún caso de él.

No nos figuramos hasta qué punto ofendemos al Señor. La Virgen me ha dicho que el mundo sabe que hay un Cielo y un Infierno. ¿Pero no vemos que se piensa en ellos solamente por temor y no por amor de Dios? Como consecuencia de nuestros pecados, nosotros mismos seremos causa del Aviso. Y nosotros deberemos sufrirlo por Jesús, por las ofensas que hacemos a Dios".[lxi]

Conchita en 1968:

P: ¿Qué puedes decimos de las muchas personas que no conocen a Cristo; cómo comprenderán ellas el Aviso?

R: Para los que no conocen a Cristo, creerán que es un Aviso de Dios.

Conchita en 1973:

P: ¿Cuánto tiempo durará, media hora, una hora?

R: Realmente no lo sé. Creo que con cinco minutos tendremos bastante.

Conchita al Dr. J. Domínguez en mayo de 1973:

R: Lo más importante del Aviso es que todas las personas, todos en el mundo, verán una señal, o una gracia dentro de ellos o un castigo, en cualquier sitio que estén. Y se encontrarán como solos en el mundo, con su conciencia delante de Dios [...] A veces hay personas que no pueden ver su propia perversidad, porque como se dice, cierran los ojos del alma sin querer ver su interior [...] Es para abrir nuestra alma a Dios y llevarnos al arrepentimiento.

Todos lo sentiremos de forma diferente, porque dependerá de nuestra conciencia. Será muy personal. Por lo tanto, todos reaccionaremos de manera diferente, porque tus pecados son diferentes a los míos.

P: ¿Causará El Aviso daños físicos?

R: No, únicamente lo que resulte del susto, por ejemplo, un ataque al corazón, pero nada más.

Mari Loli el 27 de Julio de 1975:

P: Has dicho en otra ocasión que cuando ocurra El Aviso todo se detendrá, hasta los aviones en pleno vuelo. ¿Es esto cierto?

R: Sí.

P: ¿Puede decirnos alguna otra cosa sobre El Aviso?

R: Todo lo que puedo decir es que está muy próximo y que es muy importante que nos preparemos a él, porque será algo terrible. Nos hará sentir todo el mal que hemos hecho.[lxii]

Jacinta en febrero de 1977:

"El Aviso se verá primero en el aire, en todo el mundo, e inmediatamente se trasmitirá al interior de nuestras almas. Durará un tiempo muy breve, pero parecerá muy largo por el efecto que producirá en nuestro interior. Será para el bien de nuestras almas, para que podamos ver en el interior de nosotros mismos, en nuestra conciencia, el bien que hemos dejado de hacer y el mal que hemos hecho. Sentiremos un gran amor hacia nuestro Padre y Madre celestiales y pediremos perdón por todas nuestras ofensas. La finalidad del Aviso es que nos acerquemos más a Él y tengamos más fe. Por consiguiente, debemos preparamos para ese día, pero no esperarlo con temor, porque Dios no envía las cosas para causar terror sino con justicia y amor, para el bien de todos sus hijos, para que alcancen la dicha eterna y no se condenen".

Conchita en 1977:

P: En cierta ocasión dijiste al Padre Marcelino Andreu: "Cuando se vea El Aviso, se sabrá que hemos llegado al final de los tiempos". ¿Puedes explicarnos qué quisiste decir?

R: La Virgen nos dijo que El Aviso y El Milagro serán las últimas advertencias o acontecimientos públicos que nos dará Dios. Por ello creo que después nos encontraremos cerca del fin de los tiempos.

P: ¿Tienes algún consejo que dar a la gente para que se prepare para este suceso?

R: Siempre debemos estar preparados, de modo que haya paz en nuestras almas y no nos aferremos tanto a las cosas de este mundo. En lugar de ello, debemos pensar con mucha frecuencia que estamos aquí para ir al Cielo y ser santos.

Mari Loli en 1977:

P: ¿Tiene algún consejo que dar a la gente para que se prepare para el acontecimiento?

R: Que hagan mucha penitencia, que hagan sacrificios, que visiten al Santísimo Sacramento todos los días que puedan, que recen el Santo Rosario diariamente.[lxiii]

Mari Loli al Padre Francis Benac, SJ, 29 de septiembre 29 de 1978:

"Va a ser como un sentimiento interno de pena y dolor por haber ofendido a Dios. Dios nos ayudará a ver claramente el daño que le causamos a Él y todas nuestras malas acciones. Nos ayudará a sentir este dolor interior porque muchas veces cuando hacemos algo malo, nos limitamos a pedir Su perdón de dientes para afuera, pero ahora (gracias al Aviso) nos ayudará a sentir físicamente ese profundo dolor".

Conchita al Padre Francis Benac, SJ, 29 de septiembre de 1978:

"Para mí, es como dos estrellas que chocan entre sí y hacen un ruido enorme, y despiden una gran luz, pero no se caen. No nos va a herir físicamente, no causará ningún daño material; pero vamos a verlo, será muy aterrador. Pero, por favor, Padre, es sólo una mera comparación".

Conchita a Albrecht Weber, autor de Garabandal—Der Zeigefinger Gottes, *en 1965:*

R: Cuando el comunismo vuelva, todo [El Aviso] sucederá.

P: ¿Qué quieres decir con "volverá"?

R: Sí, cuando vuelva a aparecer.

P: ¿Eso significa que el comunismo desaparecerá antes de eso?

R: No lo sé. La Santísima Virgen simplemente dijo, "Cuando el comunismo vuelva".[lxiv]

Mari Loli el 19 de octubre de 1982:

P: ¿Recuerdas lo que la Santísima Virgen te dijo acerca de la tribulación comunista que ha de preceder al Aviso?

R: Parecerá que los comunistas se han apoderado del mundo entero y será muy difícil practicar la religión, que los sacerdotes puedan dar Misa, o que el pueblo pueda abrir las puertas de las iglesias.

P: ¿Es eso lo que querías decir al afirmar que parecerá que la Iglesia ha desaparecido?

R: Sí.

P: ¿Será debido a las persecuciones religiosas y no a que la gente deje de practicar su religión?

R: Sí, pero supongo que mucha gente dejará de practicar. Quienes la practiquen tendrán que hacerlo clandestinamente.

P: Dijiste que a los sacerdotes les resultaría muy difícil poder decir Misa. ¿Te lo dijo la Santísima Virgen o lo pensaste tú misma, a raíz de la profetizada tribulación comunista?

R: Según recuerdo, me lo dijo la Virgen.

P: ¿Y dijo la Virgen que parecería como si la Iglesia hubiera desaparecido?

R: Sí.

Jacinta el 16 de abril de 1983:

R: La Virgen dijo que El Aviso llegaría cuando la situación estuviera en su peor momento. Tampoco se tratará únicamente de la persecución, porque muchos ya habrán dejado de practicar la religión.

P: Cuando llegue El Aviso, será visto y sentido por todas las personas del planeta. ¿Incluidos los niños pequeños que todavía no tengan uso de razón?

R: Sí, y por eso sentimos mucha pena por ellos, porque será una experiencia aterradora.

P: ¿Puedes decirnos algo acerca de la situación mundial cuando llegue El Aviso?

R: Será mala.

P: ¿Recuerdas cuándo te dijo la Virgen que las Iglesias se unirían?

R: La forma en que Ella lo dijo, es que toda la humanidad estaría dentro de una Iglesia, la Iglesia Católica. También dijo que era muy importante orar por esta intención"[lxv]

Conchita a un amigo que le dijo que tenía mucho miedo del Aviso:
"Sí, pero después del Aviso, amarás mucho más a Dios".

PADRE STEFANO GOBBI
ITALIA (1930–2011)
Sacerdote, místico y fundador
del Movimiento Sacerdotal Mariano

El padre Stefano Gobbi nació en Dongo, Italia, al norte de Milán. Como laico, dirigió una agencia de seguros, y después de ser llamado al sacerdocio, recibió el doctorado en sagrada teología por la Pontificia Universidad Lateranense de Roma. En 1964, fue ordenado a la edad de 34 años.

En 1972, con ocho años de sacerdocio, el P. Gobbi peregrinó a Fátima, Portugal. Mientras oraba en el santuario de Nuestra Señora, por ciertos sacerdotes que habían renunciado a su vocación y trataban de formar asociaciones en rebelión contra la Iglesia Católica, escuchó la voz de Nuestra Señora que le instaba a reunir a otros sacerdotes que estuvieran dispuestos a consagrarse al Inmaculado Corazón de María y a unirse fuertemente al Papa y a la Iglesia. Esta fue la primera de cientos de locuciones internas que el Padre Gobbi recibiría en el curso de su vida.

Guiado por estos mensajes del Cielo, el P. Gobbi fundó el Movimiento Sacerdotal Mariano (MSM). [lxvi] En la introducción al manual de facto del MSM [lxvii]: *A los sacerdotes, hijos predilectos de la Santísima Virgen*, dice del movimiento:

Es una Obra de amor que el Corazón Inmaculado de María hace surgir hoy en la Iglesia, para ayudar a todos sus hijos a vivir con confianza y filial esperanza, los momentos dolorosos de la purificación. En estos tiempos de graves peligros, la Madre de Dios y de la Iglesia se mueve, sin descanso ni vacilaciones para ayudar sobre todo a los Sacerdotes, que son los hijos de su maternal predilección. En esta Obra, como es natural, se utilizan instrumentos, y, de modo particular, ha sido escogido a don Esteban Gobbi. ¿Por qué? En una página del libro se da esta explicación: "Te he elegido a ti, porque eres el instrumento menos apto; así nadie dirá que esta es obra tuya. El Movimiento Sacerdotal Mariano debe ser sólo Obra mía. A través de tu debilidad, manifestaré Yo mi fuerza; a través de tu nulidad manifestaré Yo mi poder" (mensaje del 16 de julio de 1973) [...] A través de este movimiento, yo llamo a todos mis hijos a consagrarse a mi Corazón,[lxviii] y a difundir por todas partes cenáculos de oración.[lxix]

El padre Gobbi trabajó incansablemente para cumplir la misión que la Virgen le confió. En marzo de 1973, unos cuarenta sacerdotes se habían unido al Movimiento Sacerdotal Mariano, y para finales de 1985, el P. Gobbi había realizado más de 350 vuelos y numerosos viajes en coche y en tren, visitando varias veces los cinco continentes.[lxx] Hoy en día el movimiento tiene como miembros a más de 400 cardenales y obispos católicos, más de 100.000 sacerdotes católicos y millones de católicos laicos en todo el mundo, con cenáculos de oración y convivencia fraterna entre sacerdotes y fieles laicos en todo el mundo.

En noviembre de 1993, el MSM de los Estados Unidos, con sede en St. Francis, Maine, recibió una bendición papal oficial de Juan Pablo II, quien mantuvo una estrecha relación con el P. Gobbi, y que durante muchos años celebró anualmente una Misa con él, en su capilla privada del Vaticano.

PALABRAS SOBRE EL AVISO:

Los mensajes de la Virgen desde julio de 1973 hasta diciembre de 1997, a través de las locuciones al P. Stefano Gobbi, se publicaron en el libro, *A los sacerdotes: hijos predilectos de la Santísima Virgen*, que ha recibido el Imprimátur de la Iglesia. Entre los años 1988 a 1996, Nuestra Señora dio cinco mensajes concernientes a una Iluminación de Conciencia venidera:

Mensaje del 22 de mayo de 1988, Fiesta de Pentecostés:
"Con su divino amor, (el Espíritu Santo) *abrirá las puertas de los corazones e iluminará todas las conciencias. Cada hombre se verá a sí mismo en el ardiente fuego de la divina Verdad. Será como un juicio en pequeño. Después Jesucristo implantará su glorioso Reino en el mundo".*

Mensaje del 2 de octubre de 1992, Fiesta de los Santos Ángeles Custodios:
"Cuanto sucederá será una cosa tan grande, como jamás se ha visto desde el principio del mundo. Será como un juicio en pequeño y cada uno verá su propia vida y todas sus obras en la Luz misma de Dios.
Al primer ángel le corresponde la misión de proclamar a todos este anuncio: "Dad a Dios la gloria y la obediencia; alabadlo, porque ha llegado el momento en el que Él juzgará al mundo. Arrodillaos delante de Aquel que ha hecho el cielo, la tierra, los manantiales y el mar".

Mensaje del 22 de mayo de 1994, Fiesta de Pentecostés:
"Descenderá nuevo fuego del cielo y purificará toda la humanidad que se ha vuelto pagana. Será como un juicio en pequeño y cada uno se verá a sí mismo en la luz de la Verdad misma de Dios".

Mensaje del 4 de junio de 1995, Fiesta de Pentecostés:
"Lenguas de fuego descenderán sobre todos vosotros mis pobres hijos, tan engañados y seducidos por Satanás y por todos los espíritus malignos, que, en estos años, han obtenido su gran triunfo. Y así seréis iluminados por esta Luz divina y os veréis a vosotros mismos en el espejo de la verdad y de la santidad de Dios. Será como un juicio en pequeño que abrirá la puerta de vuestro corazón para recibir el gran don de la divina misericordia.
Entonces el Espíritu Santo realizará en el corazón y en la vida de todos el nuevo milagro de la universal transformación: los pecadores se convertirán; los débiles tendrán apoyo; los enfermos obtendrán la curación; los alejados volverán a la casa del Padre; los separados y divididos llegarán a la unidad plena.
De esta manera se realizará el prodigio del segundo Pentecostés. Este tendrá lugar con el triunfo de mi Corazón Inmaculado en el mundo. Sólo entonces veréis cómo las lenguas de fuego del Espíritu de Amor

renovarán todo el mundo que será completamente transformado por la mayor manifestación de la divina Misericordia.

Por esto os invito a pasar este día en el Cenáculo, reunidos en la oración Conmigo, Madre de la Misericordia, en la esperanza y en la anhelante espera del segundo Pentecostés ya próximo".[lxxi]

Mensaje del 26 de mayo de 1996, Fiesta de Pentecostés:

"Con un extraordinario Cenáculo de oración y de fraternidad, celebráis hoy la solemnidad de Pentecostés. Recordáis el prodigioso acontecimiento de la venida del Espíritu Santo, bajo forma de lenguas de fuego, en el Cenáculo de Jerusalén, donde los Apóstoles se habían reunido en oración Conmigo, vuestra Madre Celestial.

También hoy vosotros, recogidos en oración en el Cenáculo espiritual de mi Corazón Inmaculado, os preparáis para recibir el don prodigioso del segundo Pentecostés. El segundo Pentecostés vendrá para hacer volver a esta humanidad que se ha vuelto pagana y que vive bajo el poderoso influjo del Maligno, a la plena comunión de vida con su Señor que la ha creado, redimido y salvado.

Lenguas de fuego milagrosas y espirituales purificarán los corazones y las almas de todos, que se verán a sí mismos en la Luz de Dios, y serán traspasados por la afilada espada de su Verdad divina.

El segundo Pentecostés vendrá para conducir a toda la Iglesia al vértice de su máximo esplendor. El Espíritu de sabiduría la conducirá a la perfecta fidelidad al Evangelio; el Espíritu de consejo la asistirá y la confortará en todas sus tribulaciones; el Espíritu de fortaleza la llevará a un cotidiano y heroico testimonio de Jesús. Sobre todo, el Espíritu Santo comunicará a la Iglesia el don precioso de su unidad plena y de la mayor santidad. Sólo entonces Jesús traerá a ella su Reino de gloria.

El segundo Pentecostés descenderá en los corazones para transformarlos y volverlos sensibles y abiertos al amor, humildes y misericordiosos, libres de todo egoísmo y de toda maldad. Entonces el Espíritu del Señor transformará los corazones de piedra en corazones de carne".[lxxii]

MATTHEW KELLY
AUSTRALIA, ESTADOS UNIDOS (1973 –)
Esposo, padre, orador, escritor y fundador del Dynamic Catholic Institute

Matthew Kelly nació en Sydney, Australia, en 1973. Es el cuarto hijo de ocho varones. Sus padres los llevaban a la iglesia los domingos, daban las gracias antes de las comidas, y tenían una maravillosa manera de lanzar comentarios, como: "Dios ha sido bueno con nuestra familia", que tuvieron un impacto duradero en él cuando era niño. Sin embargo, por un tiempo en su adolescencia dudó de su fe y una vez le dijo a su padre que ya no creía en Dios. Matthew dice que su padre no se molestó ni lo increpó, sino que con calma le dio la respuesta perfecta: "Dios todavía cree en ti".

Un día, un médico amigo de la familia animó a Matthew a profundizar en su fe y pasar diez minutos cada día, sentado en una iglesia, incluso tal vez orando. Matthew aceptó el desafío. Más tarde, este amigo de la familia invitó a Matthew a añadir más prácticas espirituales: lectura de la Biblia, Misa diaria, Rosario, y acudir a una casa de retiro, todo lo cual lo llevó a tener una fe vibrante.

El 7 de abril de 1993, cuando tenía diecinueve años, Matthew se arrodilló junto a su cama para decir sus oraciones de la noche, luego se metió bajo las sábanas y alcanzó su Walkman para escuchar música con sus audífonos. Inexplicablemente, sintió una fuerte presencia externa y una sensación interna que le urgía a no hacerlo, pero lo hizo de todas formas. Después de tan sólo dos o tres segundos de escuchar música, la sensación no dejaba lugar a dudas, así que se quitó los audífonos se arrodilló de nuevo y dijo: "Estoy a la escucha". En ese momento, Dios Padre comenzó a hablarle a través de locuciones internas. El Padre entonces le pidió que compartiera con todo el mundo los mensajes que Él le estaba dando, y así Matthew los publicó en un libro con el simple título, *Palabras de Dios*.

Con una familia profundamente inmersa en los negocios y un espíritu emprendedor, la cena cada noche en casa de los Kelly era como una clase de Maestría en Administración Empresarial. Todo el mundo tenía su opinión, y Matthew tenía que imponerse para ser escuchado. No es de extrañar que él fuera a la escuela de negocios de la universidad, y debido a su interés en las interacciones entre la fe, la ética y los negocios, comenzara a dar charlas sobre el tema. A medida que su agenda de charlas se intensificaba, Matthew se tomó un semestre libre en el que planeó viajar y dar charlas (hacer las "cosas de Dios") y luego volver a la escuela de negocios. Nunca volvió.

Hablar le llevó a escribir, lo que se convirtió en una vida de servicio incansable, desinteresado y continuo a la Iglesia Católica. Matthew ha llevado su profunda voz australiana, que retumba cuando exhorta, a cincuenta países, y cuenta con muchos libros ahora publicados en más de veinticinco idiomas. Es el fundador de Floyd Consulting y de la Fundación Matthew Kelly, una organización caritativa. Con su afán de compartir "la genialidad del catolicismo" por el mundo creó una organización sin ánimo de lucro, el Dynamic Catholic Institute,[lxxiii] cuya misión es revitalizar la Iglesia Católica en Norte América. Matthew se casó con Meggie en 2009, y cuando no está de viaje ni en la oficina, se le puede encontrar en su casa de Cincinnati, Ohio, haciendo su trabajo favorito: jugar con sus cinco hijos.

PALABRAS SOBRE EL AVISO:

Mensaje de Dios Padre a Matthew Kelly del 5 de junio de 1993:

"El Juicio Menor es una realidad. La gente ya no es consciente de que me ofende. Por Mi infinita misericordia, proveeré un Juicio Menor. Será doloroso, muy doloroso, pero breve. Verán sus pecados; verán cuánto me ofenden, cada día.

Sé que piensas que esto suena como algo muy bueno, pero desafortunadamente ni siquiera esto hará volver al mundo entero a Mi amor. Algunos se alejarán aún más de Mí; serán orgullosos y tercos. Satanás está trabajando duro contra Mí.

Pobres almas, todos vosotros, despojados del conocimiento de Mi amor. Estad preparados para este Juicio Mío. Juicio es la mejor palabra que tenéis vosotros, los humanos, para describirlo, pero será más bien esto: veréis vuestra propia oscuridad personal en contraste con la luz pura de Mi amor.

Aquellos que se arrepientan tendrán una sed insaciable de esta luz. Su amor por Mí será entonces tan fuerte que, unido al Inmaculado Corazón de María y al Sagrado Corazón de Jesús, la cabeza de Satán será aplastada, y él será apresado en el infierno para siempre. Todos los que me aman se unirán para ayudar a formar el talón que aplastará a Satanás.

Entonces, cuando os llegue la muerte natural, quedará saciada vuestra sed de esta luz. Me veréis a Mí, vuestro Dios. Viviréis en Mi amor; estaréis en el Cielo...

¿Ven ahora lo importante que son estos tiempos? No esperen a que llegue este Juicio Menor. Debéis empezar ya a observaros más detenidamente para poder ver vuestras faltas y arrepentiros. Sois afortunados por tener la fe necesaria para leer, creer y aceptar este mensaje. No debéis iros y quedar indiferentes. Debéis examinaros más cada día y orar en reparación.

Todos vosotros, haced como el ciego. Cada día debéis clamar: "Señor, abre mis ojos", y Mi Hijo os abrirá los ojos para que podáis ver vuestra miseria y arrepentiros.

Orad ahora más que nunca, y recordad que los criterios del mundo son un falso indicio de Mi justicia. Yo soy vuestro Dios, y aunque soy perfectamente misericordioso con los que se arrepienten, soy perfectamente justo con los que no lo hacen.

Mucha gente piensa que, a mí, vuestro Dios, no me importará. "Es poca cosa", dicen. Pero no es cuestión de importar. Quiero que la gente me ame. El amor tiene en cuenta tanto las cosas pequeñas como las grandes; y la mayoría de veces, estas pequeñas cosas no son tan pequeñas.

No juzgues tus acciones o las de los demás. No eres capaz de juzgar.

Eres incapaz de juzgar porque no puedes leer el corazón de un hombre.

Debes amarme con todo tu corazón, con toda tu mente, con toda tu alma y con todas tus fuerzas.

Hoy es el día. Haced todo lo posible para renunciar a vosotros mismos y dejar que Cristo reine en vuestras vidas. Nunca estaréis preparados para el Juicio Menor, pero algunos estarán más preparados que otros. Debéis aspirar a ser uno de esos y a traer a tantos otros como podáis para que estén preparados, o tan preparados como sea posible.

Sobre todo, no teman. No les digo todo esto para asustarlos. No, simplemente intenten ser mejores personas cada día. Es lo máximo que les puedo pedir. Soy su Dios. Soy perfectamente justo y perfectamente misericordioso. Sois hijos e hijas míos. ¿No cuida un padre de sus hijos? Os envío este mensaje para libraros tanto como pueda de cualquier dolor; pero el dolor que experimentáis al ver la oscuridad de vuestra alma es un acto de amor en Mi Nombre. ¿No ven que esto devolverá a muchas, muchas almas, a un amor más pleno por Mí? Esto salvará a muchas almas del fuego del infierno.

Este es el más importante de todos Mis mensajes: Yo soy el Señor, su Dios. Vosotros sois Mis hijos e hijas, a quienes amo muchísimo, y Mi mayor deleite es estar con vosotros; y quiero estar con vosotros por la eternidad. Todo lo que hago lo hago por amor a vosotros, hijos Míos. Confiad en Mí, vuestro Padre Celestial". [lxiv]

JANIE GARZA
ESTADOS UNIDOS (1955 –)
Esposa, madre, mística y estigmatizada

Janie Garza es vidente, recibe locuciones, y tiene los estigmas visibles en su cuerpo: las heridas de Cristo. Es autora de *Mensajes del Cielo para la Familia: Cómo convertirse en la familia que Dios quiere que sean*, y *Mensajes del Cielo para la Familia, Vol II: Mensajes de San José y los Arcángeles*. El 31 de mayo de 2006, su obispo le dio su plena aprobación para que siguiera hablando y promulgando los mensajes que ha recibido del Cielo. La Sra. Garza vive en Austin (Texas), con su esposo Marcelino, cuatro hijos y un número creciente de nietos.

Janie creció en Austin, bajo la lengua mordaz y mano abusiva de su madre —la única que proveía para sus nueve hijos—, y de su padrastro continuamente borracho. Fue durante el año en que Janie fue a la escuela católica (antes de que su madre la sacara sin explicación alguna) que aprendió de las monjas sobre la presencia de Jesús en el Santísimo Sacramento. De niña, asistía diariamente a Misa y con frecuencia se sentaba frente al Sagrario, esperando a que Jesús saliera. Ella se había enamorado.

Janie se prometió a sí misma, cuando era joven, que nunca haría sufrir a nadie. Después de casarse, y nunca abusando, se "puso los pantalones" de su familia y se hizo cargo de todas las decisiones, considerando con

272

frecuencia el divorcio, si las cosas no salían como ella quería. Si embargo Dios tenía un plan para enseñarle, y a otras familias a través de ella, cómo afrontar su vocación de esposa y madre de una manera más amorosa, y el 15 de febrero de 1989, Nuestra Señora se le apareció a Janie. Esto dio inicio a una nueva trayectoria en su vida con visitas regulares y mensajes de María, después Jesús, San José, Santa Filomena y otros santos, y los tres arcángeles. Hasta el día de hoy, Nuestra Señora no deja que la Sra. Garza se entere o lea ningún mensaje del Cielo recibido por otros videntes o locutores, por tanto, lo que ella experimenta se sustenta por su propio merito.[lxxv]

Un día, Jesús y María le pidieron a la Sra. Garza, que se ofreciera como alma víctima por el sufrimiento de la Iglesia, los no nacidos y la conversión de las familias. Entonces la Sra. Garza y su esposo se arrodillaron ante el Santísimo Sacramento, donde él expresó: *"Señor, te entrego a mi esposa para que hagas con ella lo que quieras. Sé que Tú cuidarás de ella"*. Como consecuencia, Janie ha sufrido diversas dolencias, se le han comunicado los estigmas y vive la Pasión en su propio cuerpo, particularmente el Viernes Santo.[lxxvi]

PALABRAS SOBRE EL AVISO:

Los siguientes son extractos de los libros de Janie Garza, *Mensajes del Cielo para la Familia: Cómo convertirse en la familia que Dios quiere que sean*, y *Mensajes del Cielo para la Familia, Volumen II: Mensajes de San José y los Arcángeles*.

Mensaje del 13 de mayo de 1994:
San José: Yo, San José, traigo bendiciones de Dios para ti y tu familia.
Janie: Gracias, amado San José. Por siempre sea alabado el Padre Eterno por Su bondad. Amén.
San. José: Mi pequeña, yo, San José, sé que has tenido tus dificultades por la seriedad de los mensajes que has recibido de María Santísima y de San Miguel. Estoy aquí para ayudarte a entender estos mensajes. Verás, mi pequeña, el pueblo de Dios ha ignorado Sus avisos. El mundo no entiende la oscuridad que los rodea. Mucha gente continúa viviendo en pecado, y olvidan que se acerca el día en que se les permitirá ver el estado de sus almas. Qué terrible momento será ese, para muchas, muchas almas.

Muchos morirán, porque no podrán soportar la verdad sobre el estado de sus almas.

Janie: San José, ¿podrías explicar por qué muchas personas morirán cuando vean sus almas? No lo comprendo, por favor ayúdame a entenderlo.

San. José: Mi pequeña, el alma es donde está toda la verdad, y nadie puede ver o conocer tu alma excepto el Eterno. Sólo Él conoce a todas las almas y sólo Él las juzgará. Nadie conoce la verdad excepto la Santísima Trinidad. Si la gente conociera la verdad, elegiría no pecar, porque la verdad iluminaría sus corazones para que supieran lo mucho que el pecado los separa de la verdad. La verdad es el Padre Eterno. Tú no puedes vivir en pecado y decir que conoces la verdad, porque no puedes tener dos amos. Debes elegir entre vivir en la oscuridad o vivir en la luz. Para aquellos que creen que viven en la luz, pero continúan infringiendo todo Mandamiento dado por Dios, a estas almas, yo, San José, les digo que no podrán ver el estado de sus almas y seguir viviendo.

Janie: Para mí es difícil saber esto. ¿Estás diciendo que la gente que no vive en los mandamientos de Dios morirá cuando vean sus almas?

San. José: Sí, mi pequeña, así será para muchos a menos que se arrepientan y decidan convertirse. Todavía hay tiempo para el arrepentimiento, pero el tiempo se acorta cada día que pasa.

Janie: ¿Qué debo decirle a la gente?

San. José: Comparte con ellos que el Eterno los está llamando a volver a Él y a aceptar Su amor y misericordia, a enmendar sus vidas y a vivir los mensajes de oración, ayuno y conversión. Todos los que se arrepientan recibirán gracias especiales para entrar en el Sagrado Corazón de Jesús y en el Inmaculado Corazón de María. A todos los que se arrepientan, Dios los colmará de Su misericordia. Nadie será rechazado, porque Dios ama a todos Sus hijos.[lxxvii]

Mensaje de septiembre 9 de 1995:

Jesús: Nuestra humilde servidora, la iluminación que vendrá tendrá una breve duración. Durante este tiempo Mi Padre permitirá a toda la humanidad ver el estado de sus almas tal como Mi Padre ve sus almas. Este será un tiempo de gracia en el que muchas almas se arrepentirán y volverán a Mi Padre. Las almas que mueran, morirán de una gran conmoción al ver el estado de oscuridad que existe en sus almas.

Janie: Amado Salvador, ¿la iluminación asustará a la gente?

Jesús: El temor que inflamará sus corazones es el santo temor del inmenso poder de Mi Padre, especialmente para aquellas muchas almas que han continuado negando la existencia de Mi Padre. Serán estas almas las que experimentarán un profundo miedo.

Janie: ¿Todos se convertirán?

Jesús: Muchos se convertirán, pero muchos no.

Janie: Oh, Jesús, ¿esto sucederá muy pronto?

Jesús: Nuestra humilde servidora, esto sucederá dentro de poco tiempo. No te distraigas con las fechas, sino prepárate cada día con fuerte oración. Muchos de los que se preocupan por estos tiempos no vivirán para verlos. Por eso la Sagrada Escritura advierte a todos que no se preocupen por el mañana, porque a nadie se le garantiza el mañana. El día de hoy tiene suficientes pruebas y cruces. Sepan que cuando hablamos de las cosas que vendrán, es para que el pueblo se convierta y abandone sus malos caminos. Cada día es una oportunidad para que las almas se conviertan. ¡La gente no debe esperar a que estas cosas lleguen para convertirse, sino que deben convertirse ahora, antes de que sea demasiado tarde! La razón por la que tales juicios vendrán es porque la gente se niega a convertirse y continúa viviendo en la oscuridad.[lxxviii]

Mensaje del 19 de marzo de 1996:

Janie: Oh, somos muy bendecidos al tenerte como Protector de la Familia. Bendito sea Dios ahora y por siempre.

San. José: Mi pequeña, el amor de Dios por la humanidad es inmenso. Él suplica al mundo cada segundo del día a que se aleje de sus pecados. Él les da Su amor y misericordia para ayudar a las almas a convertirse. Dios continuará suplicando a Sus hijos a que se vuelvan a Su amor y misericordia. Se acerca el momento en que Dios permitirá que todos Sus hijos miren en lo profundo de sus almas y vean sus pecados como Dios ve sus corazones pecadores. Dios enviará una iluminación a todo el mundo. Será un tiempo de gran gracia y conversión para muchas almas. Poco después de esta gran iluminación de las almas, Dios enviará un gran milagro para que el mundo lo vea. Después de esta gran señal, el mundo conocerá la paz. Habrá gran alegría para todo el pueblo fiel de Dios. Sus hijos serán felices. Habrá amor en las familias en todo lugar. La gente se beneficiará de su trabajo, construirán casas y vivirán para disfrutarlas. Verán a los hijos de sus hijos, y todos tendrán una larga vida.

Janie: Querido San José, ¿qué debemos hacer para prepararnos a esto?

San. José: Ora, mi pequeña, ora. Permanece fiel a todo lo que el Espíritu Santo te diga. Actúa en todo lo que la Santísima María te diga. Sé una fuerte mensajera para vivir sus mensajes de paz, oración, Santa Misa, ayuno, conversión y lectura de la Sagrada Escritura. Hazlo en familia. No rechaces el Santísimo Nombre de Dios para que Él no te rechace. Decidan ser una familia santa, oren juntos, ámense y perdónense unos a otros. Este es el momento de decidirse para todos los hijos de Dios. Vivid como el pueblo de Dios, llevando vidas buenas, simples y justas. Abrid vuestros corazones al amor y a la misericordia de Dios. Cada familia debe consagrarse al Sagrado Corazón de Jesús, al Inmaculado Corazón de María,[lxxix] y a mi intercesión y protección, para que podamos acercaros a Dios. Os prepararemos para lo que tiene que venir. Vivid como hijos del Señor, y podréis superar todos estos tiempos difíciles.

Janie: Por favor, ayúdanos, amado San José, necesitamos tu ayuda.

San. José: Hija mía, prepárate viviendo todo lo que yo, San José, he compartido contigo diariamente, viviendo cada día como si fuera tu último día. Esta es la Santa Voluntad de Dios para sus hijos. No tengas ningún miedo, pero abandónate al Espíritu Santo que te ayudará a hacer la Santa Voluntad de Dios.

Janie: Gracias por esto, humildísimo San José.

San José: Te doy mi bendición. Vive en la paz de Dios.[lxxx]

SIERVA DE DIOS
MARÍA ESPERANZA
(1928–2004)

Esposa, madre, mística, estigmatizada y vidente de las apariciones marianas en Betania, Venezuela (1976–1990)

María Esperanza, nació en Venezuela en 1928, tuvo su primera experiencia mística cuando tenía sólo cinco años. Mientras se despedía de su madre, que se iba de viaje, María vio a Santa Teresa de Lisieux emerger de las aguas del río Orinoco y lanzarle una rosa roja. María la cogió y se la entregó a su atónita madre. La rosa tenía una textura aterciopelada de belleza singular, y no había flores en el lugar.

María era una niña enfermiza que sufrió más de una enfermedad mortal. Una vez, a los doce años, desarrolló un caso tan agudo de neumonía que su médico pensó que no viviría más de tres días. Profundamente creyente, María preguntó: "Madre mía, ¿será que quieres que vaya a verte?" Entonces, cerrando los ojos, esperó una respuesta. Cuando los abrió, la Santísima Virgen estaba delante de ella sonriendo. María siguió viviendo, se alimentaba por medio de inyecciones, y oraba para que Cristo se la llevara y así no ser una carga para su familia. Esta vez, Cristo apareció, dirigiéndose a ella como *"Mi blanca rosa"*.

Recordando este momento años después, María comentó: *"¡Es como un radar, la forma en que Él te penetra con Sus ojos! Era muy hermoso, ojos hermosos… ¡Su rostro era muy amable!"* Pero en lugar de concederle la muerte, Jesús vino con su Madre María para curarla. Le explicaron a su "blanca rosa" que la vida es una larga serie de pruebas, y que el puente hacia el Cielo se construye a través de luchas, purificaciones y humildad, especialmente con la humildad. *"Hija mía"*, le dijo la Virgen, *"cuando empieces tu peregrinación, tendrás muchos sufrimientos. Son el dolor de esta Madre. Ayúdame. Ayúdame a salvar a este mundo, que se pierde"*.[lxxxi]

Durante su adolescencia, María recibió varios dones místicos, incluyendo la lectura de almas, y con frecuencia tenía la premonición de saber cuándo iban a llegar visitas, o cuándo la familia o los amigos estaban enfermos. Las personas por las que oraba a menudo se curaban o recibían una palabra suya sobre el remedio médico que necesitaban.

María deseaba ser monja y entró en un convento en 1954. Sin embargo, el 3 de octubre de ese año, Santa Teresa del Niño Jesús se le apareció de nuevo, lanzándole una rosa roja. Esta vez, cuando María la recogió, algo le picó la palma derecha, y comenzó a brotar sangre de su mano. Fue el comienzo de sus estigmas. *"Esta no es tu vocación"*, le instruyó Santa Teresita. *"La tuya es ser esposa y madre"*. Cuatro días después, Nuestra Señora le dijo que recibiera la comunión diaria, junto con el ayuno, la oración y la penitencia, y que sería una madre espiritual de las almas. *"Además, serás madre de siete hijos: seis rosas y un capullo.*

María daría a luz a seis niñas y un niño.

Después de salir del convento, Jesús le dijo a María que fuera a Roma donde recibiría la bendición del Papa Pío XII. Allí, no había pasado un mes, frente a la Iglesia del Sagrado   Corazón de Jesús, el 1º. de Noviembre conoció al que sería su marido, Geo Bianchini Gianni. Después de un noviazgo de dos años, María fue a hablar con Mons. Giulio Rossi, el párroco de la Basílica de San Pedro en la Ciudad del Vaticano, el

enclave papal y una de las iglesias más grandes del mundo. Ella le pidió un permiso especial para casarse en la Capilla del Coro de la Inmaculada Concepción. Mons. Rossi notó un aura alrededor del rostro de María Esperanza, cosa que lo impulsó a llevar su petición al Papa Pío XII. El Papa, que ya conocía a María, dio su autorización, y su boda con Geo se celebró el 8 de Diciembre de 1956.

El Papa Pío XII no era el único santo que conocía a María Esperanza. El santo Padre Pío, en sus últimos años, dijo a la gente que esperaba ser visitado por una mujer extraordinaria. "Hay una joven mujer que va a venir de América del Sur", dijo. "Cuando me vaya, ella será su consuelo". Los dos se encontraron finalmente cuando María escuchó la "llamada" del Padre Pío, mientras hacía oración, para acudir a él. En ese momento ella se encontraba cerca de Roma, lejos de su monasterio en San Giovanni Rotondo, pero hizo el viaje, y mientras estaba de pie en medio de una multitud de gente esperando ver al anciano sacerdote, él gritó, "¡Esperanza!". El 23 de Septiembre de 1968, el Padre Pío le hablaría en una visión: *"Esperanza, he venido a despedirme. Ha llegado mi hora. Ahora te toca a ti"*. Mientras sucedía esto, Geo miraba con asombro cómo el rostro de su esposa se transfiguró en el del Padre Pío. Al día siguiente, vieron en el periódico que él había muerto.

Cuando el Padre Pío aún vivía, María compartió con él una visión que había tenido de niña de una parcela especial de tierra, donde se le había dicho que aparecería la Virgen María. María había visto una casa vieja, una cascada, y una gruta. *"Desde 1957 hasta 1974, buscamos este terreno en toda Venezuela"*, dijo Geo, quien tenía intereses en el petróleo y un negocio de construcción en Caracas. Al visitar una granja en venta, la pareja finalmente encontró el lugar que ella había visto, y este se convertiría en el sitio de peregrinación de Finca Betania, en Venezuela, considerada ahora como la "Lourdes" de América del Sur. "Betania", como se le llama a menudo, se convirtió en un lugar sagrado de grandes milagros documentados, donde no sólo María Esperanza, sino cerca de dos mil personas verían a la Virgen María.

Cuando comenzaron las apariciones, el 25 de Marzo de 1976, Nuestra Señora se presentó como *"María, Reconciliadora de Pueblos y Naciones"*. María Esperanza recibía innumerables mensajes de la Virgen, a veces más de uno por día. El 21 de Noviembre de 1987, el obispo Pío Bello Ricardo, doctor en psicología, llevó a cabo una investigación exhaustiva de las apariciones, seguida de tres años de reflexión y discernimiento. Como conclusión, emitió una carta pastoral declarando que las apariciones de Betania *"son auténticas, son sobrenaturales y procedan de una fuente divina"*.

Siguiendo las instrucciones de Nuestra Señora, María Esperanza atendía a los peregrinos en Betania y visitaba muchos lugares del mundo, dando charlas y difundiendo un mensaje de reconciliación entre personas de diversos orígenes, y entre las personas y su Dios. María irradiaba paz, compasión, amor y gran esperanza, como el significado de su nombre "Esperanza", y vivía lo que predicaba: *"Debemos servir y no buscar que nos sirvan, y debemos servir constantemente, sin sentirnos cansados cuando nos molesten"*.[lxxxii]

María Esperanza, una de las más grandes místicas de nuestro tiempo, recibió múltiples e inexplicables dones de Dios, incluyendo los estigmas, la curación, la bilocación, la lectura de almas y la profecía de acontecimientos futuros, muchos de ellos aún por suceder. Estados Unidos era un país muy querido por María, y a veces viajaba allí en misión divina. Ella advirtió a los Estados Unidos de no ir a la guerra en Irak, a pesar del apoyo generalizado a la guerra,[lxxxiii] y en 1992, tuvo una visión del ataque al World Trade Center: humo saliendo de los dos edificios y su colapso. En los días siguientes a esta inquietante profecía, ella oró pidiendo protección para esa zona de Nueva York. María predijo el brote de la epidemia del SIDA y predijo otra enfermedad, así como una amenaza para los Estados Unidos por parte de dos naciones, una grande y otra más pequeña que, según ella, conspirarían para provocar a América del Norte. El mundo sufrirá guerras, problemas sociales y desastres naturales, y "la justicia [de Dios] comenzará en Venezuela".[lxxxiv] Pero el mundo también pasará por una limpieza que despertará a la humanidad. En 2004, a la edad de 77 años, María Esperanza murió en un hospital de Nueva Jersey a causa de una misteriosa enfermedad parecida al Parkinson, que le dificultaba el habla. A su muerte, estaba rodeada por su querida familia y un fuerte olor a rosas.[lxxxv]

PALABRAS SOBRE EL AVISO:

Unos años antes de que comenzaran las apariciones, María Esperanza recibió el siguiente mensaje de la Virgen María:

"Es la hora difícil para toda la humanidad y es necesario detener los malos entendidos entre hermanos; las naciones deben unirse… el amor de mi Jesús será la puerta que abrirá los corazones para dar paso a una hermosa era que debe resucitar a los pueblos a una gloriosa enseñanza

de unidad. Aprovechad el tiempo, pues, está llegando la hora en que Mi Hijo se presentará ante vosotros como Juez y Salvador; debéis estar en las condiciones necesarias para convivir con Él ese Gran Día; no creáis que está lejos".[lxxxvi]

El cuarto mensaje de Betania que María Esperanza recibió de María, Reconciliadora de Pueblos y Naciones:

"Hijos míos, yo soy vuestra Madre y vengo a buscaros para que os preparéis para poder llevar mi mensaje de reconciliación: Se acerca el gran momento, un Gran Día de Luz. Las conciencias de este querido pueblo deben ser sacudidas violentamente para que puedan "poner en orden su casa" y ofrecer a Jesús la justa reparación por las infidelidades diarias que se cometen por parte de los pecadores... es la hora decisiva para la humanidad".[lxxxvii]

LUZ DE MARÍA DE BONILLA
COSTA RICA, ARGENTINA (¿1962?–)
Esposa, madre, mística y estigmatizada

Luz de María de Bonilla es una mística y profeta católica, de la Tercera Orden agustina, nacida en Costa Rica, que actualmente reside en Argentina. Creció en un hogar muy religioso y con gran devoción a la Eucaristía, y cuando era niña, experimentó las visitas celestiales de su ángel de la guarda y de la Santísima Virgen, a quienes consideraba sus compañeros y confidentes. En 1990, recibió una curación milagrosa de una enfermedad, coincidiendo con una visita de la Virgen y con un nuevo llamado, más público, a compartir sus experiencias místicas. Poco después comenzó a experimentar profundos éxtasis, no sólo en presencia de su familia (su esposo y sus ocho hijos), sino también de personas cercanas que luego se reunirían para orar; formando así un cenáculo de oración, que la acompaña hasta la fecha.

Después de años de abandonarse a la voluntad de Dios, Luz de María comenzó a sufrir el dolor de la Cruz, que lleva en su cuerpo y en su alma. Según ella, esto ocurrió por primera vez un Viernes Santo: *"Nuestro Señor me preguntó si quería participar en Sus sufrimientos. Yo le respondí que sí, y luego, después de un día de oración continua, esa noche, Cristo se me apareció en la Cruz y me compartió Sus heridas. Fue un dolor indescriptible, aunque sé que por muy doloroso que sea, no es todo el dolor que Cristo sigue sufriendo por la humanidad".*[lxxxviii]

Las heridas de Luz de María son invisibles la mayor parte del tiempo, aunque no por eso menos dolorosas. En varias ocasiones durante el año, se hacen visibles. Cada vez que Cristo comparte con ella una expresión visible de Su Pasión, Luz de María cae antes en un profundo éxtasis, seguido de manifestaciones de sufrimiento. Se hacen visibles las heridas en sus manos, pies, costado y cabeza, en algunas ocasiones se manifiestan lágrimas de sangre de la cual emana un intenso perfume que llega a inundar toda la habitación. Finalizado el éxtasis, el cual puede durar desde una a varias horas, las heridas se cierran regenerando su carne y su piel, quedando visible sólo la sangre emanada de dichas heridas.

Fue el 19 de Marzo de 1992 cuando la Virgen comenzó a hablar regularmente a Luz de María. Desde entonces, ella ha recibido por lo general dos mensajes por semana y en ocasiones, sólo uno. Los mensajes venían originalmente como locuciones internas, seguidos de visiones de Nuestra Madre, que venían a describir la misión de Luz de María. *"Nunca había visto tanta belleza",* dijo Luz de María sobre la aparición de María. *"Es algo a lo que nunca te acostumbras. Cada vez es como la primera".*

Varios meses después, María Santísima y San Miguel Arcángel la presentaron a Nuestro Señor en una visión, y con el tiempo, Jesús y María le hablarían de los acontecimientos venideros, como El Aviso. Los mensajes pasaron de ser privados a públicos, y por orden divina, ella debía comunicarlos al mundo. Los mensajes hablan de amor, misericordia y de la justicia de Dios en forma de purificación, fruto de la desobediencia del hombre actual, que se está transformando en su propio flagelo.

Esta misión ha llevado a Luz de María a varios países, especialmente en América Latina, donde habla en entrevistas radiofónicas y en conferencias. Llamada a viajar constantemente, ella ahora se define como "ciudadana del mundo", y su labor ha dado lugar a cenáculos de oración y de vida evangélica en todo el mundo. Cristo le advirtió de la persecución, la injusticia y la calumnia que ella enfrentaría de parte de aquellos que no sólo rechazan los mensajes, sino que buscarán incansablemente destruir y desacreditar su ministerio. Luz de María acepta esto, sabiendo que, como Su instrumento, ella debe recorrer el mismo camino que Cristo caminó en la Tierra: *"En verdad, en verdad os digo: el criado no es más que su amo, ni el enviado es más que el que lo envía"* (Juan 13, 16).

En palabras de la vidente: *"Nuestra Madre Santísima lo que nos pide es que comprendamos en toda su amplitud lo que verdaderamente significa ser cristianos. Lo cual no es algo limitado a un rezo, ni tampoco entenderlo como un hecho histórico, sino que tenemos que vivir fusionados a Cristo y vivir y obrar en la Voluntad Divina. Ella me dice que no recemos con oraciones repetitivas sin consciencia y vacías, sino que oremos buscando una unión más cercana, más íntima con Nuestro Señor y así la oración alcance un valor infinito. También nos pide conocer a Cristo y reconocerle, por eso nos llama al estudio de la Sagrada Escritura, para que no digamos sí a lo que no es Voluntad Divina. Me han mencionado en los mensajes que no podemos decir que tenemos fe si no obramos con caridad, con Amor, con respeto, con comprensión, con esperanza... Es decir: vivir con la consciencia de que somos criaturas de Dios".*

Muchas de las profecías que ha recibido Luz de María ya se han cumplido, incluyendo el ataque a las Torres Gemelas de Nueva York, que le fue anunciado con ocho días de antelación. En los mensajes, Jesús y María expresan su profunda tristeza por la desobediencia del hombre a la Ley Divina, que le ha llevado a aliarse con el mal y actuar en contra de Dios. Ellos advierten al mundo de las tribulaciones venideras: el comunismo y su próximo apogeo; la guerra y el uso de armamento nuclear; la contaminación, la hambruna, las pestes; las rebeliones, el descontento social y la depravación moral; un cisma en la Iglesia; la caída de la economía mundial; la aparición pública y dominio mundial del anticristo; el cumplimiento del Aviso, del Milagro y el gran castigo; la caída de un asteroide y el cambio de la geografía de la Tierra, entre otros avisos. Todo esto no es para atemorizar, sino para urgir al hombre a volver su mirada a Dios. No todos los mensajes de Dios son calamidades. También está el resurgimiento de la verdadera fe, la unidad del pueblo de Dios, el Triunfo del Inmaculado Corazón de María, y el Triunfo final de Cristo, Rey del Universo, en donde ya no existirán divisiones, y seremos un solo pueblo bajo el Único Dios.[lxxxix]

El Padre José María Fernández Rojas ha permanecido junto a Luz de María como su confesor desde el comienzo de sus locuciones y visiones, y dos sacerdotes trabajan con ella permanentemente. Los mensajes que ella recibe son grabados por dos personas y luego transcritos por una religiosa. Un sacerdote realiza las correcciones ortográficas, luego otro da una revisión final a los mensajes antes de subirlos al sitio web, www.revelacionesmarianas.com, para ser compartidos con el mundo. Los mensajes han sido reunidos en el libro, *Venga a nosotros tu Reino*, y el 19 de marzo de 2017, Juan Abelardo Mata Guevara, SDB, Obispo titular de Estelí, Nicaragua, les concedió el Imprimátur de la Iglesia. Su carta comenzó:

Estelí, Nicaragua, Año del Señor, 19 de Marzo de 2017
Solemnidad del Patriarca San José

Los volúmenes que contienen la "REVELACIÓN PRIVADA" del Cielo dada a Luz de María desde el año 2009 al presente, me han sido entregados para la respectiva Aprobación Eclesiástica. Revisé con fe e interés estos volúmenes titulados: "VENGA A NOSOTROS TU REINO", llegando a la conclusión de que son una exhortación a la Humanidad para que retome el Camino que conduce a la Vida Eterna, estos Mensajes son una explicitación del Cielo en estos momentos en que el hombre debe mantenerse atento a no desviarse de la Palabra Divina.ˣᶜ (Ver nota final de la carta completa.)

PALABRAS SOBRE EL AVISO:

Mensaje del 16 de Febrero de 2010, de Jesucristo:
Mi Madre les ha anunciado por todo el mundo a través de los tiempos, lo que ahora, SÍ está por venir. No les llamo por medio del temor, sino por Amor. Así como Me entregué por ustedes, así vendré con Mi Misericordia al interior de cada uno, y mirarán sus actos aun cuando no los quieran ver; sentirán las ofensas aun cuando no las quieran sentir. Será un Aviso, en el interior del ser humano, estarán a solas Conmigo. Este es el Amor del Rey que no desea que los Suyos se pierdan, y adelanta Sus designios.
Les he confiado Mi Palabra. Anúncienla a sus hermanos sin temor.
Hoy Mi Pueblo es de héroes, de valientes que dan su vida por Mí. Mi Pueblo sabe que lucha contra lo mundano, Mi pueblo está cautivo y tiene que levantarse. Por eso no les dejaré solos, por eso vendré y los que no han creído, serán puestos en vergüenza.

Mensaje del 29 de Agosto de 2010, de Jesucristo:
Mi Cruz es victoria y brillará en el firmamento durante siete días con sus noches. Resplandecerá constantemente. Será una señal previa a cuanto Mi Pueblo espera, y para los que no creen, será gran confusión. La ciencia tratará de dar explicación a lo que no tiene explicación científica.

Mensaje del 16 de Julio de 2011, de Jesucristo:

Amados, permanezcan alerta, una señal en el Cielo será vista por todos, Mi Cruz resplandecerá a través de Mis llagas e iluminarán todo por un instante. El sol dará grandes señales. Lo incomprensible para el hombre será reflejado en el cielo, para que el que no cree, crea.

Mensaje del 21 de Octubre de 2011, de Jesucristo:

El anuncio del Aviso causa risa a algunas criaturas humanas, pero esto, hijos, es una verdad, como verdad es la Palabra de Mi Madre que proclama los decretos Trinitarios. Cuando esto suceda, aquellos que se burlaron de este Decreto Divino, sentirán consumirse en su propio pecado. Les hemos llamado a que estén atentos a la seriedad del momento que viven. Pero como aquellos que se burlaron de Noé, así gemirán. El Aviso, cósmico y espiritual, no se hará esperar, y se cumplirá plenamente. Invito a Mis fieles Sacerdotes a llamar a sus ovejas a recapacitar y a reconocer y evitar con cuidado el pecado que hunde, esclaviza y lleva a la muerte eterna.

Mensaje del 3 de Marzo de 2013, de la Santísima Virgen María:

¡Cuán cerca de esta generación está El Aviso! y ¡Cuántos de ustedes ni siquiera conocen qué es El Aviso! En este instante Mis Instrumentos Fieles y Mi Profeta [Luz de María] son causa de burla de parte de aquellos que se sienten doctos en la espiritualidad, de parte de aquellos que llegan a través de los medios de comunicación a millones de almas y los están extraviando y les ocultan la verdad, puesto que Yo revelo la Voluntad Trinitaria […], y la Voluntad Trinitaria ya fue dicha en todas Mis Apariciones desde mucho tiempo atrás.

El Aviso no es una fantasía. La Humanidad debe ser purificada para que no caiga en las llamas del infierno. Se mirarán a sí mismos y en ese instante se dolerán por no haber creído, pero ya se habrán extraviado muchos de Mis hijos a los cuales no podremos recuperar tan fácilmente, ya que vendrá el impío a negar el Aviso y a atribuirlo a las nuevas tecnologías.[xci]

Mensaje del 24 de Julio de 2014, de la Santísima Virgen María:

Amados Míos: El Aviso es necesario, deben reforzar la fe y el conocimiento; en ese instante el espejo de la vida reflejará las omisiones, las desobediencias, el obrar y actuar personal. El Amor será Misericordia y verdugo a la vez. Ante esto, algunos se sublevarán y rechazarán a Mi Hijo, ya que, en el Aviso, ninguno reconocerá el bien ni el mal ajeno, sino únicamente el personal: unos enmendarán su camino, otros negarán a Mi Hijo convirtiéndose así en los grandes perseguidores de los Míos.[xcii]

Mensaje del 22 de Noviembre de 2014, de Jesucristo:

Amado Pueblo Mío: está próximo el examen de sus conciencias [...] Lo que se mueva, dejará de moverse, porque en la Tierra reinará el silencio, únicamente se escuchará el lamento de aquellos que se arrepienten por el mal cometido y vendré Yo con Mi Amor, a acogerles nuevamente como a Mis ovejas perdidas, pero aun así algunos de Mis hijos negarán el Aviso como venido de Mi Casa y se sublevarán contra Mí y serán parte del mal.[xciii]

Mensaje del 9 de Enero de 2015, de la Santísima Virgen María:

Se examinarán libremente como un Acto de Misericordia Divina para la salvación del alma. El hombre dirá que es un acto causado por la ciencia, las explicaciones humanas no se harán esperar.

Mensaje del 26 de Marzo de 2016 de la Santísima Virgen María:

Amados hijos, en un instante se aproximarán dos cuerpos celestes y colapasarán. Este acontecimiento será visto por todos en el firmamento; luego cada criatura humana, en su alma, conciencia y esencia, verá cuánto mal ha cometido y el bien que ha dejado de hacer.

Mensaje del 17 de Septiembre de 2018 de Jesucristo:

Las penumbras dejarán de ser penumbras para pasar a ser las más terribles tinieblas que no darán lugar a la claridad, hasta que la bóveda del cielo se ilumine por dos cuerpos celestes que colisionarán entre si e iluminarán toda la Tierra. El día será más claro y la noche será como el día —les hablo del Aviso— instante en el cual, cada uno estará solo con su propia conciencia ante sus pecados, siendo este instante tan fuerte que algunos no resistirán vivir su propia iniquidad. Y no podrán ser auxiliados por ningún ser humano, ya que ese instante todos los demás no solo lo estarán experimentando cada uno de manera personal, sino que además todo en la Tierra se detendrá en el tiempo.

Mensaje del 5 de Octubre de 2018 de Jesucristo:

El hombre no mira con desconfianza al demonio, sino con gusto le sigue y le obedece, actuando en contra de la Voluntad Divina. Durante El Aviso el hombre vivirá por segundos en la soledad, sin Dios, y "será el llanto y el rechinar de dientes" (cf. Lc 13, 28a).

Mensaje del 12 de Agosto de 2019 de Jesucristo:

Mi Amor permanece abierto para quien desee adentrarse en Mi Camino. Hijos, tienen que ser un testimonio vivo de Mi Amor, de Mi Caridad, para con sus hermanos.

Este no es el instante para lamentos, este instante llegará pronto. Este es el instante decisivo en el que cada criatura humana será bendecida con Mi Misericordia, para que uno a uno mire los pecados que han cometido durante toda su vida, confesados o no confesados. Así verán el bien que han realizado y el que han dejado de hacer, el mal que ha cometido, sus pecados de omisión, toda la trayectoria de sus vidas.

Quien obre y actúe a Mi Semejanza con sus hermanos y se arrepienta con todas sus fuerzas, potencias y sentidos y confiese sus pecados, con firme propósito de enmienda, ese hijo Mío, vivirá el AVISO como todo ser humano, pero no con la intensidad con la que lo vivirán los que se mantengan en el fango del pecado por desobediencia, ignorando Mis llamados, los de Mi Madre y los de Mi fiel San Miguel Arcángel.

Pueblo Mío: deseo que sean verdaderos y para ello tienen que aprender de las caídas, para que se levanten, para que, al amparo de Mi Misericordia, invadidos por Mi Amor y el amor al prójimo se salven, como el ladrón arrepentido; por ello es imprescindible que mis hijos pidan perdón y aprendan a perdonar.

Experiencia de Iluminación de la Conciencia de Luz de María de Bonilla

La vidente, Luz de María de Bonilla, tuvo una experiencia única sobre El Aviso, ya que no la sufrió a la luz de sus propios pecados, sino como alguien en pecado mortal que no está preparado. Aquí se recoge, con sus propias palabras, la descripción que hace Luz de María sobre este suceso:

De modo muy particular, el Señor me ha dado a comprender que vendrá un cometa que se acercará a la tierra, toda la humanidad lo verá, esto hará a muchas personas acercarse por pánico a la confesión, pero no por arrepentimiento.

Va a aparecer una señal en el cielo, "una Cruz" por varios días, las personas de fe sentirán la necesidad de confesar sus pecados, de arrepentirse, los demás dirán que es provocado por el hombre y se levantaran en contra de la Iglesia Católica, diciendo que es un ardid para atemorizar a la humanidad.

En medio de esta confusión y de un terremoto, vendrá El Aviso, del cual Nuestro Señor me permitió vivir una parte en la Cuaresma del año 2008, el día Miércoles Santo, la que describo a continuación:

Sentí en mi ser una angustia, como de algo que se acercaba y no sabía qué era... como un susto, algo angustiante, que yo no sabía qué era, pensé que algo iba a suceder, era algo que hacía que mí corazón palpitara aceleradamente.

Así pasé como unos veinte minutos. Después la angustia fue creciendo, hasta que comencé a sentir como que el alma se me salía, porque poco a poco sentí una soledad espantosa que me iba llenando no sólo el ser espiritual sino mi cuerpo físico. Hasta que sentí una soledad terrible; la angustia me hacía caminar de un lado a otro, porque cada vez la soledad era más grande. Yo era totalmente consciente de que me estaba quedando sin Dios en mi ser; mi alma estaba desolada, angustiada. Yo caminaba buscando consuelo y no lo encontraba; la soledad, el vacío era cada vez más grande; hasta que llegó el momento en que sentía enloquecer. ¡Mi alma se quedó sin Dios! Y como una película, comenzaron a desfilar dentro de mí todos los pecados, quizás los más grandes que cometen los hombres: sentí, o mejor dicho estaba experimentando todo, porque yo lo sentía como propios. Los estaba viviendo.

Sentí lo que pasa por la mente, por el corazón, por el interior de las personas que se quitan la vida; viví esos momentos anteriores que padecen los que se quitan la vida, viví lo que siente un niño cuando está siendo abortado; viví los abusos de los seres humanos que son ultrajados, viví la drogadicción, la prostitución. Toda clase de pecados comenzaron a desfilar uno a uno dentro de mi alma. Era una desesperación terrible. Yo sentía en mi mente que no podía salir de la casa, porque estaba abandonada de Dios; estaba viviendo "la ausencia total de Dios". Es un espantoso vacío, que nada lo llena. Aquí los hombres pecan y se arrepienten, pero no se siente el peso, la ofensa que causa el pecado, porque se tiene la presencia de Dios.

Yo caminaba desesperada, viviendo aquel abandono de Dios, tan terrible, y en eso me acordé de que mi esposo sí tenía a Dios y me fui a buscarlo a su habitación y le dije: "¡Por favor imponme las manos sobre la cabeza, necesito que me pases a Dios, porque me abandonó!"

Mi esposo, asustado, no sabía qué hacer, y me preguntaba: "¿Qué te sucede?"

Y yo le decía desesperada: "No tengo a Dios. Se me fue. Por favor pásamelo". Mis lamentos realmente surgían desde lo más profundo de mi ser.

"¿Qué rezo?"

"¡Lo que sea, pero pásame a Dios!"

Él oró, pero el vacío seguía. Esto fue en verdad desolador, amargo. Creo que fui tentada por el demonio a salir de mi casa, tomar el auto y buscar a uno de los sacerdotes; pero yo dentro de mí sabía que, si salía de mi casa, podía ser fatal. Entonces, me tiré al suelo con los brazos extendidos en cruz y supliqué a Dios que regresara a mí. En ese momento, entonces ¡mi alma me habló! Yo sabía que era mi alma. Y me dijo unas palabras, que yo fui repitiendo conforme ella me las decía, y sentí que el Espíritu Santo me estaba llenando. Me fui sintiendo invadida por una paz que jamás antes había experimentado, una paz que me saturó, que me fusionó. Sentía el pecho rebosante. Hasta algo físico me quedó, una presencia que hoy la siento todavía y abarca todo mi pecho.

Así será El Aviso [para los que están en pecado grave]. por eso, las personas que están en pecado se desquiciarán. Y el demonio, que estará esperando, las inducirá a quitarse la vida, para llevárselas como su botín antes que llegue la hora de la misericordia. El Aviso será, para los que no están con Dios, el momento terrible, insoportable en que se terminarán de entregar en manos del demonio, que con sus legiones demoníacas *cercarán a las almas, para recriminarles el pecado en que viven y para decirles que no tendrán perdón de Dios.*

Para los que son tibios, será el momento del arrepentimiento, de gracia, porque al comprender el error pedirán perdón y se convertirán. Y para los que están en gracia, ellos quedarán llenos de la presencia del Espíritu Santo.

Sabemos que después del Aviso, los que no creen, le darán una explicación científica, para que la humanidad continúe en el error y el pecado crecerá [en quienes rechacen a Dios y El Aviso], y habrá persecución.

Desde este día, mi vida no es la misma: Dios, en El Aviso, nos dará conciencia del pecado. Ese día jamás lo olvidaré. Lloré en esos momentos en que no sentía a Dios. No podía ni pensar porque la ausencia de Dios superaba todo. Sólo sentía el vacío y vivía en mi carne los pecados que llegaban unos tras otros, aumentando la angustia y la soledad.

En este momento en que escribo y cuando hablo de ello, lloro; lloro porque el solo recuerdo me duele tanto, que siempre le pido a Nuestro Jesús no me vuelva a hacer pasar por eso, porque creo que no lo resistiría más.

Esa es mi experiencia personal sobre el Aviso, la trascripción de esta vivencia, de este padecer con Jesús. Él me ha dicho que esto sentirán las almas en El Aviso, y que es sólo una gota de lo que Él vivió en Getsemaní por nuestras culpas.[xciv]

PADRE MICHEL RODRIGUE[85]

Sacerdote, místico, exorcista, fundador y Superior General de la Fraternidad Apostólica de San Benito José Labre (Fundada en **2012**)

Nacido en una familia católica y devota, de veintitrés hijos, Michel creció pobre. Su familia vivía en una pequeña granja, donde el duro

---

[85] Para leer más acerca del P. Michel Rodrigue, vea el apéndice y visite www.CountdowntotheKingdom.com/es/. Haga click en ¿"Por qué el P. Michel Rodrigue? Un Retiro Virtual". Únicamente en esta página web encontrará información precisa y fidedigna sobre él. Tenga en cuenta que los mensajes del P. Michel Rodrigue no han sido condenados por la Iglesia. Sigue siendo un sacerdote con buena reputación, y su nueva Fraternidad está reconocida por la Iglesia. La autora desea mantenerse en obediencia al magisterio, al igual que el P. Michel. Dos obispos canadienses han manifestado la opinión de que "rechazan" los mensajes del P. Michel, lo cual significa que no creen ni respaldan los mensajes que él recibe de Dios. Uno de los obispos afirmó en su carta que no cree en El Aviso, el Castigo, la Era de Paz, etc., etc., eventos que han sido profetizados por varios místicos en la Iglesia en todo el mundo y a lo largo de los siglos. Una aclaración que varios artículos en Internet omiten: la opinión personal de un obispo no es una condena formal según el debido procedimiento canónico. Vea el video: El Padre Michel Rodrigue, ¿es auténtico? La verdad acerca del Padre Michel Rodrigue. https://www.youtube.com/watch?v=gK7ZD-6dUlk, en el canal de YouTube: Queen of Peace Media.

trabajo y los accidentados viajes a la Misa dominical, con varios niños a caballo, mantenían a su familia viva en cuerpo y alma.

Al igual que al Padre Pío y a otras almas escogidas, Dios Padre comenzó a hablarle a Michel a la temprana edad de tres años. "Cuando tenía tres años", dice el Padre Michel, "Dios comenzó a hablarme, y teníamos conversaciones a menudo. Recuerdo estar sentado bajo un gran árbol detrás de nuestra casa en la granja familiar y haberle preguntado a Dios: "¿Quién hizo este árbol?

"Yo lo hice", respondió Dios. Y cuando pronunció la palabra "Yo", de repente recibí una inmensa visión de la Tierra, del universo y de mí mismo, y comprendí que todo fue hecho y se mantenía existiendo gracias a Él. Yo creía que todo el mundo hablaba con Dios Padre. Desde los tres a los seis años, el Señor me instruyó en la fe y me dio una formación teológica exhaustiva. Cuando tenía tres años, Él también me dijo que yo sería sacerdote".

Dios Padre le dio a Michel una educación teológica tan completa que, después de la secundaria, cuando entró en el Gran Seminario de Quebec, Canadá, acabó sus estudios con la máxima calificación (A+). Posteriormente Michel estudió psicología y diversas áreas de teología, como mariología, pneumatología (estudio sobre el Espíritu Santo), los escritos de los Padres de la Iglesia, graduándose con un Doctorado en Teología.

Después de fundar y dirigir un albergue para jóvenes sin hogar, donde se les ofrecía atención psicológica y espiritual, Michel Rodrigue fue ordenado sacerdote diocesano a la edad de treinta años. Sirvió como párroco durante cinco años en el norte de Ontario hasta que su obispo percibió que sus talentos serían mejor aprovechados en la formación de los futuros sacerdotes. El P. Michel se hizo entonces sacerdote Sulpiciano, siendo profesor de Teología en el Gran Seminario de Montreal.

En la Nochebuena de 2009, el sacerdocio del P. Michel dio un giro extraordinario. Fue despertado durante la noche por la presencia de San Benito José Labre, que estaba de pie junto a su cama, sacudiéndole el hombro para llamar su atención. El P. Michel se despertó y escuchó la voz de Dios Padre diciendo, "Levántate". El Padre Michel se puso en pie. "Ve a la computadora". Obedeció. "Escucha y escribe". Fue entonces cuando Dios comenzó a dictar toda la Constitución para una nueva fraternidad religiosa, más rápido de lo que el padre Michel podía escribir. ¡Tuvo que decirle a Dios que fuera más despacio!

Entonces, de repente Dios llevó al P. Michel en un vuelo místico a la Diócesis de Amos, Quebec, donde quería que se construyera el monasterio, y le mostró en detalle el diseño del monasterio. Dios Padre le dijo al Padre Michel que él sería el fundador de este monasterio. Comenzaría una nueva fraternidad en la Iglesia llamada Fraternité Apostolique Saint Benoît-Joseph Labre (Fraternidad Apostólica San Benito José Labre) con el fin de preparar a sacerdotes para el futuro de la Iglesia Católica. El P. Michel respondió al principio con sentimientos de pánico, pues estaba ya sobrepasado con sus obligaciones. Pero pronto se dio cuenta de que decir "no" al Padre, no era una opción. A día de hoy ya está construido gran parte del monasterio, tal y como Dios lo deseaba.

Dios ha dotado al Padre Michel Rodrigue con extraordinarios dones intelectuales y espirituales, como la sanación, lectura de almas, memoria fotográfica (que disminuyó después de la enfermedad), profecía, locuciones y visiones. Él es de carácter naturalmente alegre y risueño, y al mismo tiempo, muestra gran seriedad con respecto a las cosas de Dios.[xcv]

PALABRAS SOBRE EL AVISO:

Mensaje de Dios Padre al Padre Michel Rodrigue en 2018, sobre El Aviso:

No quiero la muerte ni la condenación para ninguno de vosotros. Tanto sufrimiento, tanta violencia, tantos pecados ocurren ahora en la Tierra que Yo he creado... Escucho ahora los llantos de todos los bebés y niños que son asesinados por el pecado de mis hijos que viven bajo el dominio de Satanás. NO MATARÁS. (Estas palabras fueron muy fuertes.)

Ora y ten confianza. No quiero que seas como los que no tienen fe y que temblarán durante la manifestación del Hijo del Hombre. Al contrario, ora y regocíjate, y recibe la paz dada por mi Hijo, Jesús.

¡Qué dolor cuando debo respetar la libre voluntad y llegar al punto de dar un Aviso que también es parte de Mi misericordia! Estad preparados y vigilantes para la hora de Mi misericordia. Os bendigo, hijos míos.

Los que sigue son extractos de las charlas dadas por el P. Michel Rodrigue en los años 2018 y 2019, en Canadá y Estados Unidos:

"En los últimos cinco años, Dios Padre me ha revelado muchas cosas sobre el futuro próximo, todas las cuales he compartido con mi obispo. Algunas son acontecimientos que ya han tenido lugar. Otros están por venir. Los tiempos son apremiantes. Cuando el Padre me confió la fraternidad [Fraternidad Apostólica de San Benito José Labre, que Dios pidió que fuera fundada por el Padre Michel], me pidió que la construyera rápidamente, porque será un refugio para muchos sacerdotes que vendrán allí.

Uno de los acontecimientos futuros que el Padre me mostró representa, para mí, un Pentecostés. Otros lo llaman El Aviso. Al final de la convocatoria del Concilio Vaticano II que hizo el Papa Juan XXIII, él oró al Espíritu Santo por un nuevo Pentecostés, no para la Iglesia, sino para el mundo. Pronto, vendrá ese día por el que él oró. Yo lo vi.

De repente, las estrellas, el sol y la luna no brillarán. Todo estará negro. En los cielos, aparecerá un signo de Jesús que iluminará el firmamento y el mundo. Él estará en la Cruz, no en Su sufrimiento, sino en Su gloria. Detrás de Él, en una luz pálida, aparecerá el rostro del Padre, el Verdadero Dios. Ocurrirá algo, os lo aseguro.

De las heridas de las manos, los pies y el costado de Jesús, surgirán rayos brillantes de amor y misericordia que caerán sobre toda la Tierra, y todo se detendrá. Si estás en un avión, se detendrá. Si vas en coche, no te preocupes, el coche se detendrá. Si me preguntas, "¿Cómo puede ser eso?" Te diré: "Dios es Dios. Él es el Padre Todopoderoso, Creador del Cielo y de la Tierra. ¿Crees que no puede detener la materia? ¿Crees que tu pequeño avión será más fuerte? No".

Todo se detendrá en el tiempo, y la llama del Espíritu Santo iluminará todas las conciencias de la Tierra. Los rayos de las heridas de Jesús atravesarán todos los corazones, como lenguas de fuego; y nos veremos a nosotros mismos como si tuviésemos un espejo delante. Veremos nuestras almas, lo preciosas que son para el Padre, y veremos el mal que hay dentro de nosotros.

La iluminación durará unos quince minutos, y en ese juicio previo de misericordia, todos verán inmediatamente a dónde irían si murieran: al Cielo, al purgatorio o al infierno. Pero más que ver, ellos sentirán el dolor de sus pecados, de todos, incluso aquellos que han confesado en el sacramento de la reconciliación. Pero los que se han confesado los experimentarán de forma distinta.

Aquellos que irían al purgatorio verán y sentirán los dolores de su pecado y de su purificación. Reconocerán sus faltas y sabrán lo que deben corregir en su interior. Los que estén muy cerca de Jesús, verán lo que deben cambiar para vivir en completa unión con Él.

Aquellos que irían al infierno, arderán. Sus cuerpos no serán destruidos, pero sentirán exactamente cómo es el infierno, porque ya están allí. Lo único que les faltaba era sentirlo. Ellos experimentarán las palizas del diablo, y muchos no sobrevivirán por su gran pecado, os lo aseguro. Pero será para ellos una bendición, porque pedirán perdón. Será su salvación.

El Padre quiere que os proclame que no tenéis nada que temer. Para el que cree en Dios, éste será un día de amor, un día de bendición. Verás lo que debes corregir para cumplir más Su voluntad, para ser más sumiso a la gracia que Él desea darte para tu misión en la Tierra. Será una de las mayores señales dadas al mundo desde la Resurrección de Jesucristo. El Padre me dijo que el siglo XXI es Su siglo. Después del Aviso, nadie que quede en la Tierra podrá decir que Dios no existe.

Muchos no entienden el Evangelio de Mateo, capítulo 24:

Inmediatamente después de la angustia de aquellos días, el sol se oscurecerá, la luna perderá su resplandor, las estrellas caerán del cielo y los astros se tambalearán. Entonces aparecerá en el cielo el signo del Hijo del hombre. Todas las razas del mundo harán duelo y verán venir al Hijo del hombre sobre las nubes del cielo con gran poder y gloria. Enviará a sus ángeles con un gran toque de trompeta y reunirán a sus elegidos de los cuatro vientos, de un extremo al otro del cielo. (Mateo 24, 29-31)

El duelo vendrá cuando la gente experimente sus errores y el dolor de su pecado. Ellos manifestarán su arrepentimiento abiertamente, sin importar quién les rodea, porque estarán completamente absortos en esta experiencia, como en Fátima [cuando el sol empezó a bailar en el cielo y se precipitó hacia abajo, hacia unas 70.000 personas, quienes cayeron de rodillas y confesaron sus pecados públicamente, temerosos de morir].

Después de la Iluminación de la Conciencia, se concederá otro regalo sin igual a la humanidad: un período de arrepentimiento que durará unas seis semanas y media, en el que el diablo no tendrá poder para actuar. Esto significa que cada uno dispondrá plenamente de su libre voluntad, para decidirse a favor o en contra del Señor. El diablo no sujetará la voluntad de nadie, ni luchará contra ella. El Señor calmará en todos, sus pasiones, y apaciguará sus deseos. Sanará a todos de la distorsión de sus sentidos, así que después de este Pentecostés, todos sentirán que todo su cuerpo está en armonía con Él.

Concretamente, las primeras dos semanas y media [después del Aviso], serán extremadamente importantes, pues, aunque el diablo no volverá en ese tiempo, sí volverán los hábitos de la gente, y entonces será más difícil que se conviertan. Todos los que hayan recibido el anhelo por el Señor, la sensación de necesitar Su salvación, serán marcados en su frente con una cruz luminosa [invisible al ojo humano] por su ángel de la guarda.

Dios no nos ha dado tres maneras de viajar, sólo dos. No hay una zona gris entre el camino del mal y el del Señor. Aquellos que digan, "No lo sé. No puedo tomar una decisión", no podrán permanecer indiferentes. Como dice Dios en el Libro del Apocalipsis (3, 16), *"porque eres tibio, ni frío ni caliente, estoy a punto de vomitarte de mi boca"*. La gente tendrá que elegir definitivamente, y sabrás por qué; porque después de eso, se les dejará con las consecuencias de su propia decisión. Se acabará el tiempo de la misericordia, y comenzará el de la justicia. Jesús se lo dijo a Santa Faustina Kowalska.

El Padre me dijo: "Renueva tu consagración a los Sagrados Corazones de Jesús y de María".[86]

Esto es importante. Sepan que ya están bendecidos, porque se les ha hecho partícipes de esto. ¿Por qué creen que Dios los ha elegido para estar aquí? [el padre Michel estaba hablando a un grupo de fieles católicos]. Porque tienen una misión. Cuando se vayan, cuando vuelvan a sus casas, sentirán algo en el hombro. ¿Qué es? La carga de Jesús, que es la misión del Señor. Si Él los hace conocedores ahora de lo que va a pasar, es porque la gente regresará de su experiencia mística de encuentro con Dios, buscando ayuda, sin saber qué hacer. Algunos tendrán miedo; otros estarán en shock.

Ustedes han sido elegidos para este tiempo, para ayudar a guiar a estas personas a la Iglesia Católica para recibir la Buena Noticia de Jesús. Podrán ser jóvenes o viejos. No se preocupen si tienen problemas en las piernas, la espalda. El Cielo está lleno de espaldas, y el Señor puede renovarlos mejor que cualquier médico. Algunos de ustedes darán una breve instrucción catequética a los que no sepan nada de lo esencial de la fe católica.

Lo primero y más importante, la gente necesitará reconciliarse con Dios, así que los llevar'an a un sacerdote para la confesión. Les aseguro que los sacerdotes que no estén en gracia de Dios lo pasarán mal, porque habrá filas enormes para la confesión. ¡Yo vi las filas! Ellos necesitarán

---

[86] Para una consagración mariana poderosamente efectiva, consigue el libro, *La consagración del manto de María: un retiro espiritual para recibir ayuda del cielo*, respaldado por el arzobispo Salvatore Cordileone y el obispo Myron J. Cotta, y el *diario de oración de consagración del manto de María*. Visita www.queenofpeacemedia.com/el-manto-de-maria.

protección y ayuda. ¡Por favor, preparen sándwiches para los sacerdotes! Les aseguro que, si no hay nadie que pare la fila, ¡no podremos ir al baño! Acuérdense del Cura de Ars, San Juan María Vianney, que a veces se pasaba catorce horas en el confesionario".[xcvi]

Si hay gente no bautizada, ustedes los llevarán a la preparación bautismal, que tendrá que ser muy rápida porque habrá poco tiempo. Bautizaremos en masa, como hacían los Apóstoles, rociando agua sobre la multitud y pronunciando: "Yo les bautizo en el nombre del Padre, del Hijo y del Espíritu Santo". Se los aseguro. Esto también lo vi.

Cuando el diablo regrese, después de unas seis semanas y media, difundirá un mensaje al mundo a través de los medios de comunicación, teléfonos móviles, TV, etc. El mensaje es este: Una ilusión colectiva ha sucedido en tal fecha. Nuestros científicos la han analizado y han encontrado que, al mismo tiempo, se produjo una erupción solar en el universo. Fue de tal magnitud que afectó las mentes de los habitantes de la Tierra, provocando en todas las personas un engaño colectivo.

El diablo nos engaña también ahora, mediante los nuevos "sacerdotes" de este mundo: los periodistas de televisión, que quieren que pienses lo que ellos piensan, por eso presentan noticias que en realidad son su opinión. Ellos tergiversan la verdad, y te hipnotizan, te manipulan para que les creas.

Hay otros que han hablado de estos tiempos, pero yo solo soy responsable de compartir lo que el Padre me ha revelado. Tendré que responder ante Dios cuando muera, por eso deseo serle fiel."[xcviii]

NOTAS PARA EL LECTOR

RESEÑAS EN AMAZON

Si le ha gustado este libro, ¿sería tan amable de publicar una breve reseña de *El Aviso* en Amazon.com? Su apoyo logrará un cambio en la vida de las almas y en nuestro futuro.

Para dejar una breve reseña, vaya a Amazon.com y escriba *El Aviso*. Dé clic en el libro y desplázate hacia abajo en la página. Junto a las reseñas de los clientes, dé clic en "Escribir mi opinión". Gracias de antemano por su amabilidad.

DESPUÉS DE "EL AVISO"

Si está interesado en aprender más sobre lo que Dios ha revelado acerca del Aviso, los eventos que siguen y cómo prepararse, visite www.CountdowntotheKingdom.com/es.

BOOK TRAILER

Si desea ver o compartir el tráiler en inglés de este libro, visite www.queenofpeacemedia.com/el-aviso.

Queen of Peace Media les anuncia con gozo que
El Aviso
se hará en película por

Si desea saber más acerca de este proyecto, visite:

www.THEWARNINGMOVIE.com/es/

OTROS LIBROS
DE LA AUTORA

Disponibles a través de
QueenofPeaceMedia.com y Amazon.com en
formatos impresos, libros electrónicos y audiolibros

Libros en español:

EL MANTO DE MARÍA
Una Consagración Mariana para Ayuda Celestial

EL MANTO DE MARÍA
Diario de Oración para la Consagración

TRANSFIGURADA
La Historia de Patricia Sandoval

HOMBRES JUNTO A MARÍA
Así Vencieron Seis Hombres la Más Ardua Batalla
de Sus Vidas

Si desea ser notificado cuando unos libros que se
muestran abajo estén disponibles en español, por favor
inscríbase a nuestro boletin de noticias en Queen of Peace
Media: www.queenofpeacemedia.com/newsletter

Disponible también en inglés: "Transfigured"

TRANSFIGURADA

EL ESCAPE DE LAS DROGAS, DE LA CALLE Y DE LA INDUSTRIA DEL ABORTO, DE PATRICIA SANDOVAL

"Su testimonio tocará muchas almas, unas adoloridas y otras confundidas".

—EMMANUEL, Famoso Cantante y Compositor

También recomendado por
El Arzobispo Salvatore Cordileone y el Obispo Michael C. Barber, SJ (Ver Amazon.com y www.PatricaSandoval.com para el Transfigurada DVD, y el tráiler del libro, para ordenarlos)

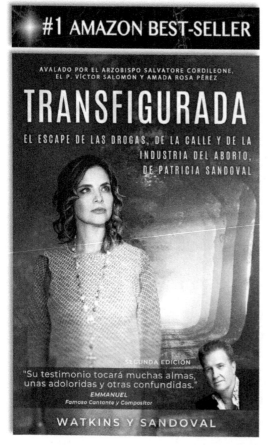

"¿Está listo para leer una de las historias de conversión más poderosas jamás escritas? En serio, ¿lo está? Es una afirmación audaz e impactante, lo admito. Pero la historia que está a punto de tener el placer de leer es tan intensa y brutalmente sincera que no me sorprendería si le hace llorar varias veces y le abre la puerta a una experiencia de misericordia y sanación. Esta historia está hecha para la pantalla grande, y ruego para que llegue allí algún día. Es así de increíble. . . . Lo que usted está a punto de leer es de lo más crudo, real y fascinante que puede llegar a ser una historia. ¡No pude dejar de leer este libro!"

—P. Donald Calloway, MIC

Autor de *Sin Mirar Atrás* y *Consagración a San José*

EL MANTO DE MARÍA
UNA CONSAGRACIÓN MARIANA PARA OBTENER AYUDA CELESTIAL

Recomendado por el **Arzobispo Salvatore Cordileone** y **Obispo Myron J. Cotta (Ver Amazon.com y www.queenofpeacemedia.com/el-manto-de-maria) (En México, ver www.editorial-escaleraalcielo.com)**

PREPÁRATE PARA UN DESBORDAMIENTO DE GRACIA SOBRE TU VIDA

"Estoy agradecido con Christine Watkins por hacer esto tan simple que creció primero en el fértil suelo de la piedad mexicana, y está ahora disponible en el mundo de habla inglesa".

—**Arzobispo Salvatore Cordileone**

"Ahora más que nunca, necesitamos de un milagro. Christine Watkins nos guía a través de un retiro auto guiado de 46 días que se centra en la oración diaria del Rosario, un poco de ayuno, y meditación en las virtudes y en los siete dones del Espíritu Santo, lo que lleva a una transformación en nuestras vidas y en las personas que están en el camino con nosotros!"

—**Padre Sean O. Sheridan, TOR**
Ex Presidente de la Universidad Franciscana de Steubenville

EL MANTO DE MARÍA

DIARIO DE ORACIÓN PARA LA CONSACRACIÓN

para acompañar el Libro de Consagración

(Ver Amazon.com y **www.queenofpeacemedia.com/
el-manto-de-maria**)
(Ver **www.editorial-escaleraalcielo.com**)

PREPÁRATE PARA UN DESBORDAMIENTO DE GRACIA SOBRE TU VIDA

El Papa Juan Pablo II dijo sobre su consagración a María: "fue un evento decisivo en mi vida". También puede ser lo mismo para ti.

Este *Diario de Oraciones* con pasajes bíblicos diarios, citas de santos, preguntas para reflexionar y espacio para escribir, es un libro que acompaña a la popular Consagración del Manto de María, un retiro auto guiado que ha resultado en milagros ocurridos en las vidas y corazones de aquellos que la han realizado. Este diario te llevará aún más

profundo en tu alma y en la gracia transformadora de Dios.

OF MEN AND MARY
en español:
HOMBRES JUNTO A MARÍA
ASÍ VENCIERON SEIS HOMBRES
LA MÁS ARDUA BATALLA DE SUS VIDAS

"Hombres Junto a María es excepcional. Los seis testimonios de vida que contiene son milagrosos, heroicos y verdaderamente inspiradores".
—P. Gary Thomas
Pastor, exorcista y protagonista del libro y la película "El Rito".
(Ver Amazon.com y www.queenofpeacemedia.com/of men-and-mary para el tráiler del libro y para ordenarlo)

Recorre estas páginas, y te encontrarás sorprendentemente inspirado por un asesino encerrado en prisión, un jugador de fútbol drogadicto que soñaba con ser jugador profesional, y un egoísta mujeriego temerario que murió y conoció a Dios. Te animará el marido y padre cuyo matrimonio fue un campo de batalla, un hombre que desesperadamente buscaba su sentido de pertenencia, atraído por la lujuria y las atracciones ilícitas, y un cordero inocente que perdió, en un solo momento, a todos los que más le importaban. Y te alegrarás de que sus pecados y su pasado no hayan sido un obstáculo para el Cielo.

FULL OF GRACE

HISTORIAS MILAGROSAS DE SANACIÓN Y CONVERSIÓN POR LA INTERCESIÓN DE MARÍA

"La hermosa y conmovedora colección de historias de conversión, incluida la de Christine Watkins, es directa, honesta, desgarradora y milagrosa".

—**Wayne Weible,** Autor de *Medjugorje: The Message*

(Ver Amazon.com y <u>www.queenofpeacemedia.com/full-of-grace</u> para el tráiler del libro y para ordenarlo)

En este fascinante libro, Christine Watkins cuenta su dramática historia de su curación milagrosa y de su conversión al catolicismo, junto con las historias de otras cinco personas: un drogadicto sin hogar, un monaguillo atrapado por la cocaína, una stripper, un joven solitario y un héroe moderno de hoy—día.

Después de cada historia, hay un mensaje que María ha dado al mundo. Y para quienes anhelan fervientemente sondear las aguas profundas y reflexivas del discipulado—ya sea solos o en un grupo de oración— al final de cada capítulo encontrarán un pasaje de las Escrituras, preguntas de reflexión y un ejercicio espiritual, que les ofrecerá la oportunidad para avivar su fe.

WINNING THE BATTLE FOR YOUR SOUL

ENSEÑANZAS DE JESÚS
A TRAVÉS DE MARINO RESTREPO

con prólogo de la reconocida autora internacional, María Vallejo-Nájera

(Ver Amazon.com y www.queenofpeacemedia.com/winning-the-battle.)

También vea *El Aviso: Testimonios y Profecías de la Iluminación de Conciencia* para el estupendo testimonio de Marino Restrepo)

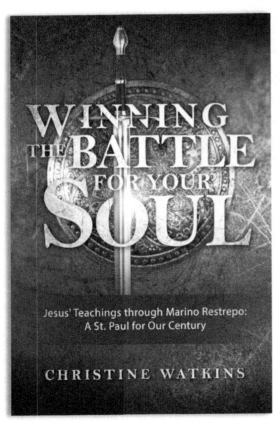

Marino Restrepo era un hombre con una vida de pecado. Fue secuestrado por terroristas colombianos y arrastrado al corazón de la selva amazónica. En el lapso de solo una noche, el Señor le iluminó su conciencia y luego, mediante una infusión extraordinaria lo colmó de conocimiento divino. Hoy, Marino es reconocido como uno de los mejores evangelizadores de nuestro tiempo.

Este libro contiene algunas de las enseñanzas más extraordinarias que Jesús le ha dado al mundo a través de Marino Restrepo, enseñanzas que le permitirá tomar perspectiva y modificará profundamente la forma en la que ve su pasado, su propósito y tu futuro, así como a su familia.

IN LOVE WITH TRUE LOVE
LA HISTORIA INOLVIDABLE DE
LA HERMANA NICOLINA

(Ver Amazon.com y www.QueenofPeaceMedia.com/in-love-with-true-love)

En este mundo que tanto carece del amor, podemos preguntarnos si el verdadero amor existe. ¿Es real, o es quizás solo una ilusión que aparece en las pantallas de Hollywood? Y si este amor llegara a existir, ¿nos satisface como dicen los poetas, o se disipa como un susurro pasajero?

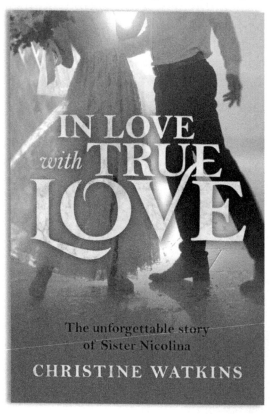

Son pocas las almas que han descubierto estas respuestas, y una de ellas es Nicolina, una chica luchadora y coqueta que se enamoró del hombre más romántico de toda Alemania durante el tiempo de la posguerra.

Poco se imaginaban los lugares donde el amor los llevaría.

Esta apasionante historia de la vida real es un vistazo a los grandes secretos del amor verdadero, secretos que siguen siendo un enigma para la mayoría, pero que son la vida misma para unos cuantos elegidos. Espacios abiertos dentro del Corazón del Amor esperan ser descubiertos, y a través de este pequeño libro, estas invitado, como Nicolina, a entrar en su misterio y a encontrar la vida también.

SHE WHO SHOWS THE WAY
MENSAJES DEL CIELO
PARA ESTOS TIEMPOS TURBULENTOS

"Este libro debe difundirse ampliamente para la gloria de Dios y el honor de su Madre, es para todos y para alcanzar la santidad de los discípulos de Cristo".
—Mons. Ramón C. Argüelles, Arzobispo Emérito

(Ver Amazon.com y www.QueenofPeaceMedia.com/she-who-shows-the-way)

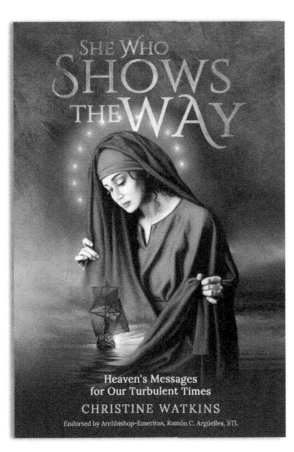

Estamos viviendo en el fin de los tiempos; no en el fin del mundo, sino en el fin de una Era. Los que desean permanecer fieles al Evangelio están buscando escuchar la voz de Dios para saber cómo enfrentar las tormentas que se avecinan rápidamente. En este libro extraordinario y ungido, la Virgen María, y ocasionalmente Nuestro Señor Jesús, nos hablan a través de locuciones auténticas dadas a uno de sus hijos, un instrumento improbable.

Lea con detalle estas palabras alentadoras para poder comprender y poder navegar nuestros tiempos de manera segura:

"Un gran punto de inflexión en el destino de su nación y su fe en Dios pronto les llegará, y les pido a todos que recen y ofrezcan sus sufrimientos por esta causa".
—Mensaje de Nuestra Señora del 4 de agosto de 1993

MARIE-JULIE JAHENNY
PROFECÍAS Y PROTECCIÓN PARA EL FINAL DE LOS TIEMPOS

(Ver Amazon.com y www.QueenofPeaceMedia.com/Jahenny)

Marie-Julie Jahenny (1850-1941) es una de las místicas más extraordinarios de la historia de la Iglesia. Esta humilde campesina con padres devotos de Bretaña, Francia, recibió numerosas visitas del Cielo y

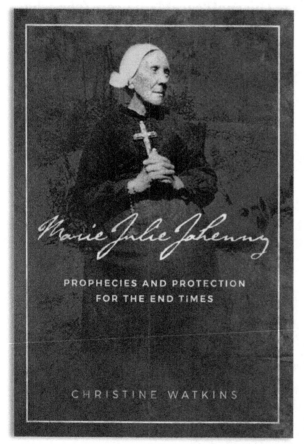

vivió con múltiples estigmas durante la mayor parte de su larga vida.

Jahenny contó con el apoyo de su obispo local, Mons. Fournier de Nantes, quien dijo de ella: "No veo nada más que el bien".

Además de la misión especial de Jahenny del Señor para difundir el amor de la Cruz, fue llamada a preparar al mundo para los castigos venideros, que preceden y preparan al mundo para la gloriosa renovación de la cristiandad en la era prometida de la paz.

A través de Marie-Julie, el Señor ha brindado ayuda, remedios y protección para los tiempos en los que ahora vivimos y los que vendrán pronto. Como Cristo le dijo en varias ocasiones: "Quiero que mi pueblo sea advertido".

EL ESCAPULARIO MORADO
PARA LA BENDICIÓN Y PROTECCIÓN EN LOS ÚLTIMOS TIEMPOS

(Vea **www.QueenofPeaceMedia.com/product/purple-scapular**)

Palabras de la Virgen para la mística de Bretaña, estigmatizada y alma víctima, Marie-Julie Jahenny:

"En verdad os digo, mi pequeña víctima y servidora -y a mis servidores de la Cruz-, que por mucho tiempo ya, mi Hijo y yo hemos sentido el deseo de daros a conocer este escapulario de bendición…En esta nueva aparición en torno a este escapulario, se indica que éste será una nueva protección para los tiempos del gran castigo, momentos de calamidades y de hambrunas. Todos aquéllos que lo porten podrán atravesar tormentas, tempestades y oscuridades diversas. Portarán luz tal como si experimentaran momentos diurnos. Tal es el poder de este escapulario desconocido".

LA CRUZ DEL PERDÓN
PARA LOS ÚLTIMOS TIEMPOS

El 20 de julio de 1882, Nuestro Señor presentó al mundo LA CRUZ DEL PERDÓN a través de la mística francesa Marie-Julie Jahenny. Él le indicó que le gustaría que los fieles la hagan y la usen durante el tiempo de los castigos. Es una cruz que significa perdón, salvación, protección y para calmar las plagas.

En **www.queenofpeacemedia.com/product/cross-of-forgiveness** puede leer sobre las maravillosas promesas para quienes la usan con fe.

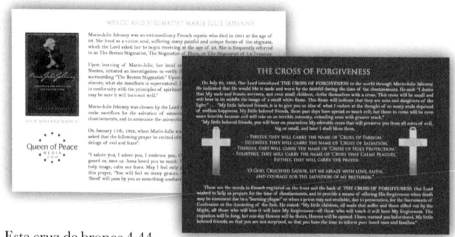

Esta cruz de bronce 4.44 cm de alto x 2.54 cm de ancho (1¾"de alto y 1" de ancho) es un regalo para nuestra Era y un tiempo futuro en el que los Sacerdotes no estarán disponibles: *"Mis pequeños y amados amigos, ustedes la llevarán sobre ustedes Mi adorable Cruz que los preservará de todo tipo de maldad, grande o pequeña, y luego los bendeciré. . . Hijitos míos, todas las almas que sufren y las zarandeadas por la plaga, todas las que la besen tendrán Mi perdón, todas las que la toquen tendrán Mi perdón. La expiación será larga, pero un día el Cielo será de ellos, el Cielo se abrirá".*

SOBRE LA AUTORA

Christine Watkins es una popular autora Católica e importante oradora. Ella era una atea anticatólica a punto de morir por sus pecados cuando recibió una sanación divina. Watkins trae a la vida historias de fe, incluyendo temas propios y fascinantes de la espiritualidad Católica.

Visite www.ChristineWatkins.com

NOTAS FINALES

[i] Tanto los escritores bíblicos como los historiadores seculares registran que Judas Iscariote devolvió la suma de treinta monedas de plata tras traicionar a Jesús, e indican que ese dinero fue utilizado para comprar el "campo del alfarero", que se utilizó para enterrar a extranjeros pobres (Mateo 27, 3-10).

[ii] Hugh Ross, "Fulfilled Prophecy: Evidence for Reliability of the Bible", 22 de agosto de 2003, Reason to Believe, consultado el 12 de julio de 2019, https://www.reasons.org/explore/blogs/todays- new-reason-to-believe/read/tnrtb/2003/08/22/fulfilled-prophecy-evidence-for-the-reliability-of-the-bible.

[iii] Mark Mallett, "Prophecy Properly understood", 2 de mayo de 2014, The Now World: Reflections on Our Times, consultado el 12 de julio, 2019 https://www.markmallett.com/blog/2014/05/02/prophecy-properly-understood. *Mensaje de Fátima, Comentario teológico* del Papa Benedicto XVI.

[iv] Papa Benedicto XIV, *Heroic Virtue, Vol. 3: A Portion of the Treatise of Benedict XIV. On the Beatification and Canonization of the Servants of God*, Forgotten Books, 2017, p. 390.

[v] Ibid., p. 394.

[vi] Siglos antes de que naciera Jesús, Dios habló a su pueblo de la venida del Mesías. El Antiguo Testamento fue escrito entre el 1450 AC y el 430 AC, y a través de él, el Señor comparte con asombroso detalle lo que sucederá cuando Él venga a la Tierra.

El libro del Génesis menciona por primera vez cómo el Mesías sería el descendiente de la mujer (Eva), y un descendiente de Abraham y Judá. En el Deuteronomio se dice que será un profeta como Moisés. Los Salmos revelan que será el Hijo de Dios, despreciado y burlado, traicionado por un amigo, acusado por falsos testigos y odiado sin motivo. Hablan de cómo el Mesías será crucificado, atravesado en sus manos y pies, pero no se le quebrarán los huesos; se le dará a beber vinagre y hiel, y se repartirán sus ropas echándolas a suertes; será la "piedra que desecharon los constructores" que se convertirá en "la piedra angular", que ascenderá al cielo.

El profeta Isaías habla de cómo el Mesías nacerá de una virgen, Su primer signo espiritual sucederá en Galilea; hará ver a los ciegos y oír a los sordos, y será rechazado, golpeado, burlado, escupido y silenciado ante sus acusadores. Será asesinado, crucificado entre criminales, enterrado con los ricos, y como también menciona Jeremías, dará lugar a una nueva y eterna alianza.

El profeta Daniel dice que vendrá en un momento determinado; Miqueas anunció que nacerá en Belén; Zacarías menciona que sus discípulos lo abandonarán, entrará en Jerusalén montado en un burro y será vendido por treinta monedas de plata; y Malaquías declara que el Mesías entrará en el Templo con autoridad.

Tomado de *Messianic Prophecies: The Bible's predictions about Jesus, written centuries before He was born*, consultadas el 13 de julio de 2019, http://www.clarifyingchristianity.com/m_prophecies.shtml

[vii] YouTube: "Kisah Nyata Priest Has Near Death Experience and Almost Goes to Hell", accedido en mayo 6, 2020, https://www.youtube.com/watch?v=o9pbvu3BGrQ

YouTube: "Father Steven Scheier's Judgment Experience", https://www.youtube.com/watch?v=9VFE8ToVatI, consultado el 23 de julio de 2019, emitido el 15 de abril de 1997 en "Mother Angelica Live" en EWTN.

Entrevista personal de la autora con el Padre Steve Sheier, 20 de agosto de 2012.

Joseph Pronechen, "Wake-Up Call Changes Priest", National Catholic Register, 28 de agosto a 10 de septiembre de 2011, volumen 87, N° 18, págs. B1 y B4.

Rev. Stephen Scheier, "God's Merciful Judgment: Father Steve Scheier's Story", Signs and Wonders for Our Times, verano del 2002, Vol. 14, No. 2, pp. 50-55.

"God's Merciful Judgment: A Priest", una grabación de una charla del padre Steven Scheier en la Conferencia Mir de Arizona, 2009. Glorious Sounds Network, P.O. Box 37854, Phoenix, AZ 85069

[viii] El Libro de Daniel es el mayor libro apocalíptico del Antiguo Testamento, ya que los capítulos 7-12 predicen el final de los tiempos. La profecía de Daniel 12, 1 habla de un tiempo de gran "angustia" sin igual en la historia, cuando Miguel se levantará. Este período es llamado la Gran Tribulación por Jesús en Mateo 24, 21 y es referido más adelante en Apocalipsis 7, 14. Las grandes naciones del mundo se han amotinado contra el Señor; pero Dios protegerá a su pueblo y su Reino prevalecerá y durará para siempre.

[ix] Véase "Drawing Heaven-Akiane Kramarik", https://www.youtube.com/watch?v=md4cMFVniZY, y "Heaven is for REAL Jesus Painting by Akiane Lithuania Girl Seen by Colton", consultado el 23 de julio de 2019, https://www.youtube.com/watch?v=SOX3YQMIkU8

"Did Akiane Kramarik and Colton Burpo See Yeshua (Jesus)?", consultado el 6 de mayo de 2020, https://www.youtube.com/watch?v=NNx0kbNuqBg

[x] Usado con permiso y extraído del libro: *Now I Walk on Death Row* (Chosen Books: 2011, la verdadera historia de un poderoso abogado con prestigio, poder, y exorbitadas operaciones financieras a su alcance, que se convirtió en un humilde ministro religioso laico.

[xi] Utilizado con permiso de Thomas Petrisko, *The Miracle of the Illumination of All Consciences* (St. Andrew's Productions: 2000), pp. 105-114.

[xii] Visite http://www.marinorestrepo.com/about-us.html

[xiii] Santiago 3, 1-12

[xiv] Consulte el Catecismo de la Iglesia Católica, #1446:

Cristo instituyó el sacramento de la Penitencia para todos los miembros pecadores de su Iglesia: sobre todo para aquellos que, desde el Bautismo, han caído en pecado grave, y por lo tanto han perdido la gracia bautismal y han herido la comunión eclesial. Es para ellos que el sacramento de la Penitencia ofrece una nueva posibilidad de convertirse y recuperar la gracia de la justificación. Los Padres de la Iglesia presentan este sacramento como "la segunda tabla [de salvación] después del naufragio que es la pérdida de la gracia".

[xv] Éxodo 34, 6-7; Deuteronomio 5, 8-10, Levítico 26, 39

[xvi] Apocalipsis 12, 7-12

[xvii] Referencias bíblicas sobre el Purgatorio:

«Entonces el señor lo llamó y le dijo: "¡Siervo malvado! Toda aquella deuda te la perdoné porque me lo rogaste. ¿No debías tú también tener compasión de tu compañero, como yo tuve compasión de ti?". Y el señor, indignado, lo entregó a los verdugos hasta que pagara toda la deuda. Lo mismo hará con vosotros mi Padre celestial, si cada cual no perdona de corazón a su hermano». (Mat 18, 32-35)

«Con el que te pone pleito procura arreglarte enseguida, mientras vais todavía de camino, no sea que te entregue al juez y el juez al alguacil, y te metan en la cárcel. En verdad te digo que no saldrás de allí hasta que hayas pagado el último céntimo». (Mat 5, 25-26)

«Pues nadie puede poner otro cimiento fuera del ya puesto, que es Jesucristo. Y si uno construye sobre el cimiento con oro, plata, piedras preciosas, madera, hierba, paja, la obra de cada cual quedará patente, la mostrará el día, porque se revelará con fuego. Y el fuego comprobará la calidad de la obra de cada cual. Si la obra que uno ha construido resiste, recibirá el salario. Pero si la obra de uno se quema, sufrirá el castigo; mas él se salvará, aunque COMO QUIEN ESCAPA DEL FUEGO». (1Cor 3, 11-15)

Jesús nos enseña: «Con el que te pone pleito procura arreglarte enseguida, mientras vais todavía de camino, no sea que te entregue al juez y el juez al alguacil, y te metan en la cárcel. En verdad te digo que no saldrás de allí hasta que hayas pagado el último céntimo» (Mt 5, 25-26; 18, 34; Lucas 12, 58-59). La palabra "oponente" (antidiko) es probablemente una referencia al diablo (ver la misma palabra para diablo en 1Pedro 5, 8) que es un acusador contra el hombre (c.f. Job 1, 6-12; Zacarías 3, 1; Apocalipsis 12, 10), y Dios es el juez. Si no hemos tratado adecuadamente con Satanás y el pecado en esta vida, seremos retenidos en un estado temporal llamado prisión y no saldremos hasta que hayamos satisfecho toda nuestra deuda con Dios. Esta "prisión" es el purgatorio, de donde no saldremos hasta que se pague el último centavo.

Jesús dice: «Sed perfectos, como vuestro Padre celestial es perfecto». Sólo se nos hace perfectos a través de la purificación, y en la enseñanza católica esta purificación, si no se completa en la tierra, se continúa en un estado de transición que llamamos purgatorio (Mateo 5, 48).

Jesús dice: «quien diga una palabra contra el Hijo del hombre será perdonado, pero quien hable contra el Espíritu Santo no será perdonado ni en este mundo ni en el otro» (Mateo 12, 32). Así, Jesús claramente establece que hay perdón después de la muerte. La frase "en el otro" (del griego "en to mellonti") generalmente se refiere a la vida después de la muerte (cf., por ejemplo, Marcos 10, 30; Lucas 18, 30; 20, 34-35; Ef 1, 21 para un lenguaje similar). El perdón no se necesita en el cielo, y no hay perdón en el infierno. Esto prueba que hay otro estado después de la muerte, y la Iglesia durante 2.000 años ha llamado a este estado purgatorio.

Lucas 12, 47-48—Cuando venga el Maestro (al final de los tiempos), algunos recibirán palizas ligeras o pesadas, pero vivirán. Este estado no es ni el cielo ni el infierno, porque en el cielo no hay palizas, y en el infierno ya no viviremos con el Maestro.

1Cor 15, 29-30—Pablo menciona que las personas son bautizadas en nombre de los difuntos, en el contexto de la expiación de sus pecados (las personas son bautizadas en nombre de los muertos para que los muertos puedan resucitar). Estas personas no pueden estar en el cielo porque todavía están con el pecado, pero tampoco pueden estar en el infierno porque sus pecados ya no pueden ser expiados. Están en el purgatorio. Estos versículos corresponden directamente a 2Mac 12, 44-45 que también muestra oraciones específicas por los difuntos, para que puedan ser perdonados de su pecado.

Fil 2, 10—Toda rodilla se dobla ante Jesús, en el cielo, en la tierra y "debajo de la tierra", que es el reino de los justos fallecidos, o purgatorio.

2 Tim 1, 16-18—Onesíforo ha fallecido, pero Pablo pide misericordia de él "en ese día". El uso de Pablo de "ese día" demuestra su uso escatológico (véase, por ejemplo, Rom 2, 5.16; 1Cor 1, 8; 3, 13; 5, 5; 2Cor 1, 14; Flp 1, 6.10; 2, 16; 1Tes 5, 2.4.5.8; 2Tes 2, 2.3; 2Tim 4, 8). Por supuesto, no hay necesidad de misericordia en el cielo, y no hay misericordia en el infierno. ¿Dónde está, pues, Onesíforo? en el purgatorio.

Hebreos 12, 14. Sin santidad nadie verá al Señor. Necesitamos la santificación final para alcanzar la verdadera santidad ante Dios, y este proceso ocurre durante nuestras vidas y, si no se completa en esta vida, se dará en el estado de transición del purgatorio.

[xviii] Romanos 5, 20

[xix] Salmo 90, 4; 2Pedro 3, 8–9

[xx] Mateo 16, 26; Marcos 8, 36

[xxi] Evelyn Waugh, *Edmund Campion* (Ignatius Press; Primera edición, 2012).

[xxii] Francis Johnston, *Fátima: The Great Sign* (Rockford, Illinois: Tan Books and Publishers, 1980), pp. 54-66.

Gale Thomson, "Campion, Edmund", Encyclopedia.com, 2007, consultado en julio 27 de 2019, https://www.encyclopedia.com/humanities/news-wires-white-papers-and-books/campion-

"San Edmund Campion, SJ (1540-1581)", IgnatianSpirituality.com: A Service of Loyola Press, consultado el 27 de julio de 2019, https://www.ignatianspirituality.com/ignatian-voices/16th- y-17th-century-ignatian-voices/st-edmund-campion-sj/

Todd Aglialoro, "Edmund Campion", Catholic Answers, 1 de septiembre de 1994, consultado el 27 de julio de 2019, https://www.catholic.com/magazine/print-edition/edmund-campion

[xxiii] Evelyn Waugh, *Two Lives: Edmund Campion and Ronald Knox* (Continuum; 2005), pág. 113.

[xxiv] Mark Regis, "Blessed Anna-Maria Taigi", Garabandal Journal, ene-feb de 2004, pp. 6-8.

Albert Bessieres, SJ, traducido del francés por el Rev. Stephen Rigby, "*Wife, Mother and Mystic*" (Tan Books, 1970).

[xxv] Thomas W. Petrisko, *The Miracle of the Illumination of All Consciences* (St. Andrew's Productions, 2000; segunda edición 2002), pág. 27.

[xxvi] Fr. Joseph Iannuzzi, *The Antichrist and the End Times* (Saint Andrew's Productions, 2019), p. 36.

[xxvii] Alec R. Vidler, *The Church in an Age of Revolution* (Penguin Books, 1962), pp. 146, 153.

[xxviii] Donald R. McClarey, "Pio Nono: First Pope to be Photographed", The American Catholic: Politics and Culture from a Catholic Perspective, 30 de septiembre de 2013, consultado el 27 de junio de 2019, https: //www.the-american-catholic .com / 2013/09/30/ pio-nono-first-pope-to-be-photographed/

[xxix] Holland, Joe, *Modern Catholic Social Teaching: The Popes confront the Industrial Age 1740-1958* (Paulist Press, 2003), p. 57.

[xxx] El beato Papa Pío IX introdujo la doctrina de la infabilidad papal, lo que llevó al Concilio Vaticano I a declarar infalible al Romano Pontífice, siendo sus definiciones "irreformables en sí mismas, y no por el consentimiento de la Iglesia"; Sin embargo, su infalibilidad se limitaba únicamente a las ocasiones "en las que habla ex cathedra", frase latina que significa "desde la sede", es decir, cuando enseña oficialmente, en calidad de pastor universal de la Iglesia, una doctrina sobre una cuestión de fe o moral y la dirige al mundo entero.

[xxxi] Jason Berry, *Render Unto Rome: The Secret Life of Money in the Catholic Church* (Broadway Books, 2012), p. 48.

[xxxii] "Peter's Pence". Washington: United States Conference of Catholic Bishop, accessed July 27, 2019, http://www.usccb.org/catholic-giving/opportunities-for-giving/peters-pence/index.cfm

xxxiii Rev. R. Gerald Culleton, *The Prophets and Our Times* (Tan Books and Publishers, 1941), p. 206, accessed July 29, 2019, http://ia800200.us.archive.org/2/items/TheProphetsAndOurTimes/TheProphetsAndOurTimes.pdf

xxxiv Rev. Michael Sopoćko, "My Memories of the Late Sister Faustina", 27 de enero de 1948, Congregación de las Hermanas de Nuestra Señora de la Misericordia, consultado en julio 1, 2019, https://www.faustyna.pl/zmbm/en/blessed-fr-michal-sopocko/

xxxv "Mary Faustina Kowalska, 1905-1938, Servicios de Noticias del Vaticano, consultado el 1 de julio de 2019, http://www.vatican.va/news_services/liturgy/saints/ns_lit_doc_20000430_faustina_en.html

xxxvi Sta Faustina Kowalska, *Diario de Santa María Faustina Kowalska: la Divina Misericordia en mi alma* (Levántate, Granada, 2003), #36.

xxxvii Ibid., #83.

xxxviii Grete Ganseforth, "Visions of Jesus Christ", accedido en julio 13, 2019, http://www.visionsofjesuschrist.com/weeping1790.html

xxxix John Carpenter, "Queen of the Universe", Heede, Alemania, 1937-1945, agosto 12, 2016, accedido en Junio 30, 2019, http://www.divinemysteries.info/queen-of-the-universe-heede- germany-1937-1945/

xl D. Alfonso Cenni, *I SS. Cuori di Gesu e di Maria. La Salvezza del Mondo. Le Loro Apparizioni, Promesse e Richieste.* Nihil Obstat Ex Parte Ordinis Il P. Generale D. Pier-Damiano Buffadini, febrero 24, 1949. Imprimatur Sublaci. Simon Laurentius O.S.B. Ep, tit. Abb. Ord. junio 3, 1949. Accedido en junio 23, 2019, https://gloria.tv/like/uaZeA21Rv8dW4nTWH4kAWfMQQ

xli Ibid.

xlii Kindelmann, *The Flame of Love of the Immaculate Heart of Mary*, p. 205.

xliii Kindelmann, *The Flame of Love* (Children of the Father Foundation; 2015-2018), pp. 44-45.

xliv Elizabeth Kindelmann, La Flamme d'Amour, p. 79. http://www.salvemaria.ca/en-pdf/flame10-book-p78-121-toblindsatank.pdf, accedido en septiembre 19, 2019.
Ver también https://www.theflameoflove.org/spiritual_diary.html, accedido en septiembre 19, 2019.

xlv Kindelmann, *The Flame of Love* (Children of the Father Foundation; 2015-2018), p. 87.

xlvi Ibid., p.110.

xlvii Fr. Adof Faroni, SDB, *Garabandal—Conchita's Diary: A Tale of Innocence* traducido del español, Fundación 101, p. 7.

xlviii Ibid., p. 30.

xlix "Four Messages of Our Lady Carmel of Garabandal", St. Michael's Garabandal Center for Our Lady of Carmel, Inc., accedido en julio 2, 2019, http://www.garabandal.org/News/Message_7.shtml

l "Garabandal Film 08—Segundo mensaje junio 18th, 1965". YouTube, accedido en Julio 2, 2019, https://www.youtube.com/watch?v=uNmCB_j3Vhg

li F. Sanchez-Ventura y Pascual, *The Apparitions of Garabandal* (San Miguel, 1966), p. 171.

lii Albrecht Weber, *Garabandal Der Zeigefinger Gottes [Garabandal: The Finger of God]* (Weto-Verlag Meersburg; Auflage), 2000.

liii "The Four Seers These Days", Apostolado de Garabandal: Lingua Portuguesa, accedido en, julio 2, 2019, https://www.apostoladodegarabandal.com/en/as-quatro-videntes-nos-dias-de- hoje/

liv Colin B. Donovan, STL, "Garabandal", EWTN Expert Answers, accedido en julio 4, 2019, https://www.ewtn.com/expert/answers/garabandal.htm

lv Michael O'Neill, "Exploring the Miraculous", diciembre 7, 2015, Our Sunday Visitor, p. 224.

lvi Santa Madre Teresa de Calcuta, la famosa fundadora de las Misioneras de la Caridad escribió: "Fue en 1970 cuando oí hablar por primera vez de las apariciones de San Sebastián de Garabandal […] Desde el principio, sentí que los 'acontecimientos' eran auténticos". (Carta del 10 de noviembre de 1987 a Mons. Del Val). Durante sus frecuentes viajes a los Estados Unidos, en particular a Nueva York, la Madre Teresa tuvo la oportunidad de conocer a Conchita, que vive en Long Island desde 1972. Este fue el comienzo de una fuerte amistad humana y espiritual con Conchita y su familia, que nunca decayó. La Madre Teresa se convirtió en la madrina de la tercera hija de Conchita, Anna Maria.

lvii El boletín del 7 de noviembre de 1968 de la Legión Blanca del Perú bajo el imprimátur de Mons. Alfonso Zapana Belliza, obispo de Tacna, Perú, cita al difunto Papa Pablo VI diciendo en una audiencia privada estas inspiradoras palabras: "Garabandal ¡la más bella historia de la humanidad desde el nacimiento de Jesucristo! Es también la segunda casa de la Santísima Virgen en esta tierra, y no tenemos palabras adecuadas para expresar nuestra gratitud".

El Papa Pablo VI había mostrado todo el tiempo un interés muy especial en las apariciones. En una audiencia concedida al Padre José Escalda SJ, éste mencionó que había muchos opositores a las apariciones incluso entre su propia gente. Su Santidad reafirmó rápidamente: "No importa; dígales a estos señores que es el Papa quien ha dicho que es muy importante y más urgente dar a conocer estos mensajes al mundo".

La vidente Conchita tuvo una audiencia privada con el Papa Pablo VI, y Su Santidad le dijo: "Conchita, te bendigo, y conmigo te bendice toda la Iglesia". Accedido en julio 3, 2019, http://www.garabandal.org/church.shtml.

lviii El vínculo entre San Josemaría Escrivá de Balaguer y las apariciones de Garabandal no es muy conocido. En el verano de 1962, el santo pasó unos días de vacaciones en Suances, Cantabria, y visitó a Garabandal acompañado por varios jóvenes del Opus Dei. Él habló alegre y profundamente con las niñas. La noticia de esta visita surgió por casualidad, años más tarde, cuando alguien mostró a las niñas una estampa con la oración pidiendo la intercesión de San Josemaría Escrivá de Balaguer, impresa para su canonización. Fue entonces cuando éstas relataron con alegría el encuentro. No habría arriesgado su reputación si no creyera en las apariciones, relatando a otros su viaje y su conversación con las niñas. Esto también fue confirmado por la Madre Nieves.

Video con la Madre Nieves (en español) en You Tube, "Testimonio de la presencia de San José María Escriba de Balaguer en GARABANDAL", accedido en julio 3, 2019, https://www.gloria.tv/video/jPSe82pAqv8P2arkSMTbzqMe4

lix San Pío de Pieterlcina escribió (a máquina) la siguiente carta en italiano a las cuatro videntes de Garabandal. En ese momento ellas no sabían quién era el Padre Pío. Una fotografía de la carta se puede encontrar en esta página web accedida en el 3 de julio de 2019, Noticias de Garabandal, "La Carta Original del Padre Pío a las Videntes de Garabandal" por Juan Hervás, 2 de noviembre de 2108, https://garabandalnews.org/2018/11/02/the-letter-of-padre-pio-to-the-seers-of-garabandal/:

(accesible también en: https://www.garabandal.it/es/documentacion/entrevistas/padre-pio):

Queridas niñas,

A las nueve de la mañana la Santísima Virgen María me habló de vosotras, oh queridas niñas, de vuestras visiones y me dijo que os dijera:

"Oh, benditas niñas de San Sebastián de Garabandal, os prometo que estaré con vosotras hasta el fin de los siglos, y vosotras estaréis conmigo hasta el fin del mundo, y entonces os uniréis a mí en la gloria del paraíso".

Junto con esto yo les envío una copia del Santo Rosario de Fátima, que la Santísima Virgen me ha ordenado enviarles. La Santísima Virgen dictó este rosario, y quiere que se propague para la salvación de los pecadores y la preservación de la humanidad de los terribles castigos, con los que el buen Dios está amenazando.

Os doy una recomendación: orad y haced orar a los demás, porque el mundo está en vías de perdición.

Ellos no creen en ustedes ni en sus conversaciones con la Dama Blanca, pero ellos creerán cuando sea demasiado tarde.

3 de marzo de 1962

En 1967, Conchita había sido llamada a Roma por el Cardenal Ottaviani, Prefecto del Santo Oficio, ahora llamada Sagrada Congregación para la Doctrina de la Fe. Fue durante este tiempo que Conchita tuvo una audiencia privada con el Papa Pablo VI. Como Conchita tuvo que esperar un día antes de reunirse con el Cardenal Ottaviani, se decidió que ella, acompañada por su madre y los demás miembros del grupo, visitarían al Padre Pío en San Giovanni Rotondo.

Una de las profecías de Nuestra Señora con respecto al Milagro fue que el Santo Padre lo vería dondequiera que estuviera en ese momento y el Padre Pío también lo vería. Después de la muerte del Padre Pío, Conchita visitó Lourdes a petición del P. Cennamo OFM, el Superior de la Orden de los Capuchinos, que era muy conocido por el Padre Pío. Conchita le preguntó al Padre Cennamo: "¿Cómo es que la Virgen me dijo que el Padre Pío iba a ver el Milagro y ha muerto?"

Él respondió: "Vio el milagro antes de morir. Él mismo me lo dijo".

Otro evento significativo se refiere al velo que cubrió el rostro del Padre Pío después de su muerte. El Padre Pío le dijo al Padre Cennamo antes de su muerte que le diera el velo a Conchita. Al entregarle el velo, el Padre Cennamo le dijo que él no creía en las apariciones de Garabandal hasta que el Padre Pío le dijo que le diera a ella el velo.

"Padre Pio and Garabandal", Garabandal, www.garabandal.ie, accedido en julio 4, 2019, http://www.garabandal.ie/padre-pio-and-garabandal/

Conchita relata: "Tenía el velo delante de mí, mientras escribía más tarde esa noche, cuando de repente toda la habitación se llenó de una fragancia. El perfume era tan fuerte que empecé a llorar".

Barry Hanratty, "Padre Pio at Garabandal: The Association between the Famed Stigmatist and the Events at Garabandal is Real", Garabandal: The Message of Our Lady of Mount Carmel, julio/septiembre 1997, pp. 10-13, accedido en, julio 3, 2019, https://www.garabandal.us/wp-content/uploads/2013/02/padre_pio.pdf

[lx] Michael Brown, *The Final Hour* (Queenship Publications, 1997) p. 141.

[lxi] Ramon Pérez, *Garabandal: The Village Speaks*, traducido del francés por Matthews, Annette I. Curot, The Workers of Our Lady of Mount Carmel, 1981, pp. 50-51.

[lxii] Ib., pp. 51-52.

[lxiii] Garabandal International Magazine, Octubre-Diciembre, 2014, accedido en julio 4, 2019, http://www.garabandal.org.uk/magazine.html

[lxiv] Barry Hanratty, "The Warning", Garabandal Journal, Vol. 3. No. 1, enero-febrero, 2004, pp. 5-6.

[lxv] Entrevista a Jacinta realizada por Barry Hanratty el 16 de abril de 1983, Centro Garabandal de Nuestra Señora del Carmen de San Miguel, Inc., accedido en julio 4, 2019, http://www.garabandal.org/News/Interview_with_Jacinta.shtml

[lxvi] Para una consagración mariana poderosamente efectiva, adquiere el libro, *El Manto de María: Una Consagración Mariana para Obtener Ayuda Celestial,* respaldado por el arzobispo Salvatore Cordileone y el obispo Myron J. Cotta, y el consiguiente *El Manto de María: Diario de Oración para la Consagración.* Visita www.queenofpeacemedia.com/el-manto-de-maria.

[lxvii] Colin B. Donovan, STL, "Marian Movement of Priests", Respuestas de los expertos de la EWTN, accedido en julio 4, 2019, https://www.ewtn.com/expert/answers/MMP.htm

[lxviii] Para una consagración mariana poderosamente efectiva, adquiere el libro, *El Manto de María: Una Consagración Mariana para Obtener Ayuda Celestial,* respaldado por el arzobispo Salvatore Cordileone y el obispo Myron J. Cotta, y el consiguiente *El Manto de María: Diario de Oración para la Consagración.* Visita www.queenofpeacemedia.com/el-manto-de-maria.

[lxix] National Headquarters of the Marian Movement of Priests in the United States of America, Our Lady Speaks to Her Beloved Priests, 10ª Edición (Maine; 1988) p. xiv.

[lxx] Ibid. p. xii.

[lxxi] Movimiento Sacerdotal Mariano, Padre. Stefano Gobbi, *A los Sacerdotes: hijos predilectos de la Santísima Virgen; 21ª edición en español* (St. Francis, Maine: Movimiento Sacerdotal Mariano, 2000), pp. 1091-1092.

[lxxii] Ibid. pp. 1152-1153.

[lxxiii] www.dynamiccatholic.com

[lxxiv] Matthew Kelly, *Words from God* (Batemans Bay, Australia: Words from God, 1993), p. 70-72.

[lxxv] Esta información es corroborada por el Padre Neil Buchlein, Párroco de Santa María Reina del Cielo, Madison, WV, y de San José Obrero, Whitesville, WV. Para escuchar una entrevista de radio con Janie Garza en "As the Spirit Leads", radio WTMR en Pennsylvania, vaya a: "Janie Garza's Silver Anniversary of Messages from the Blessed Mother", accedido en junio 18, 2019, http://www.blessedmotherschildren.com/daily- ramblings/janie-garzas-silver-anniversary-of-messages-from-the-blessed-mother.

[lxxvi] Fr. Joseph Amalfitano, El párroco emérito de la parroquia de la Inmaculada Concepción en Marcus Hook, Pennsylvania, y director espiritual del Centro Nacional del Padre Pío en Barto, PA, conoce personalmente a Janie Garza, y confirmó con el autor que Janie sufre la Pasión en su cuerpo, en particular, el Viernes Santo.

[lxxvii] Janie Garza, *Heaven's Messages for the Family, Vol. II: Messages from St. Joseph and the Archangels,* (St. Dominic Media, 1999) p. 45-46.

[lxxviii] Janie Garza, *Heaven's Messages for the Family: How to Become the Family God Wants You to Be* (Saint Dominic Media, 1998), p. 329.

[lxxix] Para una consagración mariana poderosamente efectiva, adquiere el libro, *El Manto de María: Una Consagración Mariana para Obtener Ayuda Celestial,* respaldado por el arzobispo Salvatore Cordileone y el obispo Myron J. Cotta, y el consiguiente *El Manto de María: Diario de Oración para la Consagración.* Visita www.queenofpeacemedia.com/el-manto-de-maria.

[lxxx] Garza, *Heaven's Messages,* pp. 201-202.

[lxxxi] "Maria Esperanza: Modern-Day Mystic and Messenger of Hope", Mystics of the Church, accedido en julio 4, 2019, http://www.mysticsofthechurch.com/2010/10/maria-esperanza- modern-day-mystic-and.html

[lxxxii] Fuentes: Michael Brown, *The Bridge to Heaven—Entrevistas con Maria Esperanza de Betania* (Publicaciones Betania: 2003).

"Mrs. Maria Esperanza: Messenger of Reconcilation", Maria Esperanza, Sierva de Dios, accedido en Julio 4, 2019, http://mariaesperanza.org/mrs-maria-esperanza-messenger-of-reconciliation/

"Maria Esperanza: Modern-Day Mystic and Messenger of Hope", Mystics of the Church, accedido en Julio 4, 2019, http://www.mysticsofthechurch.com/2010/10/maria-esperanza-modern-day-mystic-and.html

lxxxiii Michael Brown, "Esperanza's Recent Sun Prophecies Fulfilled? Great Seer's Health Also Improves", Spirit Daily, accedido en julio 14, 2019, https://www.spiritdaily.org/Prophecy-seers/Esperanza/esperanzairaqafter.htm

lxxxiv Michael Brown, "Sit in Venezuela Accents Mystery of Why Certain Spots are Specifically Chosen", Spirit Daily, accedido en julio 4, 2019, https://www.spiritdaily.org/betaniaspot.htm

lxxxv Michael Brown, "The Incredible Story of Maria Esperanza", Spirit Daily, accedido en Julio 7, 2019, https://www.spiritdaily.org/Prophecy-seers/Esperanza/Esperanza_story.htm

lxxxvi *The Appeals of Our Lady: Apparitions and Marian Shrines in the World.* "Apparition of the Virgin Mary at Betania". http://www.therealpresence.org/eucharst/misc/BVM/91_BETANIA_96x96.pdf, accedido en septiembre 16, 2019.

lxxxvii Signs and Wonders for Our Times, Volumen 15-n.2, Artículo destacado de www.sign.org, p. 37.

lxxxviii "Revelamos Quién Es la Vidente Luz de María", Foros de la Virgen María, accedido en Julio 13, 2019, https://forosdelavirgen.org/118869/luz-de-maria-reportaje/; accesible el 21 de Julio de 2020 en: http://y47.6e8.mwp.accessdomain.com/118869/luz-de-maria-reportaje/

lxxxix Ibid.

xc

Estelí, Nicaragua,
Año del Señor, 19 de marzo de 2017
Solemnidad del Patriarca San José

Los volúmenes que contienen la "REVELACIÓN PRIVADA" del Cielo dada a Luz de María desde el año 2009 al presente, me han sido entregados para la respectiva Aprobación Eclesiástica. Revisé con fe e interés estos volúmenes titulados: "VENGA A NOSOTROS TU REINO", llegando a la conclusión de que son una exhortación a la Humanidad para que retome el Camino que conduce a la Vida Eterna, siendo estos Mensajes una explicitación del Cielo en estos momentos en que el hombre debe mantenerse atento a no desviarse de la Palabra Divina.

En cada revelación dada a Luz de María, Nuestro Señor Jesucristo y la Santísima Virgen María guían el caminar, el obrar y actuar del pueblo de Dios en estos tiempos en que la Humanidad necesita retomar la Enseñanza contenida en la Sagrada Escritura.

El contenido de estos volúmenes son un tratado de Espiritualidad, de Sabiduría Divina y de Moral para quienes los acojan con fe y humildad, por lo que recomiendo su lectura, meditación y praxis.

DECLARO que no he encontrado ningún error Doctrinal que atente contra la fe, la moral y las buenas costumbres, por lo cual concedo EL IMPRIMATUR a estas publicaciones.

Junto con mi bendición, expreso los mejores deseos para que la "Palabra del Cielo" aquí contenida resuene en toda criatura de buena voluntad.

Ruego a la Virgen María, Madre de Dios y Madre Nuestra, que interceda para la Voluntad de Dios se cumpla "...así en la Tierra como en el Cielo". (Mt 6, 10)

IMPRIMATUR
+ Juan Abelardo Mata Guevara, SDB,

Obispo titular de Estelí, Nicaragua.

[xci] Bonilla, *Venga,* Imprimátur del Obispo Guevara, Mensaje del 3 de marzo de 2013, de la Santísima Virgen María, p. 56, Revelaciones Marianas, https://www.revelacionesmarianas.com/libros/en/2013.pdf, accedido en septiembre 17, 2019.

[xcii] Ibid., p. 175, https://www.revelacionesmarianas.com/libros/en/2014.pdf, accedido en septiembre 17, 2019.

[xciii] Ibid.

[xciv] Luz de María de Bonilla, "El Aviso de Dios a la humanidad: Revelaciones y Profecías dadas a Luz de María", Revelaciones Marianas, accedido el 22 de Julio de 2020, https://www.revelacionesmarianas.com/aviso.html

[xcv] De las siguientes charlas grabadas en directo del P. Michel Rodrigue (en inglés): "The Merciful Father" en Dominique du Rosaire, Amos, Quebec el 23 de octubre de 2017; "The Times Are Urgent for the Church" en Barry's Bay el jueves 12 y 13 de julio de 2018; "When the Holy Spirit Speaks to the Church" en Bancroft el jueves 11 de octubre de 2018; "The Holy Spirit Speaking to the Church" en North Brunswick, 27 de octubre de 2018, Canadá. Charlas del 22 al 24 de febrero de 2019, en la Casa de la Gospa en North Hills, California, Estados Unidos. Visite www.countdowntothekingdom.com/es/why-fr-michel-rodrigue.

[xcvi] Ibid. Para saber más sobre lo que Dios Padre ha revelado sobre el tiempo después de la Iluminación de la Conciencia, ver www.CountdowntotheKingdom.com/es. Las charlas recientes del P. Rodrigue (2 juegos de CDs en inglés) pueden ser compradas a través de Peter Frank en missionangelshq@gmail.com. Ver nota al pie de página xcv.

En México, ver:

Publica en exclusiva para México
los libros de **Queen of Peace Media**
(www.QueenofPeaceMedia.com)
y
otros más que te ayudan a crecer espiritualmente
alimentando tu Fe…

www.editorial-escaleraalcielo.com

Printed in Great Britain
by Amazon

24797275R00189